Ressurreição e vida

Yvonne A. Pereira

Ressurreição e vida

Pelo Espírito
Léon Tolstoi

FEB

Copyright © 1963 *by*
FEDERAÇÃO ESPÍRITA BRASILEIRA – FEB

12ª edição – Impressão pequenas tiragens – 1/2025

ISBN 978-85-7328-809-4

Todos os direitos reservados. Nenhuma parte desta publicação pode ser reproduzida, armazenada ou transmitida, total ou parcialmente, por quaisquer métodos ou processos, sem autorização do detentor do *copyright*.

FEDERAÇÃO ESPÍRITA BRASILEIRA – FEB
SGAN 603 – Conjunto F – Avenida L2 Norte
70830-106 – Brasília (DF) – Brasil
www.febeditora.com.br
editorial@febnet.org.br
+55 61 2101 6161

Pedidos de livros à FEB
Comercial
Tel.: (61) 2101 6161 – comercial@febnet.org.br

Adquirindo esta obra, você está colaborando com as ações de assistência e promoção social da FEB e com o Movimento Espírita na divulgação do Evangelho de Jesus à luz do Espiritismo.

Dados Internacionais de Catalogação na Publicação (CIP)
(Federação Espírita Brasileira – Biblioteca de Obras Raras)

T654r	Tolstoi, Léon (Espírito)
	Ressurreição e vida / pelo Espírito Léon Tolstoi; [psicografado por] Yvonne do Amaral Pereira. – 12. ed. – Impressão pequenas tiragens – Brasília: FEB, 2025.
	330 p.; 23 cm – (Coleção Yvonne A. Pereira)
	ISBN 978-85-7328-809-4
	1. Romance espírita. 2. Obras psicografadas. I. Pereira, Yvonne do Amaral, 1900–1984. II. Federação Espírita Brasileira. III. Título. IV. Coleção.
	CDD 133.93
	CDU 133.7
	CDE 80.01.00

Sumário

Introdução 7
Apresentação 13

1 O Reino de Deus 15
2 A lição materna 29
3 O sonho de Rafaela 39
4 O sonho do *Startsi* (Parábola) 45
5 O discípulo anônimo 65
6 Ressurreição e vida! 85
7 O paralítico de Kiev 105
8 O segredo da felicidade 183
  Primeira Parte 183
  Segunda Parte 225
  Terceira Parte 248
  Quarta Parte 273

Conclusão 319

Introdução

Este volume será a contribuição do meu amor às comemorações do centenário de *O evangelho segundo o espiritismo*, organizado por Allan Kardec sob orientação dos Espíritos prepostos pelo Senhor para a reeducação da Humanidade. Beneficiária que sou desse compêndio admirável, em suas páginas encontrando roteiro generoso para os trabalhos de reabilitação espiritual que me cumpria, aqui deponho o meu testemunho de respeito e veneração às sábias entidades que o inspiraram e à memória de Allan Kardec, o nobre codificador do Espiritismo.

Não desconheço, entretanto, a grande responsabilidade que assumo, perante Deus e os homens, apresentando este livro ao público e atribuindo sua autoria a uma individualidade das mais eminentes que a Terra tem hospedado em suas sociedades, isto é, ao Espírito Léon Tolstoi. No entanto, eu o faço sem temor porque tão convencida estou dessa realidade que não vacilo na atitude que tomo.

Jamais tive a pretensão de supor que semelhante entidade pudesse vir até mim para ditar um trabalho mediúnico. Não o desejei sequer. Nada pedi, como jamais pedi aos amigos espirituais, que me honraram com seus ditados literários. Nem mesmo me detinha a pensar em Léon Tolstoi. Nunca lera um único livro de sua autoria, e de sua importante bagagem literária eu apenas tinha conhecimento de uma transcrição existente em *Os milagres do amor*, de O. S. Marden, o qual, com palavras próprias, narra o conto "Jesus e o aldeão russo" daquele escritor. Não obstante, em junho de 1961, tive, por assim dizer, a maior surpresa de minha vida de espírita quando, durante a noite, notei que uma entidade amiga vinha buscar meu Espírito para algo que no momento não pude prever. Segui-a de boa mente, presa de encantamento sedutor, irresistível. Não foi possível recordar integralmente o que se passou então. Lembro-me, porém, com certeza absoluta, que caminhando ao seu lado me vi tratada com polidez principesca, uma afetividade comovedora. Reconheci na entidade o grande "apóstolo russo", como é chamado, mas tal coisa, assim em Espírito, não me atemorizou, não me surpreendeu, nem sequer me admirou. Mantive-me naturalmente, como se fôssemos antigos conhecidos. E ele disse:

— Desejava escrever algo ao mundo terreno, por seu intermédio...

Então, sim, admirei-me, e como que um vago temor sobressaltou-me. Num relance, passou por meu entendimento a dificuldade do feito: um escritor de tal renome, russo, sem grandes afinidades comigo, pois nem mesmo conhecia uma única obra sua... Ainda se fosse Victor Hugo, que nos é familiar, ou algum outro francês...

Ele, porém, prosseguiu:

— Desejo escrever, mas quero regionalismo russo.

Protestei, sem temor:

— Não será possível... O regionalismo é sempre difícil, mesmo para o feito mediúnico...

— Não no seu caso... — respondeu docemente — pois saiba que teve uma existência na Rússia... embora no momento esteja esquecida... Encontrei no seu subconsciente o cabedal necessário... Peço-lhe confiança...

Ressurreição e vida

Também essa revelação não me admirou. Conheço bastante a Revelação Espírita para não duvidar da possibilidade de havermos existido em qualquer parte da Terra, ontem ou remotamente. Não tenho maior ou menor simpatia por aquele país do que por outro qualquer. A Terra toda é grata ao meu coração e eu viveria de boa vontade em qualquer país, segundo creio, não conservando preconceitos contra nenhum deles. Respondi-lhe após, sinceramente:

— Se for da vontade de Deus, meu irmão, então estarei às vossas ordens, com todo o meu coração, pronta às disciplinas necessárias e a qualquer sacrifício. Dai-me, pois, as vossas ordens...

Levou-me então à sua pátria. Vi-me vagando a seu lado pelas ruas de Moscou (a antiga Moscou imperial, da época em que ele próprio viveu), em São Petersburgo e várias outras cidades cujos nomes me são desconhecidos; pelas aldeias e lugarejos. Mostrou-me e explicou-me mil coisas, de que não conservei lembrança. Fez-me examinar indumentárias masculinas, trajadas por personagens que se encontravam sempre à mão. Mostrava-me mangas e punhos de blusas masculinas, botas, tipos de calçados, interiores domésticos, utensílios como o samovar, aparelho onde se prepara a água para o chá, de que eu nunca ouvira falar antes; mostrou-me fachadas de residências nobres com seus parques sugestivos, e também as residências humildes das aldeias, às quais chamou isbás.[1] E depois, amavelmente, disse ainda:

— Agora lhe mostrarei o outono em minha terra. Como é poético!...

E, com efeito, um panorama belíssimo, com um pôr de sol nostálgico, quando já se sentia frio; o céu cinzento-azulado, com reflexos róseos; as folhas se desprendendo das árvores e rodopiando no ar, caindo de encontro a janelas fechadas, de várias casas senhoriais, tocou-me a sensibilidade e um sentimento intraduzível, misto de atração e nostalgia

---

[1] N.E.: Pequenas casas de madeira muito usadas na Rússia pelos homens do campo.

profunda, sucedeu-se em meu espírito. Tão forte fora a sugestão por mim recebida, ou a "recordação" extraída do meu subconsciente, que cheguei a ouvir o rumor do vento e das folhas que se despegavam das árvores para tapetarem o chão...

E a entidade tornou a dizer docemente:

— Vejamos agora o inverno...

Então, planícies geladas se sucederam, tempestades de neve, granizo; e habitações, e ruas, e estradas, e jardins e parques cobertos de neve, todo o panorama detalhado do que possa ser o inverno na Rússia surgiu à minha vista com particularidades que seria longo enumerar. Caminhávamos, entretanto, e tão real era a visão, ou o que quer que seja, que eu ouvia os passos do meu acompanhante rumorejando sobre a neve, que rangia sob seus pés.

Um convívio doce e afetuoso seguiu-se então entre os nossos Espíritos, a partir dessa data. Desse convívio, uma impressão terna, gratíssima, eu conservo: a impressão de que meus pecados mais graves foram perdoados por Deus, porque recebi a graça de ter podido conviver espiritualmente com a alma de um santo.

Seis meses depois do primeiro encontro, sem que eu estivesse preparada, pois tencionava terminar outro trabalho que tinha em mãos, apresentou-se ele subitamente e ditou, pela psicografia, de uma única arrancada, *O sonho de Rafaela*, que aqui figura em terceiro lugar, o primeiro dentre dois trabalhos sem referências à Rússia. E ao terminar exclamou auditivamente:

— Foi para decidi-la de uma vez... e ver como será fácil, pois sei que desconhece também assuntos piemonteses...

E, realmente, embora o ditado se verificasse tão só psicograficamente, desacompanhado das visões a que me habituei com as demais entidades com quem tenho trabalhado, foi esta a obra que mais fácil se me tornou captar do Além-Túmulo. Entrego-a, pois, ao público, esperando que ela reconforte os corações sedentos de esperança, para satisfação da nobre alma de apóstolo que amorosamente ma concedeu.

YVONNE A. PEREIRA
Rio de Janeiro, 17 de janeiro de 1964.

Apresentação

Sejam estas páginas, extraídas de um sincero desejo de ser útil, o testemunho da minha solidariedade aos homens, meus irmãos perante Deus. Que eles saibam que no dia em que o túmulo se fechar sobre o corpo inerte de um homem raiará, para sua alma, nova era de um destino imortal.

Que se estanquem as lágrimas da saudade à beira das sepulturas; que serene o desespero no coração das mães diante do esquife de um filho que não mais sorri; que se levante a fronte do ancião, cujo desânimo só tem a morte por finalidade. Para aquém do túmulo existe, é real, é infinitamente mais intensa e positiva, a vida com que o Criador nos dotou, vida que nos cenários terrenos tão curta e tão angustiosa nos parece! O ser humano sobrevive em Espírito, em inteligência e vontade, após a corrupção da morte, que nada mais é do que a transição de um estado anormal — o de encarnação — para o estado normal e verdadeiro — o espiritual!

Se um só dos prováveis leitores destas páginas conseguir acalentar dores e dirimir dúvidas quanto ao importante assunto da imortalidade da alma humana, certificando-se da verdade que há milênios se tenta testemunhar, dar-me-ei por bem recompensado das dificuldades que precisei arredar a fim de ditá-las. Se apenas um, dentre eles, sentir que seu coração nelas se inspirou para a procura dos santos ensinamentos cristãos, exultarei de alegria, louvando o Senhor por me haver concedido ensejo de ser útil ao meu próximo. E se um só adepto da Revelação

Espírita — à qual hoje tributo respeito e admiração — entender que contribuí, com pequena colaboração, para a sementeira dos vastos campos que ela será chamada a cultivar, terei a consciência reconfortada pela certeza de que cumpri um sacrossanto dever.

Mas escrevo apenas para os pobres, os simples e os sofredores. Sei que somente eles me compreenderão e aceitarão. Dou-lhes, pois, o meu testemunho de imortalidade além do túmulo. Que esse testemunho seja motivo de paz, alegria e fraternidade para os que me lerem, são os votos que aqui deixo.

L. T.
Rio de Janeiro, 12 de setembro de 1962.

1

O REINO DE DEUS

Tendo-lhe feito os fariseus esta pergunta: "Quando virá o Reino de Deus?" Respondeu-lhes Jesus: "O Reino de Deus não virá com mostras exteriores. Nem dirão: Ei-lo aqui; ou: Ei-lo acolá. Porque eis que o Reino de Deus está dentro de vós".

(*Lucas*, 17:20 e 21.)

E, tendo entrado em Jericó, atravessava Jesus a cidade. E vivia nela um homem chamado Zaqueu, e era ele um dos principais entre os publicanos, e pessoa rica. E procurava ver Jesus, para saber quem era, mas não o podia conseguir, por causa da muita gente, porque era pequeno de estatura. E correndo adiante subiu a um sicômoro para o ver, porque por ali havia Ele de passar. E quando Jesus chegou àquele lugar, levantando os olhos, ali o viu, e lhe disse: "Zaqueu, desce depressa, porque importa que Eu fique hoje em tua casa". E desceu ele a toda pressa, e recebeu-o satisfeito. Vendo isso, todos murmuravam, dizendo que tinha ido hospedar-se em casa de um homem pecador. Entretanto, Zaqueu, posto na presença do Senhor, disse-lhe: "Senhor, eu estou para dar aos pobres metade dos meus bens, e naquilo em que eu tiver defraudado alguém, pagar-lhe-ei quadruplicado". Ao que lhe

> *disse Jesus: "Hoje entrou a salvação nesta casa, porque este também é filho de Abraão. Porque o Filho do homem veio buscar e salvar o que estava perdido".*
>
> <div align="right">(<i>Lucas</i>, 19:1-10.)</div>

Eu trouxera para a vida do Além o desejo sincero de aprender a amar e servir o meu próximo. Creio mesmo que nos últimos tempos de minha vida intuições protetoras, bondosamente alimentadas por amigos celestes, que se compadeciam do meu pesar por não me haver sido possível ser tão fraterno para com os outros, como o desejara, falavam-me de rumos novos que deveria tomar, bem diversos daqueles que a sociedade viciosa do meu tempo me apontara.

Carreguei para o túmulo esse pesar. E esse pesar se acentuou aquém do túmulo e se transformou em aflição. Em vergonha depois. E em remorso. Compreendi por isso que, além dos umbrais da morte, o mérito que se nos permite é aquele que o amor confere. E eu, que desejara amar, sem realmente ter amado; que fora rancoroso quando devera ser brando de coração; que usara da impaciência e do desdém — quantas vezes?! — onde se recomendariam a ternura e o interesse complacente, entendi que nada sabia, que nada fizera de bom e que urgia reaprender tudo o que uma alma necessita para a reabilitação de si mesma ante o próprio conceito.

Um dia (direi *um dia* para que os homens me entendam, porque nestas plagas espirituais não se poderá expressar assim, visto que se desconhecem os dias e as noites, para somente se integrar a mente no eterno momento), um dia roguei Àquele que é a Piedade de me proporcionar ensejos de um aprendizado de legítimo amor ao próximo, mas um aprendizado que saciasse a minha alma até as suas remotas fibras, fazendo desaparecer o complexo da ideia do desamor em que me considerava ter vivido.

Pus-me a "passear" pelo Espaço ilimitado, pensativo e compungido, e por vezes recordando meus antigos passatempos pela floresta de

Ressurreição e vida
___

Iasnaia-Poliana, ao passo que confabulava com a própria consciência, estabelecendo resoluções definidas e programas urgentes.

Havia pouco tempo que abandonara aos vermes aquilo que fora a minha personalidade social humana, a mente, afeita desde o berço às paisagens russas, figurava para si própria os quadros habituais de minha terra natal: estepes geladas a se confundirem com o horizonte, onde o vento soprava levantando a neve, para reuni-la em montículos que se multiplicavam a perder de vista; as aldeias com suas isbás, movimentadas pelo trabalho dos moradores sempre preocupados com suas lides; o gado rumorejando à hora do repouso; as camponesas palrando ou cantarolando ao recolherem as roupas que secavam ao vento desde manhã; os trenós e as *troikas*[2] regressando com seus nédios proprietários, bem aquecidos e ainda mais tranquilos sob suas peliças, depois de vencerem cinco ou oito verstas,[3] satisfeitos com os resultados de suas compras e vendas...

Mas de súbito tudo mudou.

Vi-me perdido em campo azul-pálido, lucilante de uma aurora cujo resplendor matizava de doces coloridos a região imensa. E acolá, sentado, meditativo, como a contemplar algo que eu era impotente para também distinguir, entrevi um vulto atraente, cujo aspecto me surpreendeu. Dir-se-ia encontrar-me em presença de um daqueles discípulos do Nazareno, daqueles que, no anonimato, o seguiam em suas idas e vindas pelos contrafortes da Judeia e as planícies de trigo da Galileia.

Reparando de mais perto, e mais atentamente, compreendi que o vulto discursava para a pequena assembleia de ouvintes sentados pelo chão, à sua volta, como de uso no Oriente, e como se concedesse uma entrevista ou uma aula. Em derredor, estendia-se um panorama oriental recordando as descrições bíblicas. Veio-me a impressão de que o tempo

___
[2] N.E.: Carro conduzido por três cavalos.
[3] N.E.: Antiga medida russa para distâncias, equivalente a 1,067 km.

recuara dois milênios, transportando-me, sem que eu o percebesse, à Galileia da época da peregrinação do Senhor por suas paragens.

A luz da aurora, inalterável, incidia suavemente sobre o grupo e a pradaria em torno, com irradiações de madrepérola esbatendo claros e sombras tão singulares que eu desafio todos os artistas que têm passado pela Terra a reproduzirem em suas telas um só daqueles celestes reflexos que então tive a ventura de contemplar.

Aproximei-me de mansinho do grupo entrevisto, discreto, algo curioso. E me considerei discípulo daquele provável mestre, como os outros que o rodeavam. E eis o que ouvi e presenciei:

— Retornaremos a qualquer momento para nova experimentação terrena, mestre Zaqueu... Fala-nos de ti mesmo, dos tempos apostólicos, das pregações do Nazareno expondo a sua Boa-Nova, que provavelmente ouviste... Seria de muito bom proveito que levássemos detidos nas comportas da consciência, algo estimulante, deslumbrador, desse tempo... para que, uma vez nos sentindo novamente homens, pouco a pouco se fossem destilando, pelos escapamentos da intuição, essas lições salvadoras que sabes contar, à guisa de reminiscências levadas deste Plano Espiritual em que nos encontramos... — rogaram sorrindo os discípulos, todos atraentes personagens, muito agradáveis de ver.

Sobressaltei-me.

"Zaqueu?..." — pensei. — "Mas seria aquele que subiu ao sicômoro, quando o Senhor entrava em Jericó, para vê-lo passar?... Seria aquele em cuja casa Jesus se hospedara? que oferecera ao Mestre um festim, enquanto o Reino de Deus fora mais uma vez ensinado aos de boa vontade, entre os convivas?... Seria possível, mesmo, que eu me encontrasse em presença de um Espírito que fora publicano[4] ao tempo do Senhor, na

---

[4] N.E.: Cobrador de rendimentos públicos, na Roma antiga e países submetidos por ela. Os judeus desprezavam os próprios compatriotas que se permitiam servir ao Império Romano, que então dominava Israel.

Judeia; que viesse a conhecer alguém que, por sua vez, houvera conhecido a Jesus Cristo?..."

Excitado, aproximei-me ainda mais. Pus-me à sua frente, sentado como os outros, a olhar para ele.

Ao que observava, aquela sociedade retratava uma democracia modelar, superior em moral e fraternidade mesmo à que eu sonhara outrora para a Rússia e o mundo, nas horas de desesperança, quando observava o mal perseguindo o bem, a força dominando o direito, a treva sobrepondo-se à luz. Eu chegava ali sem credenciais, sem apresentações. Sentava-me entre todos, confiante, como se compartilhasse benefícios da casa paterna entre irmãos. Imiscuía-me para junto do mestre que discursava e ninguém me censurava a impertinência, não me pediam satisfações pela intromissão. Mais tarde eu soube que, se tal acontecia, era devido a mera questão de afinidades. Somente o fato de havermos todos gravitado para aquele plano valeria pela credencial, que outra não era senão aquela mesma. Quem estivesse ali, estava porque poderia e deveria estar. Mais nada. Eu estava ali. Devia estar. No Além não existem dubiedades nem meias medidas. O que é, é! E era por isso que ninguém me enxotava de junto do mestre que discursava. Eu tinha direitos de estar junto daquele mestre. E estava.

Olhei-o, àquele a quem haviam chamado Zaqueu. Semblante sereno, bondoso, enternecido, ainda jovem. Olhos cintilantes e perscrutadores, como alimentados por uma resolução invencível. Lábios finos, queixo estirado, com pequena barba negra em ponta, recordando o característico fisionômico dos varões judaicos. Tez alva, sobrancelhas espessas, mãos pequenas, pequena estatura, coifa discreta, listrada em azul forte e branco, manto azul forte, barrado de galões amarelos e borlas na ponta — eis a materialização do homem que teria sido, há dois mil anos, aquele Espírito que assim mesmo se apresentava a seus ouvintes do mundo espiritual, disposto a cativá-los por meio da "regressão da memória" a essa personalidade remota que tivera sobre a Terra.

Confesso que durante meus antigos estudos sobre o Evangelho nutrira grande simpatia por essa personagem que vemos, nas páginas santas, admiradora incondicional de Jesus, dotada de inclinações generosas a serviço do próximo, desejando repartir entre a pobreza parte da própria fortuna, desinteresse raro em qualquer tempo, sobre a Terra. Eu a entrevia, então, pelos versículos de *Lucas*, um caráter profundamente terno, simples, um idealista disposto ao auxílio aos semelhantes, não obstante tratar-se de pessoa que, embora poderosa e influente na localidade em que vivia, como chefe dos cobradores de impostos que era, se via, por isso mesmo, repelida e moralmente estigmatizada por aquela sociedade preconceituosa. E foi com o coração excitado por todos os raciocínios consequentes de tais lembranças que a ouvi atender à solicitação dos discípulos:

— A bondade do Mestre Galileu, honrando-me com uma visita e uma refeição em minha casa, eu, um renegado pela sociedade porque um publicano, tocou-me para sempre o coração, meus amados, conforme sabeis... — ia ele dizendo. — Ele compreendeu as minhas necessidades morais de estímulo para o bem, o meu aflitivo desejo de ser bom. Penetrou, com sua solicitude inesquecível, os mais remotos escaninhos do meu ser moral; contornou, com seu amor de arcanjo, todas as aspirações do meu Espírito, filho de Deus, que sofria por algo sublime que lhe aclarasse as ações... E conquistou-me assim, por toda a consumação dos séculos...

Muito sofri e chorei quando esse Mestre foi levantado no suplício da cruz. Não, eu não o abandonei jamais, desde aquele dia em que passou por Jericó! Segui-o. E o pouco que ainda viveu depois disso teve-me em suas pegadas para ouvi-lo e admirá-lo. Eu não me ocultei das autoridades, receando censuras ou prisão, nem tive preconceitos, e tampouco me importunou a vigilância dos tiranos de Roma ou o despeito dos asseclas do Templo de Jerusalém. Achava-me bem visível entre o povo, transitando pelas ruas, embora ignorado, humilhado pela minha condição de funcionário romano... e assisti aos estertores da agonia sublime, naquela tarde do 14 de Nisan... Soube, é certo, da ressurreição que a todos revigorou de esperanças... Mas não logrei tornar a ver e ouvir o Mestre, não fui bastante merecedor dessa ventura imensa... Ele só se apresentou, depois da ressurreição, aos discípulos — homens e mulheres — e aos apóstolos...

Inconsolável por sua ausência e sentindo em mim um vazio aterrador, meu recurso para não desesperar ante a saudade e o pesar pelo desaparecimento desse Amigo incomparável foi insinuar-me entre seus discípulos, a fim de ouvir falarem d'Ele...

Fui a Betânia, quantas vezes?!... e tentei tornar-me assíduo da granja de Lázaro, de tão gratas recordações... Mas tudo ali estava tão mudado e tão triste, depois do 14 de Nisan...

No entanto, ali, na granja de Lázaro, sob o frescor das figueiras viçosas que Marta plantara; à luz do luar, junto das oliveiras que farfalhavam docemente, ao impulso das virações que desciam do Hermon; no próprio pátio onde rescendiam os lírios que Maria plantara, perdido entre o anonimato dos forasteiros que acorriam a Betânia quando ali o sabiam hospedado, eu ouvira pregações do Mestre pouco antes da sua morte, saciando-me até a alegria e o deslumbramento com as palavras daquela Doutrina que Ele concedia ao povo, o qual ignorava que a dois passos se ergueria a cruz, arrebatando-o da nossa vista...

Visitei Pedro, esperando consolar a minha grande dor ouvindo-o dissertar sobre Aquele que se fora do alto do Calvário, com a eloquência com que sempre soube arrebatar as multidões.

Perlustrei, choroso e desarvorado, as praias de Cafarnaum e de Genesaré, sem saber o que tentar em meu próprio socorro, mas esperançado de que os irmãos Boanerges, filhos de Zebedeu, me compreendessem e adotassem para discípulo do seu bando, como eu via que acontecia a tantos outros...

Mas nenhum deles sequer prestava atenção em minha insignificante pessoa... Não me olhavam, não me viam, e eu temia importuná-los dirigindo-lhes a palavra... Eram tantos os pretendentes ao aprendizado do amor, ao redor deles! Eles tinham tantas preocupações, preparando-se, chocados, para o heroico apostolado!... E como eu era publicano, um malvisto cobrador de impostos da alfândega romana, convenci-me, erroneamente, de que era por isso que não me recebiam, não obstante saber que entre os doze principais havia também um publicano, o qual fora diretamente convidado pelo próprio Nazareno...

Recolhi-me então à minha mágoa imensa, sem, todavia, deixar de seguir, discretamente, os apóstolos, orando para que não tardasse o socorro a vir fortalecer a fé e a esperança que eu depositava naquele Reino de Deus que havia de vir, Reino cujas leis me fora dado entrever do verbo e das ações do próprio Messias esperado pelos homens de Israel.

Recolhi-me, mas não desanimei.

Continuava percebendo que aquele amor que, um dia, não se diminuíra em visitar minha casa, sentar-se à minha mesa e repousar sob o meu teto, continuava incentivando-me, prolongando suas atenções em torno dos meus passos. No fim de pouco tempo, de tanto ouvir as pregações dos seus apóstolos e dos outros setenta — fosse pelas sinagogas, aos sábados, pela praias e praças públicas ou pelos domicílios domésticos dos santos,[5] então frequentados pelos outros santos — eu aprendera os pormenores da Doutrina já exposta pelo Senhor.

Por esse tempo, eu deixara Jericó, desligara-me das funções aduaneiras, dera parte dos meus bens aos pobres, conforme prometera a Jesus, provera, com a outra parte, recursos para minha família, distribuíra minhas terras entre os camponeses mais necessitados, reservando o estritamente necessário à minha manutenção pelos primeiros tempos. Fizera-me errante e vagabundo para acompanhar os discípulos e ouvi-los contar às multidões as conversações íntimas que o Senhor entretivera com eles, antes do Calvário e depois da gloriosa ressurreição.

---

[5] N.E.: Os primeiros cristãos assim se denominavam uns aos outros.

Ressurreição e vida

Como eu conhecesse bem as letras e as matemáticas, falando mesmo o grego, tão usado em Jerusalém, e também o latim, igualmente usado graças à influência romana, à parte os nossos dialetos da Síria, da Galileia e da Judeia, se me escasseavam recursos apresentava-me às escolas mantidas pelas sinagogas. Empregava-me ali como adjunto dos escribas, para as lições aos jovens, ou então nas casas particulares ricas, como professor, e assim ganhava meu sustento. Se não houvesse lições a transmitir era certo que nunca faltariam madeiras a serrar, aqui ou ali; águas a carregar, a fim de saciar a sede das famílias; paredes a reparar nas casas dos romanos, os quais, se eram agressivos no trato pessoal com o povo hebreu, sabiam, no entanto, remunerar com justiça aqueles que os serviam, desde que não se tratasse de escravos.

* * *

Um dia — foi em Jerusalém — correra a nova sensacional de que certo jovem fariseu, responsável pelo apedrejamento e morte do nosso querido Estêvão, a quem o Espírito do Senhor inspirava com tantas glórias, acabara por se converter à Causa, porque o Senhor lhe aparecera em ressurreição triunfante, exatamente quando ele entrava na cidade de Damasco, para onde se dirigia tencionando prender os nossos santos domiciliados naquela localidade. Aparecera-lhe o Senhor e convidara-o diretamente para o seu ministério, como o fizera aos outros doze, antes de sua paixão e morte. E que, agora, já inteiramente submisso aos desejos do Mestre Nazareno, com tremendas responsabilidades pesando-lhe nos ombros, conferidas pelo mesmo Mestre, pela primeira vez ia falar à assembleia dos discípulos, em Jerusalém, narrando o que se passara.

Fui ouvi-lo.

Esse fariseu era Saulo (Saul), o de Tarso, "que é também chamado Paulo".[6]

---

[6] Atos, 13:9.

Contou ele, à assembleia silenciosa e atenta, o seu colóquio com o Nazareno, à entrada de Damasco, e logo conquistou o coração de muitos que se achavam presentes. Foi de pé (alguns se ajoelharam) que ouvimos os pormenores da aparição do Senhor a Paulo, e a conversa que tivera com ele mesmo, Paulo, e a sequência dos acontecimentos que envolveram Ananias, um dos nossos amados santos de Damasco.[7] Muitos choraram, eu inclusive, e também Paulo.

Se, no entanto, essa aparição fez a redenção de Paulo, de certo modo contribuiu para minha definitiva estabilidade na Doutrina do Mestre, porque daquele dia em diante tudo se modificou em minha vida.

Nunca mais deixei Paulo, até hoje!

Procurei-o então, em Jerusalém. Fui recebido com afeto e bondade. Fiz-lhe a minha confissão, o que não tivera coragem de fazer aos demais discípulos. Narrei-lhe os meus sofrimentos íntimos por Jesus. Quisera servi-lo, a Ele, Jesus. Sinceramente o queria! Mas não sabia como iniciar nem o que fazer.

Pelo amor de Jesus, Paulo ouviu-me com solicitude digna daquele mesmo Mestre que o admoestara em Damasco. E aconselhou-me, e guiou-me!

Desse dia em diante, em vez de apenas ouvir as pregações sobre a Doutrina do Senhor e meditar sobre ela, pus-me a trabalhar também, por amor do mesmo Mestre, sob orientação de Paulo, que, como Aquele, não desprezava publicanos. Ele deu-me incumbências:

— Não te limites à adoração inativa, que poderá cristalizar-se em fanatismo. A Doutrina de Jesus é afanosa por excelência... E Ele precisa de servos trabalhadores, enérgicos, ágeis para mil e uma peripécias,

---
[7] *Atos*, 9:1-31 (Conversão de Saulo).

Ressurreição e vida

de boa vontade para a propagação da Verdade que nos trouxe... Tu, que possuis noções da prática da beneficência, porque já a havias mais ou menos praticado antes do teu encontro com o Mestre, testemunha o teu amor por Ele, servindo também aos teus irmãos que sofrem ou erram, pois tal é o segredo da boa prática da nova doutrina. Nenhum de nós será tão pobre que não possa favorecer o próximo com algo que possua para distribuir: o pão, o lume, o agasalho, o bom conselho, a advertência solidária, a assistência moral no infortúnio, o ensinamento do bem, a lição ao ignorante, a visita ao enfermo, o consolo ao encarcerado, a esperança ao triste, o trabalho ao necessitado de ganhar o próprio sustento honrosamente, a proteção ao órfão, o seu próprio coração de amigo e irmão em Cristo, a prece rogando aos Céus bênçãos que aclarem os caminhos dos peregrinos da vida, o perdão àqueles que nos ferem e nos querem mal...

De tais conselhos fiz, então, o meu lema.

Em vez de só ouvir falar do Mestre, pus-me a falar, eu mesmo, d'Ele e da sua doutrina, que teoricamente eu já conhecia bastante; dos seus atos, das maravilhas que operara por entre os doentes, os pecadores e os desgraçados, pois eu o conhecera, estava devidamente informado a seu respeito. E, se não curei leprosos, estanquei a aflição de muitas lágrimas com exposições a respeito d'Ele. Se não levantei paralíticos, pelo menos ergui a coragem da fé em muitos corações desanimados ante a incúria pelas coisas santas. Se não expulsei demônios, é certo que alijei o ateísmo, recuperando almas para o dever com Deus. E se não ressuscitei mortos, renovei esperanças na alma de muitas matronas desgostosas com a indiferença dos próprios filhos na prática do bem, revigorei a decisão de muitos pecadores que temiam procurar o bom caminho, porque envergonhados de se apresentarem a Deus, pela oração, a fim de se renovarem para jornadas reabilitadoras. E, assim, minha alma se alegrava em Cristo, dilatavam-se os meus propósitos de progresso... E eu sentia que, de dia para dia, quando orava, mais incidiam sobre mim forças e novas bênçãos para mais me desdobrarem em operações objetivas, que tendiam a me fazer comungar com a vontade daquele Unigênito dos Céus, que um dia penetrou os umbrais pecaminosos de minha casa para me levar a salvação.

E encontrei, então, dentro de mim próprio, aquele Reino de Deus que Ele anunciara... Encontrei-o na paz do dever cumprido, que me embalava o coração...

Eu ouvia, embevecido, a empolgante exposição daquele Zaqueu, cujo nome, no Evangelho, atraía as minhas simpatias, mas a quem as referências são mínimas, no Livro Santo. Mas acontecia que a força mental do humilde discípulo do Nazareno distendera em torno um círculo de luz fulgurante, o qual nos envolveu a todos, e nos levou a vibrar com ele, e nos dominou a vontade, submetendo nossas vontades à vontade dele próprio, nosso pensamento ao seu pensamento, nosso sentimento ao seu sentimento, nosso raciocínio ao seu raciocínio, tal se, completamente mergulhados nas ondas das suas irradiações, ficássemos à sua mercê para lhe obedecermos às sugestões. Era a "faixa vibratória" dele mesmo, onda transmissora do pensamento, capaz dos mais belos feitos psíquicos, que nos atingia e dominava. Então, o mais edificante foi que o pensamento de Zaqueu e suas recordações, revividas nos haustos de uma expansão solene, criaram novamente os fatos passados e nos deram a presenciar com ele tudo quanto era narrado. Seguimo-lo, assim, em suas idas e vindas atrás dos discípulos do Cristo. Presenciamos suas silenciosas lágrimas, seus sofrimentos ante a dificuldade em iniciar o ministério do bem, expandindo objetivamente o que já existia no íntimo do seu coração. Com ele vagamos chorosos, pelas praias de Cafarnaum, recordando as prédicas sublimes que não mais se ouviam, mas às quais os discípulos nunca deixavam de se referir durante as exposições da Boa-Nova para o povo... E, desse modo, quantas vezes com ele subimos o Calvário, sob a nostalgia do crepúsculo, vendo-o chorar, sozinho e sofredor, a saudade d'Aquele que ali expirara para legar ao mundo o patrimônio do amor! E aprendemos com ele, vendo-o agir, como se pratica o verdadeiro bem, como se estancam as lágrimas da desgraça e se recupera o pecador para o dever, ocultamente, silenciosamente, sem os alardes da vaidade nem os

Ressurreição e vida

elogios da História, fiel a um ministério santo, incansável, em torno das criaturas sofredoras, pelo amor de Jesus Cristo...

* * *

Foi esse um dos mestres que encontrei aquém do túmulo. Seus ensinamentos, os exemplos de ternura em favor do próximo, que me deu, revigoraram minhas forças. Sob seus conselhos amorosos orientei-me, dispondo-me a realizações conciliadoras da consciência.

E se tu, meu amigo, desejas encontrar aquele Reino de Deus de que Jesus dá notícias, ama os desgraçados! Cada lágrima que enxugares em seus olhos, cada conselho bom que dispensares ao pobre desarvorado da vida é mais um passo que darás em direção a esse Reino que, finalmente, encontrarás dentro do teu próprio coração, que assim aprendeu o cumprimento da suprema Lei: amar a Deus sobre todas as coisas e ao próximo como a si mesmo...[8]

---

[8] *Mateus*, 22:37-39.

2

A LIÇÃO MATERNA

E Jesus lhes disse: Eu sou o pão da vida. O que vem a mim não terá jamais fome, e o que crê em mim não terá jamais sede.

E esta é a vontade daquele Pai que me enviou: Que nenhum Eu perca de todos aqueles que Ele me deu, mas que o ressuscite no último dia.

(João, 6:35 e 39.)

Ao despertar na vida espiritual, após compreender que nova fase de um destino imortal se esboçava em meu carreiro de emanação consciente do absoluto, reconheci-me igualmente de posse de minha vontade soberana, senhor de mim próprio, capaz de me dirigir segundo meus pendores e desejos, o que me assegurou a posse de uma liberdade enobrecedora, que me tornou tranquilo. Verifiquei, em seguida, atento ao exame de uma nova situação, que, depois da morte, nem estaremos santificados como justos, a despeito de quantas afirmativas em contrário da religião que nos embalou as egoísticas esperanças, nem evolvidos a sabedorias estranhas à nossa qualidade de homens, unicamente porque, quando habitantes encarnados da Terra, nem justos nem sábios nos fizéramos. Esta observação pareceu-me tão justa e lógica que respirei, tranquilizado, de algumas apreensões que nos últimos tempos de minha vida tanto me afligiram. Encontrei-me, pois, no Além, tal como fui na Terra e como eu mesmo me fizera reanimado, todavia, pela vantagem de concluir que minha consciência, se não se aprovava plenamente também não se acusava irremissivelmente, antes se rejubilava com a certeza de que muita razão tivera em se agitar diante de aspectos precários apresentados pelo mundo. E desejei então, como Espírito, investigar a solução de muitos problemas graves que atormentam a Humanidade em todos os tempos.

Eu sempre me afligira pelos sofrimentos do homem. Quisera repará-los ou arredá-los, sem que tal pretensão me tivesse sido possível uma só vez, verdadeiramente alheio, como me encontrava, ao conhecimento de certos detalhes das equitativas Leis de Deus. Quantas vezes lamentei sozinho e incompreendido, não sentir em minhas forças valores bastante acentuados para me transformar em reformador do mundo, tornando-me restaurador dos ensinamentos, já muito esquecidos, do Redentor dos homens!

Vaidade e orgulho, antes que interesse real pelo bem coletivo, seria o que lavrava agitações em minha alma, disfarçados em piedade pelo próximo?...

Pus-me a peregrinar pelo Espaço, à imitação do que outrora fazia pelas aldeias russas, no intuito de verificar situações de outros Espíritos, como eu. Narrar as surpresas que se me depararam, os dramas a que assisti, as tragédias que me foram dadas ao exame, as abjeções que descobri penalizado, será tarefa inglória a que jamais me proporei, em benefício mesmo da serenidade que o homem deve conservar durante a existência planetária. Há segredos do Além-Túmulo que será preferível o homem ignorar, por enquanto.

Compreendi, estarrecido, que o plano da vida imortal era bem mais vasto do que eu imaginara e que me cumpriria um aprendizado minucioso das leis regedoras do Universo, para que chegasse a aprender o porquê de tantas anormalidades chocantes, existentes tanto na Terra como no Além.

Ressurreição e vida

E, um dia, numa região sofrível da imensidão atmosférica, encontrei certa individualidade espiritual a quem me afeiçoei com o tempo, a qual, pela citada ocasião, me solicitou o favor de transcrever para o mundo objetivo, quando possível, a preocupação máxima que a inquietava, já que ela mesma não o poderia fazer por lhe escassearem recursos para tanto. Deparei-a, porém, da primeira vez, triste e pensativa, a face apoiada à mão, atestando profundas meditações, rodeando-se de paisagens mentais recordativas, que retratavam as latitudes centrais da Rússia, exatamente delineando-se em torno, como se lá vivesse ainda, o panorama de Níjni Novgorod,[9] em toda a sua vibratilidade de cidade industrial. Fora homem, russo, e a silhueta majestosa e tão cara a todos os russos do *Matushka* Volga[10] deslizava nas suas recordações, com a confluência do Oka dominando o panorama sedutor da terra saudosa em que nascera, vivera, amara e sofrera.

— Em que poderei servi-lo, paizinho?[11] — perguntei, observando que eu mesmo me encontrava em situação mais avantajada do que a dele, na realidade da pátria espiritual. — Disponha de um coração amigo, que terá honra em prestar-lhe algum serviço... caso necessite de algo...

Levantou para mim os olhos tristes, confrangendo-me a alma a angústia que de todo o seu ser irradiou:

— Muitos nobres corações vêm dizer-me o mesmo... — afirmou. — Mas... Quem poderá expurgar dos meandros da minha alma a amargura que nela se detém?... A consciência pesa-me! É o meu verdugo, o meu inferno! Ninguém, portanto, senão eu mesmo, poderá apaziguá-la...

Compreendi, então, com aflição, que o sofrimento no Mundo Espiritual seria infinitamente mais complexo, mais intenso do que o por mim examinado na Terra, e que aquele caso, por exemplo, seria bem mais difícil de

---

[9] N.E.: Importante cidade industrial da Rússia, na confluência dos Rios Volga e Oka.
[10] N.E.: "Rio Mãe", ou "Mãezinha Volga", como é chamado o Rio Volga pelos russos, graças aos benefícios que suas águas prestam ao país, tal como o Nilo, no Egito.
[11] N.E.: Termo carinhoso, muito usado na intimidade, não só na Rússia como em alguns outros países do norte da Europa, equivalente ao "meu bem" dos brasileiros. Encerra também pieguice.

solução do que favorecer um camponês ou um operário com alguns rublos[12] para a compra do azeite ou da farinha, para o reparo do madeiramento da sua isbá ou mesmo do que redigir um requerimento ao poder público para remediar injustiças cometidas contra aqueles infelizes das vizinhanças de Iasnaia-Poliana, que outrora me buscavam o socorro em momentos difíceis.

— Ao menos poderá contar com o consolo do meu afeto e do meu interesse fraterno, se outra coisa me não for possível oferecer-lhe... — retorqui comovido.

Beijou-me dessa vez a mão, que não retirei a fim de não ofendê-lo. E de outra vez contou o seguinte, já afeito à minha perseverante amizade:

— Fui um revel, que desertei da vida apavorado com as peripécias que me surpreenderam... Nasci e vivi em Níjni Novgorod e aí também me precipitei no abismo de um suicídio cuja responsabilidade foi minha, unicamente minha! Chamei-me Dimitri Semenovitch, em minha terra. E quando me reconheci vivo, pensante, inteligente, individualizado como dantes — porventura ainda mais individualizado e inteligente do que antes do suicídio —, julguei-me presa de uma loucura insólita, loucura que desespera sem apagar o raciocínio!

Eu não aceitava o homem dotado com uma alma imortal. Repelia, desde a juventude, a dogmatização ortodoxa da nossa Igreja russa, que falava da perpetuidade da alma humana em condições ilógicas, e terminara por duvidar até mesmo da existência de um Ser Supremo, porque não poderia compreendê-lo por meio das dissertações viciosas dos nossos *popes*.[13] E por isso resolvi desaparecer para sempre do mundo dos vivos, confiando-me às águas protetoras do nosso *Matushka* Volga, ao verificar que a vida não mais satisfazia aos meus anelos...

---

[12] N.E.: Antiga moeda russa, ainda em vigor.
[13] N.E.: Sacerdotes da religião cristã ortodoxa russa.

Ressurreição e vida

Inconsolável, porém, ao verificar, depois, que as águas do Volga não foram capazes de proteger o meu crime, dando-me o aniquilamento desejado; alucinado ante a intensidade dos desesperos e dos opróbrios que deparei aquém do túmulo, pelos canais do suicídio; desapontado frente à decepção de compreender que não lograra encontrar senão o fundo das águas, em vez do esquecimento esperado, pois ali permaneci durante muito tempo, atado ao corpo, que se consumia devorado pelos peixes; enraivecido ante o ludíbrio que me atingira com o suicídio; desamparado pela esperança e pela fé em minhas próprias possibilidades... certa vez, não sei como, comecei a pensar em minha mãe, falecida bem antes do meu ato... Revi, em pensamento, oprimido de saudades, seu vulto grave e doce, indo e vindo entre os afazeres de nossa casa. Revi o seu semblante pensativo, os olhos sempre baixos, absorvidos de preocupações, o lenço de traços coloridos à cabeça, atado abaixo do queixo, o manto de lã grossa envolvendo-lhe o pescoço e os ombros para protegê-los contra os ventos... Recordei seus trabalhos para conosco, seus filhos. Suas insônias desveladas sobre nossos berços, seus conselhos e suas zangas, seus sacrifícios! Relembrei os serões, junto da lareira, ao passo que a nevada assolava as ruas impedindo-nos sair, as lições repetidas, todas as noites, sobre o nascimento de Jesus Cristo numa caverna de pastores, exemplificando a humildade, da morte na cruz, entre malfeitores, exemplificando o amor e o perdão, e ouvi-a novamente dizer, para repetirmos:

Pai nosso, que estais nos Céus... Ave Maria, cheia de graça, o Senhor é convosco... Meu anjo da guarda, velai pelo nosso sono e o nosso destino, pelo amor de Deus...

Minha mãe amava as escrituras santas e lia-as, de vez em quando, o bastante para algo nos esclarecer durante os serões do longo inverno, em nossa casa de Níjni Novgorod. Falava-nos, então, da bondade do Nazareno ante os infortúnios dos deserdados do mundo, a par das orações que ensinava. Falava das curas sensacionais nos cegos de nascença, nos paralíticos e nos leprosos. E das parábolas tão lindas, poemazinhos simples, extraídos da vida cotidiana de cada ouvinte, poemazinhos que ouvíamos com os corações embevecidos, como outras tantas histórias admiráveis:

Era uma vez um homem que descia de Jerusalém para Jericó, mas foi assaltado por um bando de ladrões...[14] — Era o bom samaritano, símbolo do amor ao próximo...

Um homem tinha dois filhos. Disse-lhe o mais novo, um dia: — Pai, dá-me a parte da herança que me toca. O pai atendeu-o e o moço, preparando suas malas, partiu para uma terra longínqua...[15]

Era a enternecedora história do filho pródigo, que retrata a vida de todos os homens, perante as Leis do Criador...

Todo aquele, pois, que ouve estas minhas palavras, e as observa, será comparado ao homem sábio, que edifica a sua casa sobre a rocha. E veio a chuva, e transbordaram os rios, e assopraram os ventos, e combateram aquela casa, e ela não caiu, porque estava fundada sobre a rocha...[16]

Era a advertência sobre a necessidade de considerar os ensinamentos do próprio Senhor...

Ou então repetindo, para que aprendêssemos as sentenças, os conselhos, as advertências prudentes:

Eu sou o Caminho, a Verdade e a Vida; ninguém irá a Deus senão por mim...[17]

Eu sou a Luz do mundo; o que me segue não andará em trevas, mas terá o lume da vida...[18]

---

[14] N.E.: *Lucas*, 10:30.
[15] N.E.: *Lucas*, 15:11-13.
[16] N.E.: *Mateus*, 7:24 e 25.
[17] N.E.: *João*, 14:6.
[18] N.E.: *João*, 8:12.

Ressurreição e vida
___

Se vós permanecerdes em mim e as minhas palavras permanecerem em vós, pedireis tudo o que quiserdes, e ser-vos-á concedido...[19]

Vós sois meus amigos, se fizerdes o que vos mando...[20]

Um só mandamento vos deixo: Que vos ameis uns aos outros como Eu vos amo...[21]

Mais tarde, o turbilhão da vida arrebatou as impressões dulçorosas daquelas sublimes noites domésticas, quando o Evangelho do Senhor nos era doado como lição indispensável... e eu tudo esqueci, porque era revel. Mas, depois, na treva do meu opróbrio de suicida, tais recordações refluíram dos escombros do pretérito para se tornarem no consolo que lograi para o presente...

Fui criança outra vez, ao sabor das recordações. De novo orei sobre o regaço de minha mãe, como altar, qual pecador ante a imagem do seu anjo bom. Novamente eu me embeveci ante aquele doce Jesus que nascera numa caverna de pastores exemplificando a humildade, que amava as criancinhas, curava os cegos e os leprosos e perdoava aos pecadores. De novo eu me inclinei, levado por um respeitoso temor, diante dos nichos existentes pelas paredes de nossa casa, ajoelhei-me ante os 'ícones' da amada Nossa Senhora de Kazan, acendi a lamparina humilde, renovei as águas das vasilhas em que minha mãe depositava rosas e violetas para homenageá-la, ouvindo sem cessar, qual se se tratasse de uma redentora obsessão:

Vinde a mim, vós que sofreis, e Eu vos aliviarei...[22]

Eu sou a Luz do mundo, o que me segue não andará em trevas...

___

[19] N.E.: *João*, 15:7.
[20] N.E.: *João*, 15:14.
[21] N.E.: *João*, 13:34.
[22] N.E.: *Mateus*, 11:28.

Então, meu amigo, a formosa luz da esperança norteou minhas forças debandadas pela descrença em Deus, fomentadora do suicídio...

Eu sou o Caminho, a Verdade e a Vida, ninguém irá a Deus senão por mim...

Pai nosso, que estais nos Céus...[23]

'Meu anjo da guarda, velai por meu destino, pelo amor de Deus...

Era a paciente, a maviosa voz de minha mãe que repetia as lições da infância aos meus ouvidos... Era um fraseado dulçoroso que, agora, extraído das profundidades da minha consciência, se misturava aos estertores do meu desespero, insistia, perseverava, firmava-se em meu pensamento com a força das recordações, ecoava em meu coração, em todo o meu desgraçado ser, dominando ânsias e aniquilando revoltas para conceder-me o equilíbrio necessário a rumos novos...

Por meio das lembranças da minha infância, com as lições recebidas da boa vontade de minha mãe em me encaminhar para o bem, sim! reequilibro-me agora, fortalecido para novas tentativas de progresso nas paisagens terrestres, as quais desonrei com uma vida irregular, que me precipitou no suicídio.

Sim, meu caro amigo! Fazei-me o favor, quando possível, de dizer às mulheres que são mães, e que vivem ainda sobre a Terra, que não se descurem de ensinar a sublime moral do Evangelho aos seus filhos pequeninos, no aconchego suave do lar. As sementes por elas lançadas naqueles corações iniciantes germinarão mais tarde ou mais cedo, revolvidas pelos labores ásperos do infortúnio ou do progresso, ainda mesmo se torturas consequentes de um suicídio os assinalem no mundo das almas sofredoras como maus crentes que necessitarão repetir a experiência dolorosa

---

[23] N.E.: *Mateus*, 6:9.

da vida terrestre, a que se desejaram furtar pelos engodos da violência suprema!

* * *

Aí fica, mulher, o recado de um filho que somente encontrou forças para as tarefas do resgate das próprias faltas nas lições de fé e de moral que sua mãe lhe ministrara na infância, quando os desacertos, da vida dele, o fizeram um réprobo de Além-Túmulo.

3

O SONHO DE RAFAELA

Disse então Jesus estas palavras: Graças te rendo, meu Pai, Senhor do Céu e da Terra, por haveres ocultado estas coisas aos doutos e aos prudentes, e por as teres revelado aos pequeninos.

(*Mateus*, 11:25.)

Em certo dia, durante os deveres assumidos com o exercício do aprendizado que me fora indispensável no mundo invisível, para desenvolvimento do meu progresso pessoal, necessitei visitar a Terra, onde sempre me fora dado observar tantas lágrimas crestando o coração do meu próximo. Desci em voo lento, ao acaso... e planei, atraído, decerto, por afinidades especiais, sobre uma região pobre do Piemonte,[24] nas encostas nevadas dos Apeninos.[25]

Era uma aldeia de pobres camponeses, que tiravam das entranhas do solo o sustento para os seus semelhantes, mais para estes do que para si próprios, pois esses meus irmãos, almas heroicas, geradas, como eu, da mesma Luz, eram resignados na sua pobreza e se conformavam com o mínimo que lhes era indispensável.

---
[24] N.E.: Região da Itália. Situa-se entre os Alpes, o rio Tessino e os Apeninos. Capital: Turim.
[25] N.E.: Cordilheira de montes calcáreos, que se estende ao longo da Península Itálica. Altitude máxima, 2.921m. Grandes jazidas de mármore.

Um travo de tristeza anuviou a satisfação de que nos últimos tempos minha alma se alcandorava, à vista daquela aldeia onde os problemas se multiplicavam, sem soluções compensadoras. Lembrei-me então dos dias melancólicos da minha existência terrena, quando, palmilhando os gelos de minha terra natal, eu peregrinava por aqui, por ali e acolá à procura das dores alheias para que Deus, suavizando-as por meu intermédio, também a mim permitisse a misericórdia da suavização das minhas próprias dores, que não foram poucas.

Entrei, agora, de palhoça em palhoça, visitei os camponeses, os operários, os cavouqueiros, os pescadores. E a desolação crescia em minha alma, porque verifiquei que o homem, tal como nos meus velhos tempos, antes de mais nada, conservava-se sofredor, e assim se conservava por ignorar o próprio destino imortal.

Mas... mais além, à beira de uma palhoça com vistas para a cordilheira, um grupo de mulheres conversava amistosamente. À frente, a sombra de um pinheiro tingia de penumbras o alpendre tosco da entrada, enfeitado de jasmins e trepadeiras, ao passo que tílias floridas bordavam de tonalidades suaves o terreno cultivado, a par de videiras tenras que tentavam frutificar.

Que diriam entre si aquelas pobres camponesas?...

Seu mundo era tão restrito, tão modestos os seus ideais, que não passavam do desejo da boa saúde dos maridos e do crescimento dos filhos, que bem cedo deveriam marchar para a lavoura, com o pai.

Aproximei-me.

Elas eram ruivas e brancas, de faces rosadas e frescas, como legítimas italianas, volumosas em suas saias berrantes e fartas, com alvos aventais e toucas típicas, que as tornavam graciosas.

Sim, que diriam?...

Ressurreição e vida

Detive-me a ouvi-las, como outrora, durante meus passeios solitários, ao encontrar um e outro *mujik*,[26] que vinha solicitar a ajuda que nunca lhes pude plenamente conceder. E uma lágrima deslizou de minha alma, a essa melancólica evocação.

Eis o que se passava:

— Sim, senhora Rafaela, conta à nossa Gertrudes o que te sucedeu durante esta noite... para ver se ela deixará de também chorar a morte do seu pequerrucho, que lá vai dois anos se foi para o bom Deus, sem que ela, a mãe, o esqueça... Conta-lhe...

— Sim, Rafaela, não te faças rogada... Conta-nos novamente o teu lindo sonho...

E Rafaela contou às vizinhas, pela décima vez, naquela manhã de primavera, o sonho que tivera, tendo agora, porém, um ouvinte a mais, invisível, do qual nenhuma delas se apercebia:

— Lembra-te, Gertrudes, da minha Adda?... Morreu há seis meses, quando justamente completaria os 3 anos... e lhe iam sair os últimos queixais... Era tão viva e tão levada, a minha filha...

— Pois sim, lembro-me!... Pois não fui eu que a amamentei por ti, naqueles primeiros dias, quando a febre do leite te fazia variar?... Era tão linda como o meu Giovanino, que também se foi... e sua irmã de leite...

— Lembra-te do que tenho chorado e lamentado durante seis meses, sem dar acordo de mim mesma, inconsolável pela ausência de minha Adda, sem ânimo para o campo, sem comer, sem dormir, já sem crença em Deus, que ma levou?...

---

[26] N.E.: Camponês russo.

— Como não havia de me lembrar, ó Rafaela!... Então não sei que assim mesmo tens feito?... Pois assim mesmo não te tenho visto, há seis meses?...

— Pois, Gertrudes, esta noite sonhei — prosseguiu Rafaela —, sonhei que fui convidada para uma festa em que somente crianças deveriam divertir-se. Parece que a tal festa se realizaria pelos arredores do Céu, mais ou menos...

Então, fui.

Era um lugar florido e bonito, e as crianças ali dançavam e cantavam alegrezinhas, entoando hinos, enquanto se arremessavam punhados de pétalas de rosas brilhantes como estrelas... Traziam coroas de flores luminosas às cabecinhas louras e asas luzentes como devem ser as dos anjos que cortejam a Santa Mãe de nosso Senhor menino...

Embevecida, eu as admirava, assistindo à festa com as mãos entrançadas, como se contemplasse anjos do próprio paraíso...

Mas, de súbito, que pensas que eu vejo?...

Adda! A minha Addazinha!... Mas... triste, contundida e chorosa, asas molhadas, sem bastante brilho para também participar do folguedo dos anjos... porque encharcadas também as suas vestes, e como comparecendo ali clandestinamente, sem se poder apresentar como seria devido numa festa de tal importância.

— Que significa isto, minha filha? — perguntei-lhe eu, no cúmulo da estupefação. — Tu, tão triste, quando eras alegrezinha, assim molhada e transida de frio, como se te houveras afogado nas torrentes do nosso rio Pó...[27] Por que não te divertes com os outros anjos, tu que eras o anjinho do meu coração, a doce bênção de nosso Pai em meu lar?...

---

[27] N.E.: Rio da Itália. Atravessa o Piemonte e a Lombardia.

— Não poderia, mãezinha!... — respondeu em lágrimas, que me amarguraram.

— E por que não poderias, filhinha?... Porventura o bom Deus não é complacente contigo?...

— O bom Deus é complacente comigo, sim, mãezinha... Mas é que, na eternidade, existem leis disciplinares irrevogáveis...

— Francamente, não te entendo, minha filha! Se és um anjo... Não tiveste sequer tempo de pecar... Por que leis severas contigo?...

— Não vês, mamãe, como me encontro?... Assim molhada, com minhas asas pesadas, minhas roupagens sombrias, desguarnecidas de fulgurâncias, como não convém aos anjos trazê-las?...

— Mas... por que estás assim, filhinha?... Que te aconteceu?... Dize tudo a tua mãezinha... Quem sabe poderei ajudar-te em alguma coisa?...

— Pois justamente és tu a culpada de tudo, mãezinha... Tanto choras e blasfemas contra Deus, por minha causa, que me prendes ao teu lado, pela compaixão que me inspiras com tua mágoa demasiada e o teu desespero... Tuas lágrimas molham minhas asas, sombreiam minhas vestes, que devem ser de luz... E neste estado não me será possível compartilhar das alegrias das outras crianças que habitam felizes moradas dos Céus, nem alçar voos pelo Infinito, onde deverão residir aqueles que deixaram o mundo, para se tornarem ditosos... Promete que não mais hás de chorar e lamentar assim e serei feliz como o são estes que aqui vês, porque poderei seguir, sem pesares, para o seio daquele que criou leis que tu desconheces, mas que mesmo assim deverás acatar porque são justas e muito sábias... E um dia, mãezinha, aqui mesmo virás ter... para continuarmos a felicidade momentaneamente interrompida...

— Ora, minha filha querida! — respondi-lhe eu, sorridente e comovida. — Deus seja louvado! Prometo que me resignarei a essas leis, para não impedir teus voos para o Céu com as minhas revoltas... Orarei ao bom Deus, isso sim! para que sejas feliz, podendo volitar em torno da Mãe Santíssima, como os demais anjos... e para que, quando possível, venhas até mim, tal como neste momento, a fim de me esclareceres e orientares sobre as coisas de Deus, que desconheço...

Quando Rafaela cessou de falar tinha os olhos secos. As outras mulheres, porém, choravam, enquanto eu, invisível a todas elas, monologava com a alma enternecida:

— Ó Deus dos simples e dos pequeninos! Eu louvo a tua misericórdia, que concede aos pobres e ignorantes do mundo revelações singelas, mas sublimes como esta, para que suas amarguras sejam acalentadas, revelações que, no entanto, encerram profunda essência filosófico-transcendental!...

* * *

Na Terra existe uma Ciência, revelada pelo Céu aos homens, que traduz a essência desta história tão repetida entre todas as mães que viram morrer os filhos pequeninos, Ciência capaz de explicá-la, desdobrando-a em ensinamentos de alta significação espiritual. Tu conheces tal Ciência, meu amigo! É a Doutrina que professas, a sacrossanta revelação daqueles que habitam o mundo dos Espíritos. Difunde-a, pois, com todas as forças do teu coração e do teu entendimento, para consolo do teu próximo, que precisa dela para se tornar menos desgraçado.

4

O SONHO DO STARTSI[28]
(PARÁBOLA)

Sede, pois, vós outros, perfeitos, como perfeito é o vosso Pai celestial.

(*Mateus*, 5:48.)

Aprendei comigo, que sou brando e humilde de coração, e achareis repouso para vossas almas.

(*Mateus*, 11:29.)

I

Uma lenda russa do tempo de Paulo I[29] conta que um santo *startsi*, muito preocupado com o estado precário das suas ovelhas penitentes, que semanalmente se ajoelhavam aos seus pés para serem ouvidas em

---

[28] N.E.: Título respeitoso conferido a velhos monges do antigo clero ortodoxo russo, dedicados especialmente aos serviços do confessionário. Gozavam de grande autoridade e independência.

[29] N.E.: Paulo I (1754–1801), imperador da Rússia, filho de Catarina II, a Grande, e Pedro III. Nasceu e morreu em São Petersburgo.

confissão e receberem a absolvição dos pecados cometidos no espaço de sete dias, resolveu fazer penitência diária durante um ano. A penitência impunha-lhe o dever de abster-se de comer, de beber e de dormir durante dois dias na semana, alternadamente, passando outros dois em trabalhos forçados, também alternados, nos campos da comunidade, onde se cultivavam o trigo e o centeio, os nabos e as batatas, as couves e as uvas, e os três dias restantes diante do altar da Virgem, em súplicas veementes. E tudo isso para que o Senhor se apiedasse dele e dos seus fiéis, permitindo que, em sonhos, lhe fosse revelado, por algum bom anjo mensageiro, o meio de afastar as ditas ovelhas da impiedade dos pecados para a submissão ao bem e ao amor.

Ouvindo-as em confissão tantas e tantas vezes ao ano, inteirara-se de que eram avarentas e luxuriosas, ambiciosas e egoístas, intemperantes e perdulárias, blasfemas e invejosas, odientas e ímpias, caluniadoras e trapaceiras, hipócritas e rapaces, adúlteras e traidoras, ébrias e preguiçosas, mentirosas e orgulhosas, vaidosas e ciumentas, algumas predispostas ao crime, capazes de incendiarem as *deciatines*[30] cultivadas do vizinho somente porque as suas próprias *deciatines* nem eram tão numerosas nem tão produtivas como as daquele.

Em vão o bom *startsi* aplicara no caso os seus conselheirais dogmas, alongando sermões de alta teologia sobre a inconveniência do pecado, ameaçando-as com a excomunhão do santo patriarca da "Santa Rússia"[31] e os tormentos do inferno daí consequentes, se não procurassem arrepender-se da má vida que levavam, dedicando-se em definitivo ao cumprimento do dever para consigo mesmas e o próximo. Em vão, também, prometera o paraíso e suas arcangélicas delícias para as que abandonassem o coração e os costumes aos doces apelos do bem, renunciando aos furtos, às trapaças nas compras e vendas, às rixas e questiúnculas que já, por várias vezes, haviam

---

[30] N.E.: Medida agrária russa, correspondendo a 5,121 ou 6,821 metros quadrados, de acordo com as localidades.
[31] N.E.: Antiga referência à Rússia Imperial, que foi muito devotada à Igreja.

atirado com algumas delas para os trabalhos forçados da Sibéria. Os paroquianos a nada atendiam, embora temessem o Inferno, desejassem o paraíso e venerassem o seu *startsi*, sem as absolvições do qual não saberiam viver.

Desanimado com o estado de coisas e consciente das responsabilidades que pesavam sobre os seus ombros, como condutor de almas para Deus, que se prezava de ser, pôs-se o santo homem assim em expiações e humildades, no intuito de atrair sublimes revelações que lhe indicassem o remédio a aplicar ao mau estado das suas ovelhas, a quem tanto queria. No entanto, os Céus nunca se apressam a nos descerrar os véus das suas revelações... e um dos motivos de tal demora é que aqueles que além vivem, fora das atrações do globo, e dirigem, espiritualmente, a Humanidade, permanecem no eterno hoje, agitam-se na eternidade do momento presente, ao passo que o homem sofre a angústia das horas, dos séculos e dos milênios.

Finalmente, vencido que fora um ano da sua rude penitência, justamente às vésperas das comemorações do santo Natal, teve o seguinte sonho–revelação o confiante *startsi* da "Santa Rússia":

Mal conciliara o sono na sua modesta cela (o *startsi* era virtuoso e não se cercava de muito conforto), parcamente alumiada por uma lâmpada de azeite, posta diante do "ícone" de um tosco nicho da parede, distinguiu que súbita claridade penetrava na cela e um anjo ali entrava, tomava-o pela mão e arrebatava-o para o Espaço, em glorioso voo de alma eleita.

Surpreendido, o *startsi* percebia que a noite caliginosa e tétrica, que sempre se abatera sobre a sua fria província de Tula,[32] transformava-se em suave alvorecer azul-pálido, com o espaço todo pintalgado de focos luminosos, multicores, formando caprichosos desenhos enquanto

---

[32] N.E.: Uma das mais ricas regiões da Rússia central (europeia). Antiga capital do governo de Tula.

longínquas melodias pareciam cadenciar o movimento rotativo daqueles pontos feéricos, que se diriam gemas de valor incalculável a dançarem ignotos bailados na imensidão. Mais admirado ainda, perguntou ele ao anjo que o conduzia pela mão:

— Que visão surpreendente será essa, paizinho?... Porventura terei enlouquecido durante o sono?... Onde estamos?...

E o anjo guia respondeu, tão simples como se respondesse a qualquer pergunta banal de todos os dias:

— Esta é a visão do Universo sideral... Estes pontos luminosos, distantes da Terra muitos bilhões, trilhões, sextilhões de léguas, são astros poderosos de força, de vida, de calor, de atração e repulsão e equilíbrio, de harmonia e magnetismo divino... São os sóis que povoam o Infinito; as estrelas, centros de gravitação que comandam e dirigem os mundos habitados pelas humanidades, filhas de Deus; são os satélites que, por sua vez, representam outras tantas estâncias de vida, de beleza, de harmonias sem-fim... São também os sistemas planetários, famílias por vezes numerosas de astros; e são as constelações, joias da Criação suprema... E as nebulosas, continentes que se formam nos abismos do Universo, onde turbilhões de sistemas, de sóis, de planetas, de estrelas feéricas, de fluidos cósmicos e matérias ígneas, em elaborações ininterruptas, preparam galáxias futuras, onde rebrilharão novos sóis, novas constelações e mais decilhões e centilhões de planetas em reproduções sempiternas, para a glória de Deus!... E em todos eles também existem vida e trabalho, progresso e evolução, equilíbrio e leis; humanidades que fruem delícias, que amam, mas que também erram e sofrem e expiam pecados; que batalham contra as próprias paixões, desejosas de vencerem a si mesmas para se ofertarem ao bem; que reparam erros e se redimem por meio do amor e do trabalho!... Isto é o Céu!... Viajamos, pois, através do Céu!

Mais que admirado, porque deslumbrado, o bom homem, ou a sua alma indagou ingenuamente, duvidando da realidade da grande aventura em que se via envolvido:

Ressurreição e vida

— Então estamos mesmo no Céu?...

— Pois estamos no Céu... — repetiu o anjo.

— Mas... — voltou o *startsi*, embaraçado —, e onde se encontram o trono do Pai Eterno e as onze mil virgens da sua corte, os anjos, os arcanjos, os querubins e os serafins... e os outros santos?...

Sorridente, e com a mesma simplicidade, tal se habituado estivesse à mesma indagação diariamente, retornou o guia, paciente:

— Este mesmo é o trono do Eterno: o Universo sideral!... E as virgens, os anjos, os arcanjos, os querubins e os serafins e os outros santos somos nós mesmos... depois de termos dominado nossas más paixões... São todos aqueles que já compreenderam plenamente e assimilaram com boa vontade as Leis de Deus e suas determinações, unificando-se com o bem...

— Paizinho, essas angelicais personagens não são, então, seres à parte, na Criação, especialmente criados para servirem e glorificarem a Deus Pai, na sua corte?...

— Não! Pois não são! Sendo a Suprema Justiça, Deus criou todos nós iguais uns aos outros, isto é, partindo de um mesmo princípio para alcançarmos a mesma finalidade, porque dotados todos com as mesmas possibilidades de vitória! Sua Glória é a Criação! Somos nós todos a Sua Glória! Nós, que atingiremos culminâncias futuras de semideuses, porque justamente somos sua imagem e semelhança! Digo-te mesmo, em verdade, que sempre que utilizarmos nossas faculdades — essências dos atributos d'Ele próprio —, em sentido do bem, estaremos glorificando o Senhor, seremos anjos e arcanjos...

Haviam chegado a determinado local do Universo infinito, sítio indescritível, onde o elemento era a Luz consorciada ao Amor. Outros celestes guias se aproximaram, dispostos a concederem aulas a outros tantos *startsis*, a filósofos, a pastores de almas, a professores, a pensadores e a pais e mães de família, que ali igualmente se encontravam graças a um sonho idêntico ao dele. E o *startsi* viu, então, admirado, no desenrolar da aula, que o tempo retrocedia... Tanto retrocedia o tempo, tanto e tanto, que a Terra voltara atrás na idade e que, em vista disso, chegara ao ponto em que Jesus Cristo ainda não descera até ela para ensinar aos homens a sua doutrina de reeducação, para a possibilidade da salvação. Percebeu também, pela mesma aula, que, ali, no sítio celeste onde se encontrava, movimentação desusada verificava-se, como se arcanjos e serafins se preparassem para um extraordinário evento, e observou um grupo de seres da mais alta elevação, aqueles justamente que se entenderiam como as virtudes celestes originárias do próprio Ser Supremo, e que adornam o coração de Jesus desde o princípio das coisas, desde antes mesmo da criação da Terra. Esses seres, que encarnariam as virtudes, eram a Fé, a Esperança, o Amor (também chamado Caridade), a Humildade, a Paciência, a Justiça, a Razão, o Dever, o Perdão, a Misericórdia, a Bondade, a Beneficência, a Compaixão, a Abnegação, a Renúncia, a Temperança, a Perseverança, a Dedicação, a Lealdade, a Sinceridade, a Sabedoria, a Doçura, a Mansidão. Esses rodeavam Jesus, eram a sua comitiva pessoal, seguindo-o para onde quer que Ele fosse, e o velho confessor ouviu o seguinte debate entre eles:

— Nosso amado Senhor far-se-á homem por bem-querer a seus irmãos menores que encarnaram, e aos quais prometeu, ao Todo-Poderoso Criador, educar e, consequentemente, elevar à glória do seu Reino de Luz — principiou o Amor, preocupado sempre com o bem-estar alheio.

— Consta-me que Ele, o Bem-Amado, habitará certo planeta de um pequeno sistema solar da Via Láctea, aquela nebulosa imensa e graciosa, de sóis tão belos... — adveio a Esperança, comumente otimista e amável, cheia de boa vontade.

— Sim, é verdade que o Bem-Amado seguirá para lá muito breve. O planeta chama-se *Terra*, é pequenino e pobre... e a julgar pelas suas estreitas dimensões, pelas modestas dimensões do sistema solar a que pertence e do local restrito que a nebulosa denominada Via Láctea, à qual pertence, ocupa nos abismos do Universo sideral, deve ser insignificante e muito novo... No entanto, é certo que se trata de mais uma joia do mesmo Universo a que todos pertencemos, porque nosso Criador e Pai somente realiza o que será imensamente precioso, útil, belo, magnífico! — ponderou a Sabedoria, cujo espírito positivo é esteio poderoso da Humanidade em qualquer tempo e em qualquer situação.

— Pertencemos ao Bem-Amado Mestre. Somos virtudes suas... Havemos, portanto, de partir com Ele na sua próxima peregrinação ao planeta denominado *Terra*... Justo será, pois, que investiguemos esse mundo novo da Via Láctea, que ainda nem conheceu um redentor; que o examinemos e apreciemos, observando as possibilidades que nos poderá oferecer, uma vez que ali desempenharemos espinhosas missões sob o critério de nosso Bem-Amado, e sobre o coração da Humanidade que nele habita... Proponho, pois, que o visitemos agora e lá esperemos o Mestre, inspirando o coração dos homens, assim suavizando a aspereza da sua missão... — interveio a Razão, sempre grave e prudente.

— Sim! Partamos! Visitemos a *Terra*! — aplaudiram as demais virtudes.

E um bando resplandecente de seres formosos, como arcanjos, pôs-se a volitar pelo Espaço sideral à procura da nebulosa Via Láctea, em que o planeta que receberia o Bem-Amado deveria, desde milhares de séculos (pois era muito novo), estar fazendo o giro em torno do seu foco gerador, chefe do sistema planetário a que pertenceria.

Partiram... E por onde passavam uma esteira de luz ofuscante assinalava sua presença, enquanto hosanas se faziam ouvir, como se a própria Criação os homenageasse com suas vibrações eternamente melodiosas...

II

Aturdido, o simplório *startsi* da "Santa Rússia" viu-se arrastado no encalço dos celestiais seres, arrebatado por um turbilhão de ventos para, com o seu anjo guia e os anjos guias de outros *startsis*, filósofos, pensadores, pastores de almas, professores, e pais e mães de família, que sonhavam a mesma aventura, participar da investigação que na Terra fariam os formosos ornamentos do coração do Senhor.

Pelo trajeto, cada anjo guia ensinava seus protegidos a admirarem a obra do Cosmos: os espaços infinitos povoados de fluidos, gases, magnetismo, essências de variados graus e dimensões, matérias rarefeitas, elementos imponderáveis, mas reais e concretos para os seres alados, forças, energias; com seus poderosos sóis e turbilhões de estrelas faiscantes; suas nebulosas geradoras de mundos; suas galáxias imensas, prodigiosos livros nos quais reliam a sempiterna potência do Criador, na sua gloriosa ação; seus sistemas de sóis e planetas exuberantes de vida e harmonias eternas! Lá estava a *Cabeleira de Berenice*, conjunto de sóis poderosos, equilibrados nos abismos espaciais, formando estranho manto de luz... Bem perto, segundo a sua visão, mas em verdade a distâncias vertiginosas, inconcebíveis, o prodigioso *Arcturus*, destacando-se como o sol dos sóis, tal a opulência do seu brilho e a majestade das suas dimensões. Já aqui a *Ursa Maior*, ostentando a sua plêiade de sóis inconfundíveis... Mais à esquerda *Próncion*, cinco vezes maior que o dourado sol terrestre; *Castor* e *Pólux*, da constelação dos *Gêmeos*... enquanto *Vega*, o sol branco-azulado da constelação da *Lira*,[33] indica, subitamente, a aproximação daquilo que procuravam: a Via Láctea!

Eis, porém, *Capella*, ou *Cabra*, já nos rebordos da Via Láctea, 4.100 vezes maior que o sol terrestre, astro chefe de mundos formosos e atraentes, o qual *startsi* compreendeu como mansão de progresso incessante, de fraternidade inalterável, onde a Ciência atingiu proporções inconcebíveis

---

[33] N.E.: Constelações do hemisfério boreal.

ao cérebro humano! E eis ainda *Betelgeuse*, e *Bellatrix*, e *Órion*! Eis milhões e bilhões de astros fulgurantes, *Sírius*, várias vezes maior que o sol e *Canópus*,[34] equivalente a milhares de sóis terrestres reunidos, e outros, e mais outros, que fantasticamente se multiplicavam aos seus olhos deslumbrados, a cada nova indicação do celeste cicerone. E como poderia esse pobre ser encarnado, mesmo em sonhos, apreciar devidamente, sem um explicador, essa poeira feérica de mundos brilhantes que se agitam e voluteiam no Espaço, em derredor do seu foco de atração?

Finalmente, penetraram a Via Láctea, para onde se destinavam. Lá estavam em seu seio, fulgindo entre milhões de sóis — *Deneb* e *Altair*, *Regulus* e *Aldebaran*, sublimes de força e beleza![35] Comparada a outras nebulosas que acabara de contemplar, e que os homem ainda ignoram, a Via Láctea seria bem modesta em beleza e bem pequenina em dimensões, não obstante a suntuosidade dos seus encantos e da sua extensão! O pobre mortal, porém, ou a sua alma, extasiou-se ante a sua grandiosidade contemplada de perto, por meio das percepções espirituais, perturbando-o a imensidão dos seus arrebatadores sistemas de astros e planetas... e, meio aturdido, destacou, reanimado pelo bom anjo instrutor, a pequena constelação do *Altar*, localizada, precisamente, numa ponta da Via Láctea.[36]

Estava ali o sistema solar de que a Terra é um dos pequenos participantes. Para lá se dirigiram rápidos, e o extasiado *startsi* pôde, então, contemplar o belo planeta *Júpiter*, o maior do sistema solar, onde habitantes felizes gozam de paz e delícias indescritíveis, desconhecendo as trevas da noite, as tempestades de neve e os furacões tropicais, porque esse mundo magnífico possui doze luas, ou satélites, de colorações diversas, do que

---

[34] N.E.: Sírius e Canópus, astros de primeira grandeza do hemisfério austral.

[35] N.E.: Panorama de estrelas de primeira grandeza do hemisfério boreal.

[36] N.E.: A extensão e grandiosidade da Via Láctea poderá ser concebida pelo cérebro humano imaginando-se que a luz, percorrendo 300.000 quilômetros por segundo, levaria cerca de 100.000 anos a percorrê-la de um extremo a outro, segundo cálculos astronômicos. Por sua vez, a *Grande Nebulosa de Andrômeda*, galáxia também em feitio de espiral, constituída igualmente de milhões e milhões de sóis e de astros de grandezas variadas, apresenta extensão tal que a luz, para percorrê-la de um extremo ao outro, levaria 80.000 anos-luz, mais ou menos.

resultam cenários de belezas cambiantes inimagináveis enquanto goza de clima doce, suave, eternamente engalanado pela primavera, com suas "noites" coloridas pelos satélites, que lhe emprestam claridades fulgentes de tons variados, alternativamente, conforme a rotação dos mesmos.[37] Ali estava também *Saturno*, a joia do sistema, companheiro de *Júpiter* em beleza e dimensões, não obstante menor, coroado com seu anel branco e cinza de poeira cósmica; foco de vida e atrações magnéticas, que a mais ousada mente terrena não seria capaz de avaliar, e igualmente seguido por uma comitiva de nove satélites... Mais ao longe, distanciando-se do Sol, seguiam, em translações demoradas, seus irmãos *Urano*, de céu penumbroso, arrastando, porém, a recompensa de cinco satélites, e *Netuno*, com dois satélites, ambos maiores do que a Terra. Acolá, no entanto, distanciado e como perdido de seus irmãos de sistema, o minúsculo *Plutão*, gelado e inabitável por seres constituídos de órgãos vitais análogos aos do homem terreno, mas habitado por Espíritos primitivos ou muito endurecidos no mal, que para aí vão, detidos, expiar delitos cometidos algures, entre sociedades planetárias do mesmo sistema, inclusive da Terra.

Aproximando-se mais do Sol, *Mercúrio*, o primeiro a partir do astro-chefe e por ele eclipsado, sem permitir exame em sua construtura, quer aos homens, quer aos Espíritos pouco elevados. E *Vênus*, logo após, com seu arrebatador fulgor azul-cintilante... Eis *Marte*, com sua cor avermelhada, companheiro imediato da própria Terra, menor que esta, e ainda mais distante do Sol, em cujos ambientes fluxos e refluxos reencarnatórios são estabelecidos ainda com a própria Terra, apresentando superfície semelhante à desta e padrão científico superior, enquanto a moral dos seus habitantes é mais ou menos idêntica à dos homens considerados honestos e progressistas na sociedade terrena...

---

[37] Nota da médium: Ao tempo de Paulo I (1754-1801) certamente que as descobertas astronômicas ainda não teriam localizado todos os planetas do nosso sistema solar nem a cifra atual dos seus respectivos satélites. O leitor não esquecerá, porém, de que a presente narrativa, além de ser uma ficção para fins morais e instrutivos, está localizada na palavra de um Espírito-guia que fornece aula sideral ao seu protegido, por meio de um sonho... E um Espírito guia poderia saber da existência de planetas e satélites que os homens ignoravam... De outro modo, aqui respeitamos a versão do Espírito, autor da presente obra, quanto ao número dos satélites dos ditos planetas, sabendo que os próprios livros de Ciência, em cujas páginas procuramos verificar o assunto, após a recepção da obra, divergem quanto à enumeração dos mesmos.

Murmurou então o anjo mensageiro, gravemente, aos ouvidos do seu protegido:

— Meu amigo, muitos de vós, os da Terra, tendes viajado por alguns destes mundos, que acabas de contemplar... Em suas sociedades falistas, expiastes erros, chorastes, amastes, progredistes! Porfiai, agora, na prática do bem, iluminai vossos Espíritos com o aprendizado do saber para que, dentro em breve, se descerrem para vossas futuras migrações planetárias os abismos que vos separam de *Júpiter* e de *Saturno*, os mais belos e felizes desta pequena família do vosso sistema, a par de *Marte*, sempre algo mais pacífico do que a vossa Terra...

Disse-o e, arrastando seu pupilo, mergulhou na atmosfera da Terra, cuja distância do foco gerador — o Sol — é de 149 milhões de quilômetros.

III

As celestes virtudes puseram-se, então, a examinar a Terra e a consideraram um pequeno paraíso. Aproximaram-se também os *startsis*, os pensadores, os filósofos, os professores, os pastores de almas, os pais e as mães de família, os quais, juntos, assistiam às aulas, e viram com aqueles que, realmente, nesse pequeno globo azul as bênçãos do Absoluto se especializavam em dádivas generosas, capazes de permitirem venturas perenes aos que nele ingressassem para os estágios necessários à evolução de criaturas destinadas a situações sempre mais elevadas no carreiro da eternidade. Observaram, por exemplo, e o *startsi* da "Santa Rússia" com eles, que sua constituição geológica é provida de riquezas tão vastas que os seus próprios habitantes não conseguiam conhecê-las todas e ainda menos mensurar suas profundas extensões. Que nas entranhas das suas imensas cavernas subterrâneas — ossatura do próprio globo — veios profusos de excelentes minérios (alguns já conhecidos do homem, a maioria ainda ignorada) se cruzam e fecundam em núpcias solenes para o soerguimento de espécies novas: gemas custosas, metais, cristais, pedras e cem outros elementos, de um valor fantástico na economia da vida humana, na satisfação das suas necessidades e no seu conforto pessoal. Que combustíveis beneméritos, protetores e auxiliares do homem, no progresso físico a realizar dentro da sua escala de ação, jazem ignorados nas profundidades do solo, à espera da movimentação heroica que se resolva a levantar-lhes o segredo da existência, para deles se utilizar em prol da prosperidade humana. Que da exuberância mágica do seu solo, fecundado pelo magnetismo criador do próprio Sol, da própria atmosfera, das irradiações cósmicas e das influências lunares, uma flora esplendente brota sob os dúlcidos ósculos de primaveras e outonos incansáveis na produção de messes generosas em homenagem ao homem, e para servi-lo, ao mesmo tempo revelando o cuidado paternal do Absoluto, que, por meio da magia de leis invariáveis, faz crescer, frutescer e se multiplicarem as sementes ali depositadas; e que florestas e florestas sem-fim, não plantadas pela mão do homem, guardam nos seus atraentes segredos tantas preciosidades em espécimes de madeiras, valiosas como o ouro, como em espécimes medicinais, alimentícias, aromáticas, etc., para socorrerem as criaturas nas suas exigências sociais e necessidades pessoais. Que por toda a parte rios caudalosos, ribeiros serviçais, fontes abundantes de água pura, indispensáveis à vida planetária terrena, revelam ao homem a benevolência do Todo-Poderoso, que de nada esqueceu para suavizar as lutas evolutivas que aquele aí travará, na ascese para a perfeição, pois até o Sol, de reflexos de ouro fulvo rebrilhante, unindo-se ao azul da ambiência etérica e aos coloridos mil vezes variegados da flora, emite belezas sutis e seduções constantes, cuja contemplação enterneceria os seus habitantes, predispondo-os à comunhão com o belo, se os habitantes da Terra preferissem dedicar atenções aos esplendores sadios da Natureza, esquecendo as atrações apaixonadas ou ociosas dos vícios carnais.

Viram mais, as virtudes celestes, e os discípulos dos anjos mensageiros com elas, que um número quase infinito de aves, de pássaros variados, úteis, formosos, ornavam suas matas, seus jardins e até suas montanhas, enfeitando também os ares com voos vertiginosos, arrojados ou graciosos, festejando-os com suas plumagens multicores, seus cânticos melodiosos, seus silvos inteligentes, e que sua vida era intensa e afanosa qual uma sociedade igualmente assinalada pelos impulsos da evolução sem limites. Que animais outros, mamíferos em profusão, avultavam e se multiplicavam em progressão constante: alguns, mansos e humildes, quais criaturas humanas, amando o homem com ternura e servindo-o quais abnegados escravos; outros, ferozes, mas belos e majestosos, dirigindo a própria existência com inteligência digna de contemplação; e todos divididos e subdivididos em espécies, ou famílias, atestando o início de uma inteligência destinada a distender-se para culminâncias fulgurantes, formando uma sociedade, um vasto império, um mundo igualmente intenso e igualmente belo dentro das proporções terrestres. Desdobrando-se, essa sociedade se distendia até a vertigem, ao atingir espécies diferentes, como os insetos, seres portadores de ardor reprodutivo inconcebível, e tão profusos, de tão vastas categorias, que se tornam, por assim dizer, infinitos, tais quais os vegetais; e ainda vermes, micróbios, animálculos invisíveis aos olhos humanos, seres que, tais como os anteriores, e o próprio homem, formam outros mundos, vivem em núcleos, em famílias, em raças, em sociedades tão vastas e mais intensas do que as humanas, impossíveis de os homens conhecê-las todas, estudá-las e classificá-las.

Entretanto, no prosseguimento do exame, encontraram ainda outro mundo — um universo — que a tudo isso eclipsaria: o oceano! Compreenderam, então, que esse novo universo, embora retido nos limites do próprio globo, vibra de ardores e fecundidades evolutivos tão surpreendentes que se equipara às galáxias nas profundidades siderais, pois o oceano, prodigioso laboratório da Criação terrena, onde a vida ensaia o seu afloramento para estender-se depois em espécies sobre terra firme, também se apresentava mais intenso e mais vibrátil que o resto do planeta, com turbilhões de seres rudimentares agitando-se nos esforços para a conquista de posições definidas no plano da Criação, lutando e sofrendo no labor de fabulosas evoluções, visto que o sofrimento agencia o progresso, enquanto toda essa sublime epopeia era assistida e mantida pelo fluido inalterável do Magnetismo Divino que se espalha por todo o Universo.

Arrastado para os abismos oceânicos, o estarrecido *startsi* viajou pelos seus meandros como antes viajara pelo cosmos. E viu, ainda, que, acolá, nas profundidades ignotas desse universo líquido, estão depositadas riquezas incalculáveis, que o homem desconhece, elaborando sempre novas espécies de preciosidades, em consórcios constantes através dos milênios, para satisfação de humanidades futuras. E contemplou, enternecido, a profusão de transições nos três reinos da Natureza, ou seja, o mineral movimentando-se para o vegetal; o vegetal caminhando para o animal, estados indecisos tão comuns nos laboratórios invisíveis do oceano; e também estranhos abismos, dos quais os homens se apavorariam se lhes fosse dado conhecê-los minuciosamente; e cidades submersas, e pátrias e civilizações que os homens esqueceram através dos milênios, mas que as águas conservam em seus arquivos dramáticos.

IV

Muito satisfeitos com o que descobriram, e louvando a Deus pela sua gloriosa Criação, os angelicais seres resolveram, então, examinar o homem, para quem tão caprichoso paraíso fora ideado e concretizado pela Sabedoria Divina.

— O homem deve ser obediente e amoroso filho do Eterno, visto que mereceu fazer a sua evolução em retiro planetário aprazível como este... — exclamou, sorridente, o Amor, invariavelmente otimista e benevolente.

— ...E também trabalhador e idealista, pois o Criador presenteou-o com excelentes elementos de progresso, ao conceder-lhe existência neste lindo rincão sideral... — adveio a Esperança, sempre confiante nos sucessos alheios.

— Acredito que, além de tudo isso, ele seja também fiel aos princípios da própria origem, porquanto, sendo uma centelha divina, carregará consigo poderes, possibilidades inestimáveis para colaborar com as vontades superiores do Infinito, tendo em vista igualmente o progresso do planeta que lhe foi franqueado para o aprendizado da evolução... — lembrou a Lealdade, habituada a julgar os outros por si.

— Não percamos tempo em suposições... Examinemos primeiramente o homem, investigando se encontraremos clima em seu coração para nos abrigarmos, à espera de Jesus... Lembremo-nos de que o Eterno é a Suprema Bondade e concede dádivas sublimes a todos os seus filhos, ainda que eles não as mereçam... — obtemperou a Prudência, sempre comedida nos entusiasmos.

— Sim, examinemos o homem... — concordaram todos.

E se puseram, então, a acompanhar esse feliz soberano da Terra, o homem, em todos os seus passos e ações, desde o procedimento na intimidade do lar doméstico até a conduta nas lides profissionais e os desempenhos sociais, ansiosos por se agasalharem em seu coração, a fim de suavizarem os sacrifícios de Jesus, que desceria à Terra em missão especial, para benefício do próprio homem. À proporção que o faziam, entretanto, insólitas angústias conturbavam os seus luminosos semblantes, chocando-os profundo desapontamento. Nenhuma daquelas excelsas virtudes conseguiu insinuar-se no caráter humano, para viver com ele no seio da estrelazinha azul[38] que o Altíssimo criara para servi-lo. Sabiam que o homem fora, por sua vez, criado à imagem e semelhança do próprio Criador, e que, por isso mesmo, deveria abrigar no coração as qualidades que traduzem a sua origem. Mas observavam, decepcionados, que,

---

[38] N.E.: Contemplada dos abismos dos espaços, a Terra é uma estrelinha azul.

criado pelo Amor Supremo e para o destino de amar, nem era amorável nem generoso; nem humilde nem piedoso; nem fervoroso nem razoável; nem paciente nem abnegado; nem perseverante nem desinteressado; nem dedicado nem sincero. Revelava-se, ao contrário, ambicioso e cruel; violento e invejoso; luxurioso e devasso; orgulhoso e hipócrita; rapace e infiel; ciumento e dissimulado; adúltero e traidor; intrigante e sanguinário; incrédulo e blasfemo! E compreenderam, desolados, que não conseguiriam asilo no coração de tais feras, mais nocivas entre si do que aquelas observadas na solidão das matas e nas profundidades do oceano!

— Como assim? — soluçava o Amor, inconsolável. — O homem, derivação do Amor Supremo, mantém-se então alheio aos princípios que o geraram e às finalidades a que se destina?...

— Regressemos ao Páramo Celeste — concertaram todos. — Peçamos ao Bem-Amado nos explique tão confuso paradoxo: originário da Virtude Suprema, por que o homem se apraz na miséria moral?...

Retornaram, então, ao posto sideral do Amor e da Luz os arcanjos que, em essência, se denominam virtudes, e reverentes e chorosos suplicaram a Jesus:

— Bem-Amado! Acabamos de visitar o planeta onde ingressarás a fim de dares cumprimento à grandiosa missão que teu Pai te confiou. Tudo ali é belo, generoso, grandioso, magnificente, útil, sublime! Somente o homem, para a felicidade de quem tantas magnificências foram criadas, se detém na ignomínia do mal... Não encontramos em seu coração possibilidades de ali edificarmos um pouso para facilitarmos tua missão de redentor... E, no entanto, sabemos que será necessário que habitemos o coração do homem, porque também sabemos que ele, criado à imagem e semelhança de nosso Pai, não poderá permanecer alheado de nós outros, visto que urge se torne uno contigo, como Tu próprio és uno com o Pai... Que fazer, então?... Oh! que fazer para que o homem nos aceite em seu coração, tornando-se virtuoso?...

Ressurreição e vida

Sorriu o Bem-Amado, com o seu sorriso de luz, e respondeu docemente:

— Não vos aflijais... Por isso mesmo descerei até eles... Para ensinar-lhes os códigos do Reino dos Céus... Não são maus, como tendes julgado... São apenas ignorantes, crianças que crescem, almas vacilantes em trabalhos de evolução, necessitadas de educação... Hão de evolver, mas sua evolução será obra dos séculos... Ensinar-lhes-ei a Verdade contida em minha Doutrina... a doutrina que aprendi de meu Pai... Mostrar-lhes-ei, com exemplos, o caminho certo que deverão trilhar para se tornarem dignos de retratarem a imagem e a semelhança do Altíssimo... Amá-los-ei até o sacrifício, para que aprendam que no amor é que se encontra toda a ciência da vida... Dar-lhes-ei a minha doutrina, que os educará para o Reino de Deus através dos séculos, pois essa é a missão de que fui investido... Vós ireis comigo, e o meu Evangelho e os meus atos falarão do vosso valor e da vossa beleza diante de Deus... E quando Eu regressar para meu Pai, após deixar com eles os meus ensinamentos... possuirão possibilidades de vos compreenderem e agasalharem em seus corações... pois Eu sou o Caminho do Amor, da Verdade e da Vida Eterna...

V

Já meio desperto, voltando-se, agitado, de um lado para outro, no humilde catre da cela, o velho monge reconheceu que o anjo guia o reconduzia, bondosamente, ao corpo, que despertava da longa aventura de um sonho, enquanto advertia:

— Como vês, o Bem-Amado deixou os princípios para a redenção do gênero humano, quando habitou a Terra com a missão sublime de Mestre e Educador, conferida pelo próprio Senhor de todas as coisas, o que é muito significativo... Ninguém, portanto — e tampouco os teus paroquianos penitentes —, será honesto e virtuoso sem conhecer e assimilar aqueles princípios exarados no Evangelho deixado por Jesus... Reeduca, pois, as tuas ovelhas sob rigorosos programas cristãos, sem mesclas de enxertias humanas... pois conheces bastante a doutrina do Senhor para igualmente te investires de uma missão junto dele, como seu servo e colaborador... Ministra-lhes as recomendações do Evangelho, sem te deteres diante de conveniências subalternas do mundo... Mas ministra-as imaculadas como saíram do coração do Mestre, durante o Sermão da Montanha, durante as parábolas, as exortações, as advertências... E verás que elas se transformarão... Em vez de discursos teológicos, que não entenderão, alfabetiza-as, pois são ignorantes, e a ignorância arrasta à delinquência... Em vez de prometer-lhes castigos e desgraças futuras, nas quais nem tu mesmo acreditas, porque sabes que Deus é a suprema Bondade, sê tu, primeiro, virtuoso diante delas, com exemplos excelentes, provando que o homem poderá, sim! atingir o ideal da honestidade sobre a Terra, visto que, como criatura de Deus, possui faculdades que o impelirão à heroica escalada do bem. Em vez de prometer-lhes um Céu duvidoso, semeado de virgens, arcanjos e serafins privilegiados por predileções que o bom senso repele, ajuda-as a descobrirem o Céu na própria consciência, com o cumprimento do dever. Em vez de absolvições inglórias ao confessionário, viciando-as num comodismo retardatário e vergonhoso, porque incentivador de novos erros, faze-as sentir a responsabilidade que carregam como almas imortais, inteligentes e livres que são, a quem Deus destinou a glória infindável de uma evolução conquistada com o próprio esforço, evolução que as levará à unificação com Ele mesmo, retratando sua imagem e semelhança. Em vez de jejuns, que para nada aproveitarão às suas almas, senão levando-as ao retorno do farisaísmo hipócrita, sacia-as com a comunicação da glória do cosmos, glorificando-as, também a elas, com o conhecimento das belezas sem-fim desse Universo que Deus criou para seus filhos, visto que Ele mesmo de nada precisa, porque é o Absoluto! Em vez de penitências que lhes deprimirão o corpo, ensina-as a servirem o próximo com o exercício da beneficência discreta e amorável, sem ostentação nem vaidade. Em vez de nichos, de 'ícones', de velas e oblatas inexpressivas, próprias do primitivismo medieval, dá-lhes o estudo e a meditação sobre os reinos da Natureza e fala-lhes de uma evolução sem limites, gloriosa, arrebatadora, enternecedora, de cada espécie... para que elas se deleitem nos gozos da contemplação daquele que se revela, em Espírito e Verdade, tanto na gota do orvalho sobre a pétala de uma flor, como nos burburinhos do oceano; tanto na majestade das montanhas coroadas de neve, como no verme que rasteja, silenciosamente, à sombra da roseira; tanto no turbilhão dos astros, que rebrilham nos abismos siderais, como no gorjeio dos pássaros ao romper da alvorada... Reeduca-as com amor e perseverança! E verás, depois, que serão cidadãos aproveitáveis, pacíficos, amáveis, obedientes a Deus...

* * *

Alguns dias depois, o feliz *startsi* narrava aos fiéis, durante a prédica domingueira, o sonho que tivera, e anunciava que, daquela data em diante, renunciava à antiga dignidade de chefe dos confessores para se transformar em professor e educador das suas mesmas ovelhas, de quem não mais desejava conhecer os deslizes. Anunciava, entusiasta e vibrante, que escolas seriam abertas na comunidade, a fim de se alfabetizarem adultos e educarem-se crianças e jovens, filhos dos *mujiks*, e que todos os paroquianos deveriam acatar a resolução tomada por ele próprio sob as sugestões do bom anjo que lhe proporcionara tão importante sonho. No entanto, consigo próprio, acrescentara, ao recolher-se à cela:

— Estes pobres *mujiks* e estes *barines*,[39] meus paroquianos, se não se quiserem emendar dos erros e paixões, a que se habituaram, que se avenham mais tarde, depois da morte, com as acusações da consciência e as consequências das infrações cometidas contra as Leis de Deus, visto não ignorarem que possuem uma alma imortal, eterna como o próprio Deus! Tratarei, de preferência, da reeducação dos jovens e das crianças, para tentar salvá-los dos males praticados pelos seus ancestrais, cujos maus exemplos são tão perniciosos para eles como o vírus da peste... pois

---

[39] N.E.: Senhores.

acabo de me certificar, com efeito, de que só a obra de uma sólida educação moral e intelectual, firmada em princípios verdadeiramente cristãos, encaminhará o homem ao domínio das virtudes...

* * *

Esta advertência certamente não seria tão só dedicada ao *startsi* da *Santa Rússia*, ao tempo de Paulo I, leitor! Será também ofertada a ti próprio, em qualquer pátria que habitares, por um amigo do Invisível que hoje, dolorosamente, se arrepende de não ter querido ser bom e virtuoso como deveria e poderia ter sido, quando na Terra viveu. Sim, ofertada a ti, que também poderás contribuir, com a tua dedicação e a tua boa vontade, para que a nova geração da tua pátria cresça à sombra da Verdade e da virtude, e a fim de que, pouco a pouco, a terra onde nasceste se reconheça redimida da corrupção que lavra pelos quatro cantos desse planeta gracioso, onde teu Espírito ingressou para realizações de uma gloriosa evolução através do tempo, para a conquista da vida eterna...

5

O DISCÍPULO ANÔNIMO

Quem receber um destes meninos em meu nome, a mim me recebe; e quem me recebe a mim, recebe Aquele que me enviou. Respondeu-lhe João, dizendo: Mestre, vimos um que lançava fora demônios, em teu nome, que não nos segue, e lho proibimos. E disse Jesus: Não lho proibais; porque não há nenhum, que faça milagres em meu nome, e que possa dizer mal de mim; porque quem não é contra vós, é por vós.

(Marcos, 9:37-40.)

Muitas outras coisas, porém, há ainda que fez Jesus; as quais, se escrevessem uma por uma, creio que nem no mundo todo poderiam caber os livros que delas se houvessem de escrever.

(João, 21:25.)

Meditação sobre o versículo 37 do capítulo 9 de Marcos: Se ele lançava demônios, em nome de Jesus, era virtuoso, porque a virtude é o primordial poder para se expulsarem demônios.[40] E se os expulsava em nome de Jesus era porque amava Jesus. E se amava Jesus era porque seguia seus ensinamentos. E se seguia seus ensinamentos, necessariamente

---

[40] N.E.: Espíritos desencarnados de ordem inferior, ou obsessores.

os ouvia do próprio Jesus, perdido no anonimato das turbas, sem ser notado por ninguém, como certamente sucederia a muitos outros simpatizantes do Senhor, que deram até a própria vida por seu nome e sua Doutrina, mas cujos nomes a posteridade não logrou conhecer.

I

Se nos tempos em que o Senhor peregrinava pelas cidades da Galileia e da Judeia, expondo às turbas de ouvintes a Doutrina que com Ele descera do Infinito, alguém em torno se permitisse o trabalho de prestar atenção aos detalhes que se sucediam, não citados pelos quatro cronistas do Novo Testamento, muitos outros livros existiriam, autênticos, a respeito do Divino Mestre, tal como judiciosamente afirma o seu apóstolo João. Esse observador, se houvesse existido, teria notado, por exemplo, por toda a parte — pelas praias, pelas sinagogas, pelas montanhas, pelas ruas e até sentado à soleira da casa de Pedro, em Cafarnaum, e no pátio florido da granja de Lázaro, em Betânia, mas, absorvido no anonimato da multidão — um jovem moreno, de olhos cinzentos e sonhadores, modestamente trajado com uma túnica de algodão azul-escuro, alpercatas gregas e manto de lã marrom muito amplo e ainda novo. Seus cabelos eram negros e abundantes, não passando, porém, da altura do pescoço, e sua barba era pequena, negra como a cabeleira, e muito tratada e limpa.

O suposto observador nunca veria esse jovem acompanhado de qualquer outro jovem da sua idade ou empenhado em palestras amistosas ou frívolas. Seu todo era grave, quase soturno, porque profundamente preocupado, meditativo. Jamais sorria. Mas também não se descobririam em seu semblante, bastante agradável, indícios de mau humor ou de hostilidades. Era pensativo, sonhador, observador, discreto, equilibrado, eis tudo!

Ressurreição e vida

Todavia, parecia não ser da Galileia, nem da Judeia, nem da Idumeia, nem da Síria, nem de Samaria. Não era loquaz, como os galileus; nem exclusivista, como os judeus; nem agressivo, como os samaritanos; nem pusilânime, como os idumeus, e tampouco folgazão, como os siríacos. Não lhe conheciam sequer o nome, mas parecia estrangeiro, porque, sendo a sua tez de uma cor morena muito suave, os olhos mostravam um belo tom azul-cinzento de agradável contraste. E ninguém ligava importância à sua pessoa, justamente por suspeitá-lo estrangeiro.

Quem sabe fosse mesmo um samaritano, acautelado em jamais falar em presença das turbas, para que o dialeto e o sotaque da sua província o não denunciassem aos judeus, inimigos da sua terra e do seu povo?

Talvez fosse um grego-fenício, mescla então muito comum em Tiro, em Sídon, em Sarepta e toda a Fenícia helenizada, e que muito transitava pela Palestina e a Transjordânia. Também poderia ser um essênio,[41] porque os essênios eram assim discretos, e graves, e equilibrados, quase soturnos. Ou quem sabe seria um nazireu?[42] Os nazireus eram também como os essênios, recatados e discretos...

O que o mesmo observador saberia com certeza era que ele procurava sempre esgueirar-se por entre a massa de povo para se aproximar de Jesus. Parecia um apaixonado do manso *Rabboni*.[43] Fitava-o em adoração muda, o semblante enternecido, os lábios balbuciantes como de encantamento, tal o sorriso murmurante das mães contemplando os seus querubins adormecidos; os olhos nostálgicos irradiantes de ternura. Onde quer que o Mestre estivesse, o moço andaria por perto. Não se atrevia, entretanto, a se intrometer, se acaso percebesse que o Senhor preferia

---

[41] N.E.: Indivíduo pertencente a certa seita de origem judaica, fundada mais ou menos 150 anos antes do Cristo. Os essênios viviam retirados da sociedade, partilhando vida em comum muito fraterna, e abstendo-se de todos os vícios e paixões e até do matrimônio. Eram considerados homens de elevadas virtudes.

[42] N.E.: Homem que se dedicava ao culto divino fazendo votos de não cortar os cabelos, não usar bebidas alcoólicas e de praticar a castidade sexual. Tudo indica que Sansão e João Batista pertencessem à seita dos Nazireus. Os votos seriam perpétuos ou temporários.

[43] N.E.: Título honorífico entre os judeus, que significa Mestre.

ficar a sós com seus apóstolos. Afastava-se, então, discretamente, para retornar daí a pouco, se as ondulações do poviléu voltassem a crescer.

O moço do manto marrom trazia consigo, cuidadosamente envoltos em retalhos de linho muito alvo, dois roletes de madeira muito delicada, espécie de carretéis, medindo de 30 a 40 centímetros de comprimento, mais ou menos, como os que se usavam então entre intelectuais e estudantes, para o cultivo da escrita, ao uso grego. Um desses roletes invariavelmente se encontraria suprido de excelente *papirus*.[44] O outro, vazio. Um saco de couro de carneiro, que trazia a tiracolo, sob o manto, guardava as duas preciosidades e mais os estiletes e tintas coloridas para a escrita, tudo cuidadosamente acondicionado em tubos apropriados.

Visto por tais particularidades, o moço do manto marrom seria grego mesmo. Muitos viajantes gregos peregrinaram, em todos os tempos, pela Síria, pela Fenícia e pela Palestina, mercadejando prendas valiosas, comprando e vendendo tapetes e sedas, lãs, perfumes, ervas mágicas e aromáticas, frutas açucaradas, queijo, mel, e até ovelhas e camelos, que revendiam mais além com excelentes lucros. Mas também poderia ser egípcio, se não fosse a cor dos olhos e da pele, porque os egípcios também transitavam por ali, usavam *papirus* para a escrita, se eram cultos, e vendiam e compravam as mesmas mercadorias.

Seria desses o jovem moreno de olhos azul-cinzentos?

Não parecia, entretanto, comerciante.

Tais hábitos e utensílios, como se notavam nele, somente os teriam e usariam os gregos intelectualizados, não os comerciantes. Os judeus, os samaritanos, os galileus nada escreviam, e quando escreviam preferiam as incômodas tabuinhas, a não ser que fossem verdadeiros escribas e que suas escritas tratassem de algo muito sério, como os serviços religiosos,

---

[44] N.E.: Planta da família das Ciperáceas, de cuja haste extraía-se excelente material para escrita, na Antiguidade.

Ressurreição e vida

quando então era usado o papel de linho, o *papirus* especial ou o pergaminho, fabricado de pele de ovelhas.

Quando Jesus iniciava as prédicas, lançando ao povo aquelas formosas parábolas que ressoariam hoje pelo mundo todo como os mais belos poemas líricos, se os poetas e literatos da Terra dessem preferência às inspirações da Verdade para adquirirem renome, quando Jesus discursava, o moço do manto marrom procurava sentar-se, e o fazia pelo chão mesmo, em algum banco improvisado com uma pedra ou pela soleira de uma porta qualquer. Retirava do saco de couro de carneiro os dois roletes de *papirus*, os tubos de estiletes (que equivaleriam às canetas do século XX), e os sais coloridos, e punha-se a escrever o que ia ouvindo da palavra do Filho do homem, tal o repórter moderno ouvindo personagens importantes em entrevista coletiva. À proporção que escrevia, o papel enrolado no primeiro carretel passava a ser habilmente transportado para o segundo, pelo que se teria verificado que o moço estaria muito habituado ao delicado mister.

Ninguém saberia dizer se o Mestre algum dia notou a presença, tão próxima, desse dedicado admirador, discreto e respeitoso, que jamais falava, que nada pedia, que jamais sorria, mas cujos olhos perscrutadores não se despegavam dele ou da escrita, enquanto ouvia seus discursos. Notou-o, certamente, pois não conceberemos que Aquele que era o Verbo encarnado ignorasse alguma coisa que se desenrolasse ao seu redor e até muito longe de sua presença.

À noite, chegando ao humilde quarto que ocupasse numa hospedaria qualquer, das mais modestas, ou mesmo no celeiro de alguma casa particular, que consentisse em ali hospedar forasteiros por preços muito reduzidos, fosse em Cafarnaum, em Betsaida, em Jerusalém ou outra qualquer parte honrada com a visita do Mestre, o moço cismador desenrolava os *papirus* e pacientemente voltava-os para o primeiro carretel, o que dava em resultado reler com facilidade o que Jesus havia exposto e fora por ele escrito. Servindo-se da luz de uma pequena candeia de azeite, daquelas tão usadas pela época, ou seja, espécie de tigela de barro, de estanho ou de cobre, com três bicos, de onde saíam as torcidas encharcadas no combustível, para o lume, até altas horas da madrugada o jovem estudava aquelas lições escritas, que o Mestre como que ditara para ele. Meditava sobre tudo e tecia aproveitáveis comentários, que escrevia em retalhos de *papirus* mesmo, ou em peles de ovelhas, e colecionava tudo caprichosamente, como se em sua mente já se delineasse o *livro* paginado, inexistente então e só muito mais tarde inventado e aceito pelo mundo inteiro com todo o agrado. Algumas vezes, ele fazia até mesmo versos sobre os discursos ouvidos ao Mestre Galileu, e os fazia em idioma grego ou em aramaico ou latim, pois o moço era culto e esses idiomas eram correntes em toda a região e para além dela, até Alexandria, Atenas, Roma etc. E na manhã seguinte, bem cedo, retornava para as ruas à procura do Mestre, recomeçando o mesmo dedicado trabalho de anotar o que ouvia e presenciava.

Certa vez, em Cafarnaum, a cidade preferida por Jesus, pois ali residia Simão Barjonas (Pedro), o moço do manto marrom ouvia o Senhor falar, sentado pelas imediações, sobre uma pedra. Eis, no entanto, que começam a acorrer muitos enfermos, na esperança de serem curados, e o local torna-se repleto de paralíticos, de cegos, de surdos, de mudos, de coxos e de endemoninhados, e até de leprosos. O Nazareno curava sem cessar e o moço a tudo assistia comovido e meio atemorizado pelo que presenciava, mas louvando a Deus, no fundo do coração, por ter vivido até aquela data, para que seus olhos contemplassem tais maravilhas, realizadas pelo Messias em pessoa, tão ardentemente desejado, desde séculos, pelos corações oprimidos. Eis senão quando o chefe da sinagoga local, o fariseu Jairo, atira-se aos pés do Senhor, suplicando-lhe, desfeito em lágrimas, que tivesse piedade e consentisse em se abalar até sua casa para curar sua única filha, menina de 12 anos, que enfermara de uma febre violenta e se encontrava às portas da morte. Todavia, nesse instante (momento supremo para o moço silencioso), dada a aglomeração de pessoas, Jesus, cuja virtude já curara uma mulher que padecia de terríveis hemorragias, com o só contato da mão dela mesma na orla do seu manto,

Ressurreição e vida

Jesus, empurrado daqui e dali, solicitado por todos e a todos atendendo, aproxima-se tanto do jovem que seu manto lhe roçou o rosto.

Deslumbrado com semelhante contato, o moço toma timidamente da ponta do manto do Mestre e leva-a aos lábios, ali depositando enternecido ósculo de veneração, enquanto duas lágrimas umedecem suas pálpebras, tal a comoção de que se sentiu possuído.

Volta-se o Nazareno e fita, em silêncio, aqueles olhos sonhadores, que duas lágrimas iluminam de um brilho singular, como essência de uma confiança ilimitada. A mão diáfana do Filho do Céu, então, pousa por um instante, um instante só, sobre a cabeça do moço. Os dois olhares se cruzaram sem que uma única palavra fosse pronunciada. E foi só...

Jesus retirou-se acompanhado de Jairo, levando consigo Pedro, Tiago e João, apóstolos que pareciam mais afins com Ele.

Fiel ao mandato que se impusera, o jovem anônimo seguiu-o de longe, discreto, pensativo como sempre. Pelas imediações da casa do chefe da sinagoga, que se movimentava em alarmes fúnebres, anunciando que a enferma acabara de expirar, sentou-se à sombra de umas oliveiras que frondejavam viçosas, e pôs-se à espera, certo de que não tardaria a presenciar mais uma daquelas maravilhas que a Galileia já se habituara a contemplar naqueles auspiciosos dias. E, com efeito, minutos depois o alarido fúnebre transformava-se em aleluias. Jairo franqueava a residência aos visitantes, para que fosse contemplado mais um feito do Mestre Nazareno: a menina, havia pouco tida como morta, erguera-se do leito pela mão de Jesus, sadia e feliz, para alegria e ventura de seus pais e assombro de toda a cidade de Cafarnaum, que se rejubilou com o fariseu Jairo.

Então, ali mesmo, à sombra das oliveiras que frondejavam pelas imediações, o moço do manto marrom novamente retirou os dois roletes do saco de couro de carneiro que trazia a tiracolo, sob o manto. Retirou o tubo de estiletes e os sais coloridos... e mais uma vez escreveu o que acabava de presenciar, realizado por Jesus.

II

Alguns dias depois o moço escriba encontrava-se numa praça, para onde acorriam enfermos de todas as localidades vizinhas. Avultavam nesse dia os endemoninhados. Jesus ainda não aparecera em público. Os Apóstolos igualmente se conservavam ausentes, decerto acompanhando o seu amado Mestre, que estaria distribuindo beneficências por outras localidades. Os doentes impacientavam-se. Cresciam os lamentos, os gemidos, as queixas, os estertores. Estavam ali desde o alvorecer. Era quase a hora sexta (meio-dia), e sentiam fome. Sentado em uma pedra, à sombra de uma videira que tomava a entrada de pequena residência, o moço silencioso esperava, como eles, desde o alvorecer. Via que as lágrimas corriam dos olhos daqueles infelizes, que suas dores aumentavam, suas aflições se sobrepunham para um acervo de impaciências. Compaixão profunda, ante tanta miséria, invadiu subitamente seu coração: quisera poder também aliviar as dores daqueles desgraçados! Sentiu que, a tal desejo, o coração se lhe dilatava num hausto profundo de amor ao próximo. Aquele mesmo hausto, singular e sublime, que o deslumbrara da vez em que o Senhor pousara a mão, docemente, sobre sua cabeça, agora o impelia a aliviar as dores que presenciava...

Num impulso irreprimível, qual autômato observando voz de comando proveniente dos arcanos do Invisível, aproximou-se de um daqueles endemoninhados que se detinham em convulsões sobre o pó da praça, apôs-lhe as mãos sobre a cabeça e exclamou com tonalidade incomum, autoritária:

— Em nome de Jesus Nazareno, o Filho de Deus vivo, retira-te deste homem e vai em paz!

Ressurreição e vida

O enfermo estrebuchou ainda por alguns instantes, proferiu gritos roucos e, muito surpreso com o que acontecia, levantou-se envergonhado, mas completamente curado, pondo-se a sacudir o pó que se lhe prendera à túnica...

E muitos foram curados por ele, nessa tarde...

A partir desse dia, curava endemoninhados sem cessar, pois, ao que parecia, era a sua especialidade... porque João, que, por acaso, presenciara as primeiras curas e lho proibira continuar, visto que ele não era filiado ao grupo homogêneo, voltara a ele, humildemente, desculpando-se e participando-lhe que continuasse, porque o Mestre o autorizava a exercer o ministério, mesmo não gozando ele da intimidade dos verdadeiros discípulos, pois reconhecia nele um amigo digno de confiança...

III

Viera, porém, a cruz do Calvário e o Mestre alçara ao seio do Pai, de onde descera...

Na sétima noite após a ressurreição, o discípulo anônimo, que desde a tarde do 14 de Nisan chorava sem consolação, ignorado e solitário no recanto do celeiro em que se alojava, acabou por adormecer sobre os seus roletes de *papirus*, nos quais acabara de ler, ainda uma vez, os sublimes ensinamentos do amado Mestre, que tão cuidadosamente anotara durante três anos. Acabara também de escrever as últimas páginas relativas à ressurreição, cujo noticiário corria de boca em boca, entre os santos de Jerusalém, repercutindo seus ecos surpreendentes até mesmo pelos gabinetes do Sinédrio, nas alcovas de Anás e de Caifás, nas salas de Pôncio Pilatos,[45] pelos festins de Herodes Ântipas[46] e pelos quartéis dos herodianos atemorizados.

---

[45] N.E.: Prefeito da província romana da Judeia entre os anos 26 e 36 d.C. Foi o juiz que, de acordo com a *Bíblia*, condenou Jesus à morte na cruz, apesar de não ter nele encontrado nenhuma culpa.
[46] N.E.: Tetrarca da Galileia e da Pereia. Conhecido por meio dos relatos do Novo Testamento por seu papel nos eventos que levaram às execuções de João Batista e Jesus de Nazaré.

Exausto de escrever, de ler e de chorar, o moço do manto marrom adormeceu e sonhou...

Sonhou que Jesus Nazareno o visitava entre as palhas do seu triste albergue, todo radioso em uma túnica alvinitente, e dissera-lhe, a mão levemente pousada sobre sua cabeça, como no dia inesquecível da cura da filha do fariseu Jairo:

— Filho querido! Dar-te-ei a incumbência de relatar aos jovens que encontrares em teus caminhos o noticiário que escreveste, e que aí está... Será bom que te dediques também a educar corações e caracteres para os meus serviços do futuro, que abrangerão o mundo inteiro, através das idades... Não te limites a curar apenas os corpos, que tendem a desaparecer nas transformações do túmulo. Trata de elucidar, para curar também as almas, por amor de mim, pois estas são eternas, mais necessitadas do que os corpos, e tenho pressa de que se iluminem com os fachos da Verdade...

Mas... ia-me esquecendo de acrescentar que o moço possuía também um pífano (espécie de flauta), instrumento muito em moda no Oriente, pela época, o qual era guardado no saco de couro de carneiro que trazia a tiracolo sob o manto, junto dos roletes de *papirus*, dos estiletes e dos sais coloridos para a escrita. O pífano era enrolado, como os roletes, num retalho de linho alvo, muito cuidadosamente atado. Um pequeno alaúde[47] acompanhava o pífano, guardado, porém, noutro saco, que se pendurava a tiracolo, do lado oposto ao outro.

Na manhã seguinte à noite do sonho com Jesus, quem passasse pelas imediações do mercado de Jerusalém depararia com um jovem sentado sobre as próprias pernas cruzadas, num recanto da rua, tocando melodias muito doces à sua flauta, isto é, em um pífano.

Era o moço do manto marrom.

---

[47] N.E.: Antigo instrumento de cordas e cravelhas, cuja caixa sonora é convexa, como os bandolins napolitanos. Possui de oito a doze cordas. Som melodioso.

Ressurreição e vida

Em breve achava-se ele rodeado de crianças e de jovens, que, em todos os tempos, se deixam seduzir e arrebatar pela música. Quando viu que o número de admiradores que acabava de conquistar com a melodia da sua flauta era animador, o moço do manto marrom e do pífano disse-lhes — e sua voz ressoou cariciosa e atraente, pela primeira vez, aos ouvidos da gentil assistência, como ressoara a melodia que acabara de executar a fim de atraí-la:

— Sentai-vos, irmãozinhos, que terei prazer em contar-vos a história do Príncipe que desceu dos Céus para amar os homens sofredores...

Os orientais sempre admiraram as histórias maravilhosas, os casos fantásticos e os feitos heroicos:

— Do Príncipe que desceu dos Céus?... — interrogaram interessados, sentando-se ao redor do músico.

— Sim, desse Príncipe mesmo...

— Pois conta-nos a história, irmãozinho...

E o moço, que deixara de ser silencioso, porque Jesus, em sonhos, lhe ordenara que falasse, entrou a narrar aos jovens ouvintes os primeiros feitos do Nazareno, a que assistira, na Galileia. Mas fazia-o por meio de palavras suas, enquadradas na realidade dos fatos, com adaptações rigorosamente inspiradas na Verdade, e tanta arte punha na sua eloquência que os meninos e os jovens se deixaram ficar a seu lado longas horas, sem se cansarem de ouvi-lo. Era uma aula admirável, que lhes concedia: aula de moral, com os ensinamentos da Boa-Nova; aula de Verdades eternas, com a narrativa das curas e das parábolas; aula de amor e respeito a Deus, de arte, de literatura, de boa educação social e doméstica, das quais se elevava a figura sedutora do Príncipe dos Céus como Mestre adorável das criaturas, que visitara a Terra para tentar conduzi-las para Deus, por intermédio do Amor. E revelava-se, com efeito, emérito professor e educador, respeitável intelectual.

Depois recitava ou cantava os seus versos, acompanhando-se do pequeno alaúde, tal qual Homero[48] à harpa, com a sua *Ilíada* e a sua *Odisseia*, reproduzindo com exatidão, mas adaptados ao ritmo especial dos versos brancos, trechos importantes do Sermão da Montanha, ao qual assistira bem perto do Mestre; e das parábolas mais expressivas, que melhor se prestassem ao encantamento da juvenilidade. Fazia-o, no entanto, depois de havê-los comentado em exposições claras, certo de que seus jovens discípulos tinham realmente assimilado o seu verdadeiro sentido.

Vejamos alguns desses singelos, mas enternecedores, poemas assim declamados, ao passo que o mercado, além, fervilhava de comerciantes e compradores, longe, toda Jerusalém, de suspeitar que aquele Nazareno que dias antes morrera no suplício da cruz, no alto do Calvário, agora ressurgia triunfante, com efeito, até na simplicidade dos corações juvenis:

Evangelho de Mateus, 6:19 a 34.
(Do Sermão da Montanha.)

1

Não entesoureis, meus irmãos,
Para vós,
Os efêmeros tesouros da Terra,
Onde a ferrugem e a traça
Tudo consomem,
E onde os ladrões
Os desenterram e roubam...
Mais meritório será

---

[48] N.E.: Célebre poeta grego da Antiguidade, considerado como autor dos poemas épicos *Ilíada* e *Odisseia*.

Ressurreição e vida

Para vós,
Irmãozinhos,
Adquirir os tesouros do Céu:
– O Amor, a Fé, a Esperança!
– A Bondade, a Paciência, a Justiça!
– O Dever, a Moral.
– E o nobre labor
De todos os dias...
Porque estes bens,
Que são verdadeiros, eternos,
Não os consome a ferrugem
Nem os roem as traças
Daninhas do mal...

Esses são bens muito vossos,
Que convosco irão
Para a vida celeste...
Bens que os ladrões
Não desenterram nem roubam...

Não entesoureis,
Meus irmãos,
Para vós,
Os efêmeros tesouros da Terra,
Onde a ferrugem e a traça
Tudo consomem...
Porque onde se guardam,
Jovens irmãos,
Estes tesouros

Aí também estará,
Ansioso e inquieto,
O coração...

2

Não andeis cuidadosos,
Criando ambições,
Que atormentam e afligem
As vossas horas diárias...
E nem vos detenhais
A pensar:
— Que comerei?
— Que beberei?
Porque o dia futuro
A si mesmo trará
Seu penoso cuidado...
E a um dia
Bem bastará
Sua própria aflição...

Pensai primeiro,
Meus irmãozinhos,
Antes de tudo,
Em vossas almas celestes,
Filhas de Deus,
Que muito mais valem
Do que a comida do corpo,

Do que a bebida,
Do que o vestido
E a residência terrena
Com que tanto e tanto
Vos afligis...

3

Vede, irmãozinhos,
As avezinhas que voam
No ar?...
Meditai neste exemplo:
Elas
Não semeiam,
Não segam,
Não acumulam
Em celeiros...
E, todavia,
Vosso Pai poderoso,
Que vive nos Céus,
As veste, as sustenta,
Com lindas plumagens,
Com alimento diário
E água pura das fontes...
E se com elas
Assim mesmo procede
Esse Pai caridoso,
Convosco melhor o fará

Certamente...
Porventura não sois,
Diante dele,
Muito mais do que elas?...

4

Considerai como crescem
Os lírios do campo...
Não trabalham,
Não fiam,
Mas, em verdade,
Eu vos digo:
Salomão, o rei glorioso,
Na sua grandeza ofuscante
Jamais conseguiu
Assim se trajar,
Como um desses...

O lírio
É como o feno do campo:
Hoje está lindo e viçoso,
Mas, amanhã,
Já murchou e caiu
Para ser consumido
No fogo...
Pois, apesar
De assim ser,

Ressurreição e vida

E se Deus
Assim belo o conserva
Nos jardins e nos vales,
No campo ou nos brejos,
Quanto mais
A vós o fará,
Que sois almas eternas,
Homens sem fé?...

5

Portanto, buscai,
Em primeiro lugar,
Em vez dos tesouros terrenos
Que a ferrugem e a traça
Consomem,
Buscai,
Em verdade o repito,
Em primeiro lugar
O Reino de Deus
E sua
Gloriosa Justiça,
Porque, assim sendo,
Todas as coisas
Que desejardes,
E mais outras ainda,
Se vos serão concedidas
Por benévolo acréscimo...

IV

Muitos anos se passaram sem o moço esmorecer no seu singelo labor. Mas não o limitou somente a Jerusalém. Ia e voltava pelas localidades vizinhas, programando dias certos na semana para cada uma. Dava-se ao seu estranho ministério pela manhã e ao cair do crepúsculo. Durante a ardência da soalheira, trabalhava para seu sustento: remendava mantos e túnicas para os costureiros; consertava tendas para os viajantes; limpava e varria o mercado, para os lojistas; carregava água para as famílias; entregava cestos de compras; levava camelos e cavalos dos forasteiros a beberem e a serem lavados, no poço mais próximo... e jamais recebia pagas pelas histórias que contava aos jovens, porque entendia ser vergonhoso e profanador servir-se o homem do nome sacrossanto de Deus para auferir lucros, e Jesus era, no seu conceito, o verdadeiro Filho de Deus que descera à Terra para o bem da Humanidade! E a cada um dos discípulos que fazia presenteava com uma daquelas cópias colecionadas, escritas em retalhos de pele de ovelhas, das anotações que fizera sobre o Nazareno e sua Boa-Nova.

Encantadas, as mães de família, percebendo que seus filhos apresentavam modificações sensíveis na conduta diária, tornando-se melhores, mais sérios, mais honestos, mais educados, apressavam-se em também conhecer a estranha personagem que tanto as auxiliava na educação dos mesmos. Ouviam-na, então. Voltavam pensativas para suas casas. E dali a dias ofereciam-lhe o próprio lar ou o quintal para o serão da noite, em que as mesmas lições eram reexplicadas.

Os jovens, porém, cresceram, fizeram-se homens e mulheres e se tornaram cristãos convictos. Eram outros tantos discípulos do amável Nazareno, e muitos, mais tarde, apresentaram heroicamente o supremo testemunho que a doutrina do Mestre lhes pedia, isto é, mereciam, como cristãos leais e dedicados, a honra do martírio, quer na Judeia, frente

Ressurreição e vida

aos asseclas do templo, quer em Roma, enfrentando os leões no Circo. Mas ele, o moço do manto marrom, jamais fora molestado! Jamais perseguido, jamais suspeitado sequer! Quando reconhecia que seus gentis ouvintes haviam realmente assimilado a nova doutrina, o moço do manto marrom e do pífano desaparecia, procurava outras terras e, aquém, nunca mais se ouvia falar dele.

Dentro de alguns anos, seus cabelos haviam embranquecido, sua barba alvejava como as neves do Hermon, seu manto se tornara desbotado e roto, e, já agora, era chamado "o velho do manto roto", pela criançada... Mas à noite, tranquilo e confiante, adormecendo na sua enxerga ou no celeiro que lhe cediam para o pouso, sonhava que Jesus voltava a visitá-lo, alvinitente em suas deslumbrantes vestes de luz:

— Prossegue ainda, filho querido! Prossegue até a morte, porque me tens prestado um precioso serviço! Educa, educa para mim, e em meu nome, as almas e os corações que se ignoram, porque me ignoram... A alma é imortal... E eu tenho pressa que todas se alcandorem ao sol da Verdade eterna...

E até em Roma, mais tarde, cidade onde todas as nacionalidades se cruzavam e se entendiam, os transeuntes deparavam pelas ruas um ancião de barbas brancas e olhos castos e sonhadores, sentado sobre as próprias pernas cruzadas, à moda oriental, tocando velhas melodias em um velho pífano, ou recitando ou cantando, com voz trêmula e quase apagada, lindos e singulares poemas ao som de um pequeno alaúde, rodeado de jovens e crianças, que lhe rogavam, em todas as línguas, entre sorrisos prazenteiros:

— Conta-nos, avozinho, aquela história do Príncipe, filho dos deuses, que desceu do Olimpo para curar cegos e leprosos, paralíticos e surdos-mudos, endemoninhados e coxos... e para amar os pecadores e redimi-los, ensinando-lhes a lei do amor, que substituirá a violência do pecado em que vivemos...

V

Entretanto, quem seria aquele discípulo anônimo, que curava endemoninhados em nome de Jesus nazareno, a personagem mais humilde e mais obscura do Evangelho, a quem este se refere com rapidez chocante?

Ninguém o sabe!

Mas de uma coisa estaremos certos: do elevado grau das suas virtudes, visto que não se expulsam demônios sem se possuir virtudes. Dele pensaremos e diremos, então, todos os feitos que as virtudes recomendam... até que mereçamos novos informes a seu respeito...

Esse discípulo, todavia, poderás ser tu mesmo, meu amigo, tu, que me lês! Hoje ainda, o mundo tanto necessita da doutrina do Senhor como nos tempos de Anás e de Caifás, de Pilatos e de Herodes, de Nero e de Calígula... E tu que, voluntariamente, te aliaste, em boa hora, à causa da redenção da Humanidade, poderás prestar idêntico serviço a Jesus... De uma coisa apenas necessitarás para o desempenho de tão grande tarefa:

— Amor a Deus, ao próximo e ao Evangelho do teu Mestre Nazareno...

6

RESSURREIÇÃO E VIDA!

Eu sou a ressurreição e a vida; o que crê em mim, ainda que esteja morto, viverá; e todo o que vive, e crê em mim, não morrerá eternamente.

(João, 11:25 e 26.)

Chegada, porém, que foi a tarde daquele mesmo dia, que era o primeiro da semana, estando fechadas as portas da casa onde os discípulos se achavam juntos, por medo que tinham dos judeus, veio Jesus, e pôs-se em pé no meio deles, e disse--lhes: Paz seja convosco. – (Depois do Calvário.)

(João, 20:19.)

I

Quando ainda vivendo sobre a Terra, eu às vezes deixava o pensamento divagar até a tortura, meditando na aspereza do desgosto que teria atingido o coração dos discípulos do Senhor no dia da sua morte. Meu coração se confrangia ao reler as páginas tocantes, quando eu mesmo me deixava arrebatar pelo sonho de estar presente em Jerusalém, no dia trágico do Calvário, para algo tentar em benefício d'Aquele por quem me sentia capaz de dar a própria vida! Só mais tarde, regressando à vida espiritual, passei a meditar de preferência na apoteose da ressurreição, em vez de me deter compungido aos pés da cruz. E então passei a compreender melhor a alegria que se seguiu ao desgosto no coração dos mesmos discípulos, que se vinham sobressaltando de choque em choque desde a hora em que renunciaram a si mesmos para se dedicarem Àquele que era o Caminho, a Verdade e a Vida.

Ora, eu conhecera em Odessa[49] durante minha juventude, um jovem estudante de Filosofia, com quem costumava trocar ideias sobre o advento de Jesus entre os homens. Chamava-se Boris Pietrovitch e preparava-se para ingressar em certo monastério de Kiev, pois era piedoso e profundamente idealista. Afirmava que aspirava a entregar-se definitivamente a Deus, ordenando-se, para exercer o ministério das práticas cristãs.

— Mas Boris!... Poderás praticar os ensinamentos cristãos sem necessidade de te jugulares ao sacerdócio... — disse-lhe eu, certa vez. — Nem Jesus, nem seus Apóstolos, ou quaisquer discípulos, tomaram ordens clericais ou foram padres no seu tempo... Ao contrário, observamos no Evangelho que sempre estiveram antagônicos com os sacerdotes da época... e, tal como os Apóstolos e os discípulos, que foram simples homens do povo, obscuros e sem destaque social, qualquer um de nós, em qualquer condição, poderá exercer os postulados evangélicos, bastando apenas cobrir-se de coragem para as reformas pessoais que a doutrina exige dos seus adeptos... E creio mesmo, paizinho, que fora das Igrejas existem mais cristãos, ou, pelo menos, cristãos mais aproximados da realidade evangélica do que mesmo na sua comunidade...

— Contudo — replicou —, sinto atração para a vida monástica e tomarei ordens... Creio que, afastando-me do contato pernicioso do

---

[49] N.E.: Cidade à época parte da Rússia (atual nação Ucrânia) no Mar Negro, com comércio e indústria importantes, metalurgia etc.

Ressurreição e vida

mundo, amparado pela meditação e pela singeleza da vida claustral, estarei mais bem aquinhoado de forças para subjugar as paixões comuns ao gênero humano e mais serenamente, então, poderei entregar-me às tarefas religiosas...

Eu discordava plenamente do modo de pensar de Boris. Acreditava, mesmo, que suas qualidades morais tão nobres, que todos reconheciam, seriam embotadas no dia em que ele, ordenando-se, trocasse o ideal evangélico pela obediência a princípios dogmáticos, os quais, como ninguém ignora, são os fundamentos das Igrejas oficialmente organizadas. No entanto, calava-me sem combatê-lo, porque reconhecia tanta sinceridade em seus propósitos e um idealismo tão puro, ele próprio era tão gentil no trato com os amigos e colegas, que temia consterná-lo com opiniões desfavoráveis.

Três anos seguidos visitei Odessa durante minhas férias, afeiçoando-me a esse jovem, Mas depois não logrei novas férias ali e nunca mais o vi. No entanto, mais tarde eu soube, casualmente, que Boris Pietrovitch enfermara de uma tuberculose aguda e morrera logo depois de nossa separação, sem chegar a ingressar no mosteiro, para seguir a vida religiosa, como tanto desejara. Senti confranger-se-me o coração e durante muito tempo lembrei-me de dirigir a essa alma delicada os meus fraternos testemunhos de amizade por meio de orações que elevava a Deus em sua intenção, desejando-lhe alegrias e felicidades na residência celeste que lhe caberia como alma filha de Deus, que retornara ao plano da sua origem.

Com o decorrer dos anos, porém, multiplicando-se as peripécias da vida, outras preocupações se sobrepuseram às recordações da juventude, e Boris ficou esquecido. A verdade é que eu costumava sonhar com ele. Sonhava que continuávamos as discussões amistosas sobre o mesmo assunto e dele ouvia apreciações muito sábias a respeito do Evangelho, embora não conservasse a mínima lembrança do conteúdo de tais apreciações. E depois nem mesmo em sonhos eu o via mais. Esqueci-o completamente... ou pelo menos supunha que ele estava inteiramente esquecido pelo meu coração.

No entanto, ao realizar a grande viagem do plano terrestre para o Invisível, exatamente naqueles primeiros dias, tão chocantes, quando, ainda titubeantes, de tudo receamos e permanecemos atemorizados, na expectativa do que se irá seguir, recebi a visita de Boris, tal qual como quando, em Odessa, ele ia passar as tardes comigo, em casa de meus tios, para conversarmos, debatendo alguma tese filosófica ou religiosa, enquanto saboreávamos o chá fumegante que aparávamos da torneirinha do samovar.

— Nunca te esqueci, Niki, acredita... — asseverou-me, apertando-me as mãos efusivamente, como se ainda fôssemos cidadãos terrenos. — Há sessenta e dois anos que abandonei no túmulo aquele boneco de argila, cálcio, ferro, hidrogênio, oxigênio etc., que foi o meu corpo físico... e, no entanto, recordo-me perfeitamente dos mínimos detalhes das nossas palestras...

E sorria, conservando minhas mãos nas dele.

Grande contraste apresentavam nossos aspectos etéreos. Se ambos conservávamos as aparências humanas no envoltório astral que agora era a nossa configuração, ele era o jovem de 20 anos e eu o ancião de 82. Não obstante, continuávamos amigos da mesma forma, tratávamo-nos com idêntica intimidade e foi com satisfação, contendo lágrimas de reconhecimento, que o abracei, beijando-lhe o ombro[50] e as mãos:

— Deus te salve, paizinho! Fazes-me imenso bem com tua visita! É consolador testemunhar, na hora crítica do nosso ingresso no plano etéreo, que um amigo do passado conserva por nós a boa vontade de sempre... Rogo-te não me deixes agora, nesta emergência em que me encontro...

— Não, não te deixarei, se assim preferes... Mas vim especialmente para agradecer as amorosas orações que me dirigiste quando da minha partida para este plano... Produziram um bem inefável à minha

---

[50] N.E.: Gesto de grande respeito e consideração, usado em vários países da Europa. No século XIX, especialmente nos países do Norte e na Rússia.

alma... Fizeram-me companhia em momentos precários de indecisão... Reconfortaram-me, provando a lealdade do coração amigo que não me esquecia, antes me desejava felicidade e paz...

— Pois ouvias, então, os meus singelos votos a Deus em tua intenção?...

— Como não?! Ouvia-os, sim! Compreendia-os, assimilava-os, fortalecia minhas resoluções ao seu influxo benévolo e consolava-me com a tua doce lembrança, pois estavas presente a meu lado, quando oravas, falavas-me, aconselhavas-me, revigorando-me as forças sempre que formulavas teus votos... Enfim, eu te via! E, às vezes, era como se estivéssemos no salão de tua tia ou no teu quarto, como naquelas tardes de Odessa, quando conversávamos saboreando chá...

Fiquei estupefato com semelhante revelação! Esqueci momentaneamente a minha crítica situação de recém-falecido e solicitei dele, alheado também ao fato de que eu era um ancião e ele um jovem quase adolescente:

— Conta-me isso, paizinho... Sabes que gosto de assuntos que transcendam ao habitual... O fato de me veres presente quando eu orava por ti... Vinhas a mim?... Ou era eu que ia a ti, telepaticamente?...

— Sim, estavas presente... A princípio, eu mesmo não percebia como as coisas se passavam... Mas depois passei a compreender... Dava-se o seguinte: se pensavas em mim com amor e saudade, um jato de fosforescência adamantina desprendia-se do teu coração e do teu cérebro, os quais mais não eram que os órgãos correspondentes, terrenos, de vibrações superiores, cuja origem é a alma... O jato fosforescente era, efetivamente, uma vibração, uma irradiação de forças poderosas do ser psíquico, rastilho magnético que se distendia à minha procura para me ajudar a caminhar para Deus... Conduzida pela fluidez das energias etéricas a que todo o Universo é subordinado (digo, a Terra e todas as demais obras da Criação), essa tua vibração advertia minhas sensibilidades, onde quer que me encontrasse... Eu ouvia como que me chamarem, prestava atenção, tal como, na Terra, se presta atenção a um rumor que, a princípio, apenas adverte, mas que se confirma em seguida... Então reconhecia a tua voz, isto é, a tua vibração, que se me afigurava tua voz, que eu tão bem conhecera; ouvia o que dizias, comovia-me, chorava de enternecimento... Às vezes, até conversávamos como outrora, por intermédio de nossos pensamentos: era quando oravas recordando nossos debates filosóficos à hora do chá com biscoitos... E, completamente harmonizado com as tuas vibrações, eu passava a enxergar também a tua imagem refletida no longo jato luminoso que de ti se desprendia, embora nem eu nem tu nos arredássemos do local onde estivéssemos, porquanto esse jato, sendo uma irradiação, não somente tinha o poder de transmitir o som como de reproduzir a imagem de quem a produzia, visto que é a própria natureza íntima do seu produtor que se distende... E assim eu te via, ouvia, compreendia teus pensamentos e sentimentos, reciprocamente recordávamos o passado e ressurgiam, por uma associação de ideias relembradas, a sala de tua tia, em Odessa, o samovar fumegante, o chá, os tabletes de açúcar, os biscoitos, nossos livros, nossas palestras, os debates a respeito do Evangelho...

— A princípio, sonhava frequentemente contigo... — lembrei eu.

— Não era sonho: eram visitas que mutuamente nos fazíamos... Às vezes, elas partiam de ti para mim... Comumente era eu que te buscava, fiel ao hábito da juventude...

— Mas por que depois escassearam os tais sonhos?...

— Não escassearam: as visitas assim feitas prosseguiram. Unicamente, teu cérebro, fatigado pelo acervo de preocupações e trabalho intelectual, já não registrava lembranças ao despertares do sono... Durante esses sessenta e dois anos em que estivemos separados pela morte, nossa afeição fortaleceu-se por uma assistência mútua contínua, graças ao teu sono, que nos permitia convivência assídua... E as amorosas orações que fazias estabeleceram o elo de atração para essa reconfortadora possibilidade...

A exposição de Boris Pietrovitch edificou-me e louvei então os momentos gratos em que nos demorávamos em palestras culturais sadias e também aqueles em que, pensando nele, logo depois de sua morte, concentrava-me no trabalho da prece a seu favor, com o coração dorido de saudade.

Suave reconforto adoçou as incertezas do meu Espírito, ao obter tais informações. Meditei, então, em que a prece, observada com verdadeiro desprendimento e amor, poderá não só alargar o círculo afetivo entre os homens e os Espíritos, mas também alimentar o prosseguimento dos elos amorosos entre estes e aqueles, sem que a morte consiga efetuar entre os mesmos uma ingrata e dolorosa interrupção. E pensei comigo mesmo.

— Se os homens soubessem verdadeiramente orar; se compreendessem o incomensurável poder da oração e do que será capaz de realizar a conjugação do coração e do pensamento que se dispõem a orar, não teriam os pobres mortais razões para tanto chorarem os seus mortos, desesperando-se ante os túmulos silenciosos!

II

Muito reanimado, graças ao doce ensinamento singularmente obtido e depois observado, passei a alargar o meu círculo de relações de amizade, no mundo etéreo, por meio da prece, certo de que, com o tempo, o meu pensamento ganharia vigores para conseguir planos mais depurados do Infinito, onde eu poderia, certamente, comungar com seres celestes que me ajudariam nas caminhadas evolutivas do porvir, para cujo início ainda não me sentia bastante encorajado.

No entanto, Boris continuava visitando-me, fiel à promessa feita. Nossas palestras eram tão agradáveis agora — porventura mais agradáveis ainda —, como as de outrora, versando assuntos atraentes, já examinados no pretérito social terreno, mas agora mais bem compreendidos e assimilados: Filosofia, Evangelho, Socialismo, Arte e Literatura e frequentemente Ciências: Arqueologia, Astronomia, Paleontologia, Cosmografia, Psiquismo... acrescidas de lições, que me dava, sobre a vida na sociedade astral (porque a vida invisível constitui também uma sociedade), ou etérica. E, um dia, surpreendeu-me com mais esta comunicação desconcertante:

— Não pretendas, meu caro Niki, apossar-te de todos os conhecimentos possíveis no Além, de uma só vez... Serão necessários três fatores para ingressares em terreno firme da sabedoria espiritual: tempo, dedicação, trabalho! Há mais de sessenta anos habito este mundo psíquico e somente agora fui admitido à presença de um desses seres celestes a quem frequentemente te vejo desejando visitar, para te informares de certas novidades...

Surpreendi-me e, sem querer, indaguei, provando efetivamente minha importuna curiosidade:

— Também neste Mundo Espiritual, que eu supunha regido por leis equitativas, existe a diferença de castas e posições sociais?...

— Diferença de castas e posições sociais não, não existe! Mas existe uma diferença infinitamente mais rigorosa, a qual leva séculos, e até milênios a ser superada: a diferença da evolução moral! Diferença do grau de amadurecimento mental, de sentimentos, de qualidades e virtudes! Ora, isso quer dizer que o homem comum, recém-falecido, ou melhor, o seu Espírito, não possui aptidões espirituais — ou afinidades — para francamente conviver com um ser celeste, ou superior, de grande elevação moral-espiritual. Ele haverá de progredir de um modo geral, primeiramente, seja através das vidas sucessivas, nos planos terrestres, seja no mundo etéreo, por labores pertinentes ao novo estado.

Ressurreição e vida

Senti-me satisfeito, embora permanecesse pensativo, enquanto Boris arrematou:

— Só agora é que sou admitido na presença periódica de um desses seres a quem classificas "celestes", mas aos quais, aqui, nós outros denominamos "superiores"... E há mais de sessenta anos que habito o Espaço sideral... Aliás, o que vem a ser, para nós, o período de sessenta anos?... pois não contamos o tempo senão quando nos reportamos ao estado de ser terreno. Existimos na eternidade! Vivemos o momento que *é*, sem interrupções... Mas isso é difícil para a compreensão de um recém-vindo da vida planetária, como tu...

— Então, fala-me desse "Superior"... Como é ele? Algum anjo, como à nossa infância falavam os contos poéticos aprendidos com as nossas *nianias*?...[51]

— Bem... Que tais seres apresentem pureza angelical é inegável, Niki! Que traduzem beleza e sabedoria ideais, no seu estado evolutivo, é inegável também! Que possuem as virtudes que santificam uma individualidade no mundo espiritual, é certo, bem certo! E se tais predicados implicam a qualidade de anjo, então chamemos "anjos" a tais seres.

— Pois bem, fala-me desse teu Superior... Desse teu Anjo...

— Foi um homem... Viveu em Jerusalém, ao tempo do Senhor, sua última existência planetária... Há quase dois mil anos, portanto, encontra-se vivendo a existência espiritual, aqui continuando a obra da própria evolução. Não obstante, não abandonou a Terra propriamente, porque exerce nela tarefas importantes a serviço da causa de Jesus e em benefício dos homens que a habitam. Presentemente, é o meu mestre de Filosofia. Estuda-se muito no mundo psíquico, realizamos aqui cursos por vezes seculares. A Filosofia, aqui, apresenta-se com extensão inconcebível aos entendimentos terrenos.

---

[51] N.E.: Ama de crianças.

Voltei-me sobressaltado. Meu interesse pela conversação de Boris recrudesceu. Boris Pietrovitch sempre tivera o dom de prender vivamente o interlocutor com os assuntos que desenvolvia. Jamais descera a uma palestra improdutiva ou ociosa. Continuava assim mesmo depois da morte, era o que eu observava.

— No tempo do Senhor, disseste? — indaguei, interrompendo-o, pois nutria irresistível atração por essa época. — Viveu em Jerusalém?

— Viveu. E conheceu Jesus pessoalmente.

— Quem era ele? Algum nome conhecido na História, ou no Evangelho?

— Nem na História, nem no Evangelho. Seus feitos foram só conhecidos por Jesus, pelo Céu... No tempo do Senhor, era apenas uma criança de 7 anos.

— 7?!

— Contava 10, quando o Mestre foi crucificado.

— Conta-me tudo, paizinho... bem sabes que esses assuntos arrebatam o meu coração.

— Pois bem! Continuemos nossas palestras das tardes de Odessa. Direi algo sobre o meu atual lente de Filosofia. E olha, Niki, fica certo de uma coisa: faço aqui, com eficiência que satisfaz minha alma até o deslumbramento, aquele curso teológico que não lograr realizar na Terra. Estudo e investigo a obra de Deus. Pois não imaginas que excelsitude, que deslumbramento, que transbordamento de emoções superiores me transfiguram!

E eis o que Boris contou nessa "tarde" espiritual, relembrando as conversações de Odessa, quando meditávamos sobre o desgosto que teriam sentido os discípulos do Senhor no dia da sua morte, e desenhando os fatos que contava nas próprias irradiações mentais, para que eu os visse, com o vigoroso poder imaginativo que possuía, acompanhando-se dos dotes artísticos que jamais o abandonariam.

III

— Desde que ingressei na vida espiritual — começou Boris Pietrovitch —, reconheci que permanecia na minha individualidade extra-humana o mesmo ardor pelo ideal divino que me atraía durante o estado de ser terreno. Constatando, meio desapontado, meio surpreso, que a morte não é mais do que o prosseguimento da vida transportada para ambientes diferentes, recrudescera em mim o desejo de avançar na luta pelo antigo ideal, ou seja, minha integração num modo de vida, numa situação inteiramente dedicada às coisas de Deus. Os labores para essa definitiva conquista, no entanto, vêm sendo lentos, rijos e incansáveis! Há mais de sessenta anos persevero no aprendizado teórico e prático da pura Filosofia universal e ainda não consegui integralização com o ideal divino que me transfigura, visto tal labor ser obra de evolução através dos séculos e dos milênios, na prática de tarefas árduas, de epopeias inenarráveis, avançando para o Infinito. No momento, todavia, consegui ascender a uma situação feliz, tendo por instrutor filosófico o mais nobre Espírito que me fora possível compreender no grau de evolução a que cheguei.

Há dias — outra vez a necessidade de limitar os feitos às faixas restritas do tempo —, há dias, durante uma de suas atraentes aulas, ele contou-nos algo de sua existência em Jerusalém, pelos últimos tempos em que ali viveu Jesus. Fê-lo, porém, por solicitação dos discípulos, pois é modesto como um anjo, e jamais trata de si mesmo. Mas fez ainda mais do que narrar: reviveu fatos! Reacendeu na memória os fachos das lembranças e projetou nas irradiações mentais episódios então vividos, o que resultou em magnificente desfile de cenas que edificaram os discípulos.

As cenas se sucediam enquanto ele falava... E do que então se passou preferirei reproduzir o seguinte, porque justamente vem aclarar nossas meditações acerca do desgosto que os discípulos e admiradores do Senhor sofreram com a sua crucificação e das alegrias atingidas depois, com a surpresa da ressurreição...

Esse meu lente de Filosofia chamava-se Aurélio Quintus Pompeu. Era filho de um modesto oficial da legião romana da Judeia, e de uma jovem grega a quem este conhecera em Jerusalém e com a qual se unira em matrimônio diante das leis de Roma, encarnadas na pessoa do legado do imperador Tibério, na mesma Judeia, porque os romanos se casavam em qualquer nacionalidade, não mantendo preconceitos exclusivistas. O oficial, seu pai, morrera pouco tempo depois do casamento, durante uma expedição que combatia as rebeliões nativas, tão frequentes na Judeia e em toda a Palestina; e sua mãe, que se chamava Lea, ficara com ele pequenino nos braços, e ao sabor de lutas contínuas contra uma pobreza aflitiva, pois o marido não deixara bens e ela não se atrevera a procurar autoridades romanas para seu socorro, receando que estas a separassem do filho ou a mandassem com este para Roma, localidade para onde, de nenhuma forma, desejava seguir. A jovem viúva criava o filho com o próprio trabalho, portanto. Empregava-se como criada de servir, dava lições de grego a alunos que a procurassem (e eram muitos, porque o idioma grego era de grande curso na Palestina e em toda parte), tecia colchas e tapeçarias para as casas ricas, carregava água, vendia frutos do seu quintal e doces fabricados em sua modesta cozinha... e assim prosseguia humildemente, sozinha e resignada, rejeitando novas propostas de casamento, criando o filho com desvelado carinho e ensinando-lhe princípios da boa educação, de que os gregos sempre deram provas.

Quando João, o Batista, iniciara suas pregações em Betabara, no vau do Jordão, a notícia correra rápida por toda a Judeia, alongando-se para a Galileia e muitas outras províncias mais longínquas. Havia muitos anos, desde a morte de Malaquias, que não aparecia um legítimo profeta em Israel, para consolar o povo eleito dos dissabores que

Ressurreição e vida

continuamente sofria (e já lá iam quinhentos anos!), e a notícia, então, de que um novo profeta vinha da parte de Deus, para anunciar os tempos, causara sensação, sacudindo os corações, que haviam voltado esperanças para um milagre que salvasse Israel das garras dos seus verdugos. Numerosos grupos de Jerusalém, juntando-se a caravanas que se dirigiam para o Norte pela orla do deserto, e a outros grupos que apareciam dos quatro cantos da Judeia, destinavam-se ao vau do Jordão, em Betabara, para examinar o profeta que se vestia de peles de animal, tal qual Elias, e ouvir sua reanimadora palavra. Outros grupos já haviam regressado aos próprios lares e agora voltavam levando as famílias, para que também o vissem, encorajados todos pela suprema esperança de que esse fosse o Messias esperado, e cada um mais encantado se confessava com a singular doutrinação de arrependimento e penitência pregada pelo profeta.

Alguns vizinhos de Lea participaram-lhe o acontecimento, convidando-a a seguir em sua companhia até onde João se achava. Esses vizinhos eram gentios, ou seja, estrangeiros em Israel. Mas tão aclimatados na Judeia que já pendiam sinceramente, tal como Lea, para a crença no Deus único e todo-poderoso venerado pelos judeus.

Lea nunca vira um profeta. Nem mesmo sabia ao certo o que seria um profeta. E sentia curiosidade. Era estrangeira e pouco lhe importavam os problemas da terra onde vivia. Não existiam esperanças em sua vida. Existia apenas a necessidade de trabalhar para educar o filho, até que ele, por sua vez, tornando-se homem, trabalhasse para ela e lhe fechasse os olhos à hora da morte. Também poderia ser que ela morresse sem conseguir terminar a sua criação. Mas se tal acontecesse, o menino saberia o que fazer: procuraria autoridades romanas, apresentando certificados de filiação. Por lei, era também romano o filho de um varão romano, a despeito de ter vindo ao mundo fora de Roma, uma vez nascido sob as insígnias do Império. Seria mais um legionário para defender a grandeza do mesmo Império. Seria mais uma mulher para dar filhos às legiões de Roma!

Mas Lea não desejava pensar em tão tristes possibilidades. Preferia trabalhar, trabalhar sempre, a fim de prover o melhor possível as necessidades do filho querido e dela própria.

Porque não quisesse desgostar os vizinhos, que a consideravam, aquiesceu ao convite. Enrolou-se num manto, pois era inverno, agasalhou-se e calçou as alparcas, calçou e agasalhou igualmente o filho, e seguiu para o vau do Jordão, onde João pregava o arrependimento e a abstinência dos pecados, e batizava com a própria água do sinuoso rio.

Aurélio Quintus Pompeu contava, então, 7 anos.

Lea demorou-se ali três dias.

Encantada com as palavras do profeta, acatou-as amorosamente e recebeu o batismo, filiando-se, portanto, à sua Doutrina. Desse dia em diante modificara-se a perspectiva da sua existência: ouvindo falar aos companheiros de ideal que o Messias anunciado por João já se revelara na Galileia, partiu para lá, ao seu encontro, com os mesmos vizinhos. Levou consigo o filho e tornou-se cristã, como já se fizera crente no Deus único em virtude da convivência com judeus e sob o encanto da palavra de João. Mas fez-se cristã convicta, fiel, incondicional, despertando a atenção do filho para as pregações reveladoras de Jesus. Ouvira o Sermão da Montanha ao lado do pequeno Aurélio. Ouvira o Mestre ensinar sua Doutrina nas sinagogas, passando por judia para ali poder penetrar mais comodamente. Ouvira-o pelas praças públicas, aqui e ali, e assistira às curas por Ele feitas em enfermos de toda espécie. E, um dia, apresentou-lhe o menino, para que Ele, o Mestre querido, o abençoasse, apondo sobre ele as mãos.

Quando o Senhor chegou a Jerusalém, ela e Aurélio participaram da ovação a Ele tributada pelo povo; e, vendo-o acatado pela cidade em peso, sua alegria não conheceu limites. Seu coração enchera-se de um júbilo especial ante aquela consoladora Boa-Nova, que penetrava tão fun-

Ressurreição e vida

do em sua alma, consolando-a das passadas amarguras, recompensando-a das atribulações com que se via em contínuas lutas.

Mas viera, em seguida, a perseguição dos fariseus contra o Senhor, cujo único desejo era implantar os dispositivos da fraternidade no coração humano.

Jesus fora preso e condenado.

Com a crucificação do Mestre e sua morte, a jovem cristã sofrera tão violento golpe que adoecera gravemente. Inconformada com a terrível tragédia, não fazia senão chorar desde o momento em que soubera que o Messias fora preso e o vira suspenso na cruz. Perambulou, angustiada, pelas ruas, sem saber o que pensar e o que fazer. Seguiu o cortejo no meio do povo, arrastando o filho pela mão, e somente regressou a casa depois que todas as esperanças de salvamento foram perdidas. O pequeno Aurélio corria, arrastado por sua mão, chorando e bradando por ela e por Jesus, a quem igualmente aprendera a amar; e o sol abrasador queimava-lhe as costas nuas, pois, nesse dia, com a pressa e a inquietação da desconcertante notícia, a boa mãe esquecera de preparar o filho convenientemente, para saírem à rua.

Uma onda de terror e de sofrimento arrasador invadira o ânimo dos cristãos, que se surpreenderam, feridos no mais profundo do coração, incapacitados de raciocinarem livremente, chocados com a dureza dos acontecimentos.

Regressando a casa, Lea ardia em febre. Forte crise nervosa venceu-a, retendo-a no leito. Nesse dia, muito acabrunhado, o pequeno Aurélio não encontrava encanto nas suas carrocinhas de madeira pintada, com que habitualmente se distraía após as obrigações cumpridas, e tampouco nos cavalinhos de barro que sua mãe comprava para seu regalo, uma vez ou outra. Havia presenciado o suplício da cruz, pela primeira vez... e sua mãe ali estava semimorta de dor e desânimo, sobre o leito, enquanto ele velava, chorando em silêncio.

Não obstante, aquela noite passara. Passara o dia seguinte, que fora um sábado. E passara ainda outra noite. Estava-se agora no domingo, o terceiro dia após o decesso do Senhor nos braços da cruz. Nada se alterara. Os mesmos desgostos, as mesmas lágrimas de saudade, desapontamento, temor, dor inconsolável no coração dos cristãos, que tanto queriam ao seu Mestre.

Mas... nesse domingo, cerca das nove horas da manhã, o pequeno Aurélio lavava os pratos da modesta cozinha da casa, depois de haver servido caldo quente à querida doente, que não conseguia ânimo bastante para levantar-se e tratar dos afazeres, tão profundo era o seu sofrimento pela morte de Jesus.

Na casa não havia empregados. E como a sofredora Lea fosse obrigada a trabalhar intensamente, para manter-se e ao filho, era este que moía os grãos para a farinha e o pão, batia a massa, fritava os peixes e acendia o fogo para cozer as batatas, os nabos e as couves.

Lavava, pois, os pratos, depois do caldo servido à querida doente... quando, de súbito, alarido estranho se fez ouvir na rua, onde transeuntes gritavam assim, como loucos tomados de incontrolável alegria:

— Aleluia! Aleluia! Glória a Deus nas alturas! Glorificados sejam os profetas de Israel! Hosanas ao Filho de Davi, que ressurgiu dos mortos!... — enquanto risadas nervosas explodiam, acompanhadas de expressões de júbilo jamais presenciadas pelo pequeno órfão...

Correu ele à porta da rua, esperando verificar o que se passava. Todavia, ao tentar abri-la, eis que, de fora, empurram-na com alvoroço... Entram vizinhos, com estrondo, pela casa adentro, derrubando-o no chão, e, sem se deterem ante o estado de alquebramento da enferma, gritam em algazarra, retirando-lhe de cima as colchas em que se envolvia:

Ressurreição e vida

— Lea! Lea! Levanta-te! O Mestre de Nazaré era, com efeito, o Messias de Deus, porque ressuscitou da morte, depois de dois dias sepultado... Hoje, de manhãzinha, apareceu e falou a Maria de Magdala. Simão Barjonas, João e alguns outros correram para o seu sepulcro e o encontraram vazio. A cidade está agitada pela estrondosa notícia, que correu rápida, de um extremo a outro. Todos procuram Simão e Maria para colherem informações... E Anás e Caifás, e herodianos, romanos e fariseus, estão assombrados, não entendendo o que se passa. Vamos até lá também, saber como foi. Dizem que Maria de Magdala foi orar ao sepulcro e viu-o tão bem e mais belo do que era dantes. Ele chamou-a pelo nome — Maria! — e se falaram... Levanta-te, vamos![52]

Num salto, Lea levantou-se. Deixou o leito, com a surpresa nos olhos um minuto antes ainda abatidos, a alegria a transfigurar-lhe o semblante, os lábios abertos num sorriso largo, que não se fechava.

Vestiu-se às pressas, trêmula de fraqueza e emoção. Envolveu-se no manto longo e partiu com as amigas, à procura de notícias detalhadas sobre o empolgante acontecimento. Aurélio seguia-a, o coraçãozinho palpitante de alegria, correndo a bom correr atrás de sua mãe, e bradando jubiloso, por imitar o que ouvia todos repetirem: "Aleluia! Aleluia! Hosanas ao Filho de Davi, que ressurgiu dos mortos!"

A casa ficara aberta, o vasilhame da cozinha por lavar e guardar, o chão ainda por varrer, as cabras e os galináceos à espera da ração, ainda presos no pequeno curral junto da cozinha.

Que importava tudo isso?... O Senhor ressuscitara, revivera do túmulo! A alegria era grande demais para se poder contê-la entre as quatro paredes de uma casa... Seria preciso sair para as ruas, bradar, gritar o triunfo depois da morte na cruz, comunicar a todos a grande novidade... ainda que a prisão se escancarasse para deter-lhes a jubilosa expansão...

---

[52] *Mateus*, 28:1-20; *Marcos*, 16:1-20; *Lucas*, 24:1 a 53; *João*, 20:1-31.

IV

Entretanto, bem cedo chegou o assédio das forças contrárias. Os paladinos do Cristo, que deveriam espalhar a Boa-Nova, em seu nome, pelo mundo inteiro, começaram a ser batidos e mortos, para silenciarem o entusiasmo que lhes inflamava o coração. Outros, porém, surgiram, tão valorosos e fiéis quanto os primeiros, e a Boa-Nova prosseguia consolando corações, levantando esperanças, semeando o amor entre os homens, derrubando preconceitos, fortalecendo a fraternidade.

Na primeira perseguição havida em Jerusalém, após o passamento do Senhor, Lea sucumbiu a golpes de sabre, quando ouvia oradores cristãos falarem do Mestre na praça pública. E morreu feliz, por merecer a palma do martírio pelo nome de Jesus.

Seu filho, então, ficou só, contando pouco mais de 13 anos. Mas nem se viu abandonado nem procurou autoridades romanas para exigir direitos que lhe cabiam. Recolhido amorosamente pelos amigos do Senhor e de sua mãe, foi cuidadosamente educado nos princípios da nova Doutrina, e muito cedo iniciou um daqueles sublimes apostolados, tão frequentes entre os primeiros cristãos, não obstante o silêncio da História sobre eles. Não lhe importavam os direitos de cidadania romana. Renunciava a eles e até a si mesmo. O que ele desejava era ser cidadão do Cristo. Era a honra de servir Àquele que ressurgira dentre os mortos depois do atroz suplício do Calvário, suplício a que ele, Aurélio, assistira banhado em lágrimas; e ressurgira para sensacionalmente revelar à Humanidade que, além do túmulo, a vida continua, prolongando-se por idades sem-fim. Queria era a palma de discípulo d'Aquele Senhor a quem vira curando loucos e paralíticos, leprosos e cegos. D'Aquele que ressuscitara Maria de Magdala do pecado, Lázaro das trevas de um acontecimento super-humano e Zaqueu para o Reino de Deus. E, absorvido por uma boa vontade capaz de todos os sacrifícios, encontrou-se, finalmente, em Roma, acompanhando caravanas de cristãos que até lá iam para levar ao coração do grande Império dos homens a notícia da grande esperança no Reino de Deus. E fê-lo, com efeito, com todo o desprendimento, amor e abnegação de que foram capazes aqueles grupos de homens, tornados missionários divinos pelo amor sem limites com que souberam amar o Mestre Nazareno e observar sua doutrina.

Um dia, no entanto, o pequeno Aurélio, agora homem de cerca de 40 anos, viu-se preso e condenado à morte pela incineração nos postes do Circo de Nero. Conta ele, porém — acrescentou Boris, finalizando a narrativa do seu caro lente de Filosofia —, que sua morte foi assaz suave, apesar da atrocidade havida por parte dos perseguidores, porque Jesus apareceu aos condenados na hora suprema dos estertores e estendeu-lhes a mão bondosamente, com aquela mesma carinhosa brandura que lhe conheceram durante as prédicas nas praias da Galileia, ou ao curar os enfermos. E uma vibração amorosa repetia, para que somente os condenados ouvissem, relembrando o que Ele próprio, Jesus, afirmara nos melancólicos cenários da Palestina:

— Eu sou a Ressurreição e a Vida! O que crê em mim, ainda que esteja morto, viverá. E todo o que vive, e crê em mim, não morrerá eternamente!"

V

Meu amigo Boris Pietrovitch e eu continuamos inseparáveis no Além... Juntos, perseveramos em estudar Filosofia, Evangelho, Sociologia, e também Ciências: Arquelogia, Paleontologia, Psiquismo, Astronomia, e até Artes em geral, como nos tempos de nossa juventude, em Odessa. Nosso lente de Filosofia é, com efeito, aquele pequeno Aurélio Quintus Pompeu, a quem Jesus abençoou há quase dois mil anos...

E se tu sofres e choras a ausência dos teus mortos queridos, leitor, lembra-te de que a ressurreição de Jesus, após a morte na cruz, é o testemunho máximo da perpetuidade da nossa vida no seio da eternidade...

7

O PARALÍTICO DE KIEV[53]

Vinde a mim, vós que estais aflitos e sobrecarregados, e Eu vos aliviarei. Aprendei comigo, que sou brando e humilde de coração e achareis repouso para vossas almas.

(*Mateus*, 11:28 e 29.)

Eu sou a luz do mundo; o que me segue não anda em trevas, mas terá o lume da vida.

(*João*, 8:12.)

A ti, meu irmão, que sofres e choras sobre um leito de dores, ou numa cadeira de rodas. A ti que, cego, não poderás contemplar, com os olhos do corpo, a consoladora luz do sol nem o semblante do ser amado. A ti que, na melancólica penumbra dos hospitais ou dos casebres, prossegues na marcha da própria redenção — ofereço estas páginas extraídas da minha solidariedade à tua dor.

L.T.

---

[53] N.E.: Cidade à época parte da Rússia (capital da atual Ucrânia), à margem do Dnieper, uma das chamadas "Cidades Santas", na Rússia Imperial, com Igreja de Santa Sofia, mosteiro etc.

I

Quem passasse pela Avenida de K... em certas tardes do inverno do ano de 1865, na "Cidade Santa" de Kiev, costumava admirar-se das idas e vindas de criados apressados e de personagens muito bem-postas nas suas labitas[54] custosas, em certa casa senhorial rodeada de jardins, com alamedas de tílias recobertas por espessas camadas de neve, durante quase toda aquela estação do ano. As personagens de labitas custosas eram médicos e amigos, a quem os criados, aflitos ou atemorizados, solicitavam a presença constante, a fim de acalmarem o amo enfermo com algum recém-descoberto soporífico ou calmante milagroso, e também com jogos e palestras animadoras que pudessem deter as exasperações do mesmo, o qual, havia já cerca de dez anos, vinha atacado do terrível mal do reumatismo articular, ou gota (diátese caracterizada por perturbações viscerais e articulares, com depósitos de uratos etc., segundo explicações de dicionários médicos).[55]

Com as articulações dos pés, dos joelhos e dos quadris desmedidamente inflamadas e vermelhas, tão vermelhas que pareciam já arroxeadas; sentindo dores tão atrozes pelos músculos, tendões etc., que o levavam a desfazer-se em gritos e convulsões nervosas impressionantes, o doente irresignado desorientava as poucas pessoas da família que compartilhavam da sua desdita, permanecendo fiéis ao seu lado, e também os criados, que, em tais ocasiões, não atinavam se deviam cuidar dos próprios afazeres ou percorrer a cidade à procura de quantos médicos e droguistas ali existissem, para socorrerem a desventura do seu caro *barine*.

---

[54] N.E.: Tipo de casaco masculino.
[55] Nota da médium: Esta definição foi mandada retirar, pelo autor, de qualquer dicionário de Medicina, e não ditado psicograficamente, ao que obedecemos.

Ressurreição e vida

O doente era o antigo oficial de *hussards*[56] da Guarda Imperial de Nicolau I[57] e depois de Alexandre II,[58] capitão conde Dimitri Stepanovitch Dolgorukov, herói da Crimeia,[59] a quem eu conhecera durante a própria campanha na exuberância das 20 primaveras cortejadas de sonhos, de ambições e de desmedido orgulho social.

Dolgorukov era alto e moreno, bem proporcionado de talhe e evidentemente distinto, com sobrancelhas castanhas muito cerradas, traço que lhe emprestava um tom de severidade algo repulsivo, quando em verdade ele era jovial e amável; olhos cinzentos e agudos como os dos felinos, e ficava muito bem na sua aristocrática farda de *hussard* da Guarda.

Embora se reconhecesse muito cortejado e até amado pelas damas que evolucionavam pelos salões imperiais e os saraus de princesas e condessas, incansáveis em homenagear os amigos com festas brilhantes e ofuscar as inimigas e as rivais com outras festas ainda mais brilhantes, Dolgorukov não se decidira ao matrimônio, e talvez que tal indecisão, impedindo-o de casar-se em época oportuna, desse causa a agravos dolorosos agora, com a sua situação de solteirão irremediavelmente enfermo.

A imprevista catástrofe pessoal tivera início ainda no campo de batalha, para onde resolvera arrojar-se por mera vaidade militar, em busca de glórias, visto que o gracioso imperador Nicolau I o estimava particularmente e preferiria mantê-lo ao seu lado, fora dos perigos da linha de frente, entre os *hussards* escolhidos para a sua guarda pessoal, destacados todos da fina flor da nobreza russa e também entre os mais altivos e bem-educados varões do seu exército.

---

[56] N.E.: Cavaleiro da armada húngara do século XV.
[57] N.E.: Imperador da Rússia de 1825 a 1855. Fez a guerra da Crimeia contra a França, a Inglaterra, a Turquia e o Piemonte (1854–1855).
[58] N.E.: Filho e sucessor de Nicolau I. Imperador de 1855 a 1881. Assinou a paz com as potências aliadas na guerra da Crimeia. Morreu atingido por uma bomba arremessada por niilistas, na carruagem em que viajava, em São Petersburgo.
[59] N.E.: Península da Rússia meridional, no Mar Negro, ligada ao continente pelo istmo de Perekop, entre o Mar Negro e o Mar de Azov.

Naquele período de 1854–1855, não obstante a moderação do clima da Crimeia meridional, o inverno se apresentara dos mais incômodos. Tempestades de granizo, chuvas impertinentes, ventos frios e ininterruptos, a neve inclemente espalhando-se assustadoramente, contribuíram para que muitas baixas se verificassem nas forças do tzar, devido a doenças variadas, a par dos ferimentos por muitos soldados recebidos durante as investidas inimigas. Enfermidades oriundas do frio intenso e da umidade, tais como a pneumonia, a congestão pulmonar, a galopante, as infecções intestinais, o reumatismo, a paralisia etc., e demais distúrbios comuns nas trincheiras, assolaram, então, também muitos soldados russos. O conde Dimitri fora dos primeiros a cair gravemente enfermo. Na tomada de Sebastopol[60] pelas tropas aliadas encontrava-se já tão dolorosamente mal que os amigos receavam por sua vida. Transportado quase moribundo para Kiev, onde residia a família e se erguiam seus domínios rurais e sua residência urbana, conseguira recuperar-se com lentidão, mas nunca mais tornara a São Petersburgo, para os serviços da Guarda Imperial, nunca mais pudera montar ou esgrimir, nunca mais pudera banhar-se nas águas amigas do Dnieper,[61] nem o tornaram a ver voluteando pelos salões de baile, aos sons da mazurca ou da polca, que tanto sucesso causavam, então, pelos mais brilhantes salões europeus.

Em vão consultara médicos, tomara tisanas e compostos, submetera-se a massagens de banhos termais, tépidos e frios, seguidos de fricções com óleos balsâmicos tidos como infalíveis. Não encontrando na Rússia recursos para a própria cura, dirigiu-se à Alemanha, onde sumidades médicas se ocuparam dele. As águas recomendáveis de Báden foram procuradas, mas em vão. E Paris, onde parecia que se aglomeravam as glórias da Terra, manteve-o durante três anos em tratamento com os mais renomados facultativos do mundo inteiro. Não logrando sequer melhoras que o animassem a perseverar, Dimitri, a quem a própria mãe cognominara Mítia,[62]

---

[60] N.E.: Capital e porto da Crimeia, tomados em 1855 pelas tropas francesas e inglesas.
[61] N.E.: Rio dos mais importantes da Rússia, com nascente nos planaltos do Valdai, banhando Smolensk, Mohilev, Kiev, Yekaterinoslav, Kerson. Afluentes principais: Desna e Pripet. Deságua no Mar Negro.
[62] N.E.: Diminutivo de Dimitri.

Ressurreição e vida

regressara à Rússia convencido de que não resistiria a tantos sofrimentos, e de que, por certo, morreria dentro em pouco, pois seria realmente impossível que Deus permitisse que ele, um nobre russo, filho de família agraciada com os poderes indiscutíveis da fortuna e do nascimento, descendente de príncipes e heroicos generais; ele, capitão da guarda do Imperador, fosse reduzido à miserável situação daqueles estúpidos *mujiks*, que mais tarde ou mais cedo se invalidariam, mesmo, para a vida, arrastando-se sob o peso de enfermidades incuráveis, a que a própria ignorância deles não seria estranha. E era como se dissesse a si mesmo:

— Comigo não sucederá tal coisa, pois sou homem de condição superior, a quem a Providência deverá acato, e por isso não me permitirá tão humilhante situação, como a do paralítico incurável...

Dez anos se haviam escoado desde que adoecera e ele ainda se conservava não apenas vivo, mas até continuava bonito e corado, não obstante o ar desalentado, que substituíra a jovialidade de outrora, e a inconformidade que o levava a blasfemar, reclamando da Providência por havê-lo reduzido a um valetudinário aos 30 anos.

No ano de 1868, no entanto, Dolgorukov sentira agravado o próprio estado de saúde e, depois de uma daquelas crises mais agudas, que impressionavam o círculo de suas relações, em Kiev, e atemorizavam parentes e criados, reconheceu-se impossibilitado de caminhar, ainda que amparado em muletas ou coadjuvado por seu criado de quarto, Nikolai, e até mesmo de virar-se na própria cama. Encontrava-se irremediavelmente paralítico, semimorto na metade inferior do corpo, limitado a conduzir-se em uma cadeira de rodas e ser servido por outrem, nas mais insignificantes ações que desejasse praticar. E, como uma desventura jamais vem desacompanhada de outra, no inverno do ano de 1870, já paralítico, Dimitri sofreu o dissabor de perder a condessa, sua mãe. Sentiu-se tão desolado diante de tal desgraça, que julgou enlouquecer de angústia! Aquele palácio antigo, da Avenida de K..., sombreado por alamedas de tílias, e tão impressionante na solidão de que se rodeava, que — comentavam os transeuntes que à sua frente se detinham — antes parecia o mausoléu de todos os Dolgorukov, pareceu-lhe, com efeito, de tal forma sinistro, insuportável, com a ausência de sua mãe, que, indignado contra a própria sorte, ordenou que o fechassem de vez e, metendo-se na caleça com os criados, rumou para o campo, decidido a residir, mesmo no inverno, nos vastos domínios rurais que possuía, a ver crescerem o trigo, o centeio, a alfafa e o feno.

Uma mulher faz falta, e falta desesperadora, na existência de um homem. E Dimitri só o compreendeu à beira dos 40 anos, após a morte de sua genitora. Seja ela a mãe, a irmã, a esposa, a amante ou a simples criada, há horas na vida de um homem em que a mulher é tão necessária ao seu trato que ele se desorienta e amarga tristeza lhe penetra o coração, desanimando-o, se não a vê servindo-o nas suas mil necessidades cotidianas. Quando contamos apenas 20 ou 30 anos e vivemos ainda ao lado de nossa mãe e irmãs, amparados por seus múltiplos desvelos, não sabemos dar à mulher o seu devido valor. Quando possuímos um lar e temos a esposa como esteio das nossas fraquezas, lenitivo das nossas preocupações e companhia fiel do nosso repouso, também não sabemos reconhecer o tesouro que sua presença representa na existência, em que lutas diárias se multiplicam ao nosso derredor. Possuídos do tradicional egoísmo, que torna o homem feroz, acreditamos que assim mesmo é que deve ser, que merecemos tudo isso porque temos direito a tudo, e que elas, as mulheres, não cumprem senão um restrito dever, qualquer que seja a sua condição no lar, aturando as nossas impertinências e ingratidões e nos adorando humildemente, como o cão fiel que nos lambe as mãos e os pés em muda veneração, não obstante o mau trato que recebe.

Sondai, porém, o coração do homem que, por qualquer circunstância, vive só, desacompanhado dessa vigilância enternecida e passiva que sua mãe, sua esposa ou sua amante lhe concedem. Indagai dos sentimentos de um homem enfermo, que não encontra ao seu redor a mão suave e branca que lhe ajeite as cobertas no inverno, que lhe sirva e adoce o chá, como se o fizesse a uma criança, ou lhe alise os cabelos com ternura, tentando adormecê-lo. E, então, compreendereis que ele se sentirá o maior dos desgraçados, embora não o confesse jamais, porque o homem é orgulhoso sempre e não confessa que necessita do auxílio da mulher para se sentir feliz.

II

Com o desaparecimento de sua mãe do mundo dos vivos, o conde Dimitri sentiu-se irremediavelmente desgraçado. Enquanto houve esperanças de curar-se das antigas infecções articulares, e a mãe foi viva, ele ainda aceitou visitas, convidando-as para jantares e permitindo saraus e chás em sua residência, como de praxe na antiga nobreza russa. No entanto, uma vez falecida a mãe e declarada a paralisia, com todas as suas amargas perspectivas, cancelou visitas e saraus, refugiou-se no isolamento dos próprios aposentos e acabou fugindo para o campo. Seu desmedido orgulho não lhe permitia mostrar-se inválido numa cadeira de rodas aos antigos companheiros de armas, ou às damas com quem se divertira outrora, zombando das meiguices dos seus corações para com ele próprio. Que os *mujiks* o vissem paralítico pouco importaria. Um *mujik* não seria propriamente um homem, na expressão lata do termo, mas um como escravo,[63] um ser demasiadamente inferior para que ele se preocupasse com o se ver contemplado por algum, na sua desdita. E foi para o campo.

Ora, a sua mansão rural de Kiev, distante da cidade umas 10 verstas, e chamada Parque Azul, era local aprazível, onde viveria feliz, em saudáveis identificações com a Natureza, qualquer coração de boa vontade. Com uma habitação ampla, repleta de salas e gabinetes luxuosos, e terraços de mármore com balaustradas engrinaldadas de flores trepadeiras durante a primavera, o verão e parte do outono, era bem o símbolo daquele esplendor algo extravagante de que a Rússia foi padrão, quando, do

---

[63] N.E.: Até 1860 os camponeses russos eram considerados escravos.

trabalho escravizado dos seus camponeses, obtinha o aristocrata a glória social e financeira de que se envaidecia. A casa, assim esplendente, era localizada no centro de um parque amplo, todo simetricamente plantado de alamedas de tílias, de álamos, de pinheiros e de groselheiras, que a rodeavam de todos os lados, como fitas que partissem dos limites das amuradas para se deterem a cerca de 3 sajenes,[64] apenas, da casa, cujos quatro lados ainda eram enfeitados por um lago em feitio oblongo, com o fundo e paredes esmaltados de azul, o que emprestava às águas um colorido azul feérico, excitante, e rodeava de encantos o ambiente, rebrilhando à luz do sol. Tudo isso, e mais a profusão de flores na primavera, os perfumes dos lilaseiros e dos pinheiros rejuvenescidos, a policromia das rosas, a variedade de mil plantas e arbustos diferentes, caprichosamente tratados, o alarido dos pássaros sob o esplendor do sol, o gorjeio terno dos rouxinóis nas noites de luar, faziam da mansão do Parque Azul uma residência de fadas, própria daqueles contos da excitante poesia persa e bizantina, a que Dimitri jamais dera valor. Suas terras eram extensas e prósperas, e seus campos de feno e de alfafa, de centeio e cevada, de trigo e de aveia forneciam-lhe aquela fortuna, que mantinha o equilíbrio da vida social brilhante que levava desde a infância.

Ao penetrar nesse paraíso residencial, sentiu-se mais isolado e desgraçado do que o fora jamais. Os criados domésticos receberam-no com respeito e atenções. E os servos rurais — os *mujiks* — tiveram pressa em visitá-lo incorporados, apresentando-lhe solidariedade e respeito e votos de boa saúde, sendo recebidos no pátio interno, atendendo-os ele na sua cadeira de rodas, num pequeno terraço do andar térreo. Excetuando--se a velha arrumadeira Liza Mikailovna, mãe de seu criado de quarto Nikolai, a cozinheira Kátia e a lavadeira Agar, os demais servos eram todos homens, e jamais, como então, Mítia sentia a ausência de sua mãe, cujo vulto amado parecia, de vez em quando, esboçar-se furtivamente ao seu lado, quer ele se pusesse a meditar, à hora do crepúsculo, nos terraços floridos, solitário em sua cadeira de rodas, quer lesse à luz do candelabro,

---

[64] N.E.: Medida russa de comprimento, medindo 2,13 metros.

em sua biblioteca, cuja riqueza o não impedia considerar-se mais desvalido que qualquer daqueles camponeses, cujos pés doloridos nem sempre conheciam o conforto de uns *laptis*[65] novos.

Todavia, na mansão do Parque Azul vivia ainda outra pessoa, nem serva nem descendente da família, porque apenas uma pupila da condessa falecida, mas em quem até então o antigo oficial de *hussards* não prestara a mínima atenção, como também não prestara atenção às caprichosas alamedas do jardim, ao canto dos rouxinóis ou ao perfume das trepadeiras que lhe faziam companhia nas horas solitárias, passadas nos terraços de mármore.

Não obstante, essa personagem, discreta e altamente digna na sua secundária posição, servia Dimitri a todos os momentos, e tão bem e afetuosamente o fazia como o fizera sua mãe até morrer. Ninguém, como essa pupila da *barínia*[66] falecida, tão discreta e dedicada para servir-lhe o chá, abrindo de mansinho a torneirinha do samovar e deitando-o na xícara, com as mãos brancas e firmes, sem entorná-lo no pires. Ninguém, qual ela mesma, para deitar com precisão o tablete de açúcar à xícara, e passar a tempo, sem ser preciso pedir, as rosquinhas de nata feitas especialmente para ele, tal como sua mãe o fazia. E ninguém, como agora essa, para imprimir ternura toda especial no tom com que lhe dizia:

— São pastéis de groselha, *barine*, prove-os... Ou prefere os biscoitinhos de nata, com uvas secas? Ora, aqui tem esta torta de nozes e maçãs... Pensa que me esqueci de que era louco por tortas de nozes e maçãs, desde antes de entrar para a universidade?

Ele respondia qualquer coisa, por vezes de mau humor, sem sequer levantar os olhos para ela e nem mesmo se apercebendo do sutil perfume de rosas que rescendia de seus cabelos ou da brancura acetinada das suas mãos, tão bem proporcionadas e de dedos tão finos e aristocratas como, exatamente, haviam sido as mãos de sua mãe.

---

[65] N.E.: Calçado trançado com uma palha especial, usado pelos camponeses, ou *mujiks*.
[66] N.E.: Senhora.

Essa personagem era filha de um antigo administrador dos domínios dos Dolgorukov, fiel servidor que durante muitos anos dera tão boas contas das transações feitas com os bens dos seus senhores que a *barínia*, Maria Stepanovna Dolgorukov, mãe de Dimitri, habituara-se a dizer aos parentes e amigos que a visitavam:

— É o camponês mais honesto da Rússia! Não sei como demonstrar-lhe minha gratidão pelo zelo com que dirige nossas propriedades, quando meu filho absolutamente não entende de lavoura e eu nada entendo de negócios.

Provou, porém, essa gratidão, resolvendo proteger a única filha que ele possuía, a qual desde muito frequentava a mansão sob as simpatias da digna senhora. Esta educou-a, pois, ou mandou que a educassem, e a tal ponto o fez que, ao terminar o preparo, a menina parecia-se mais com uma dama de alta roda do que mesmo com uma jovem do campo.

O administrador, no entanto, morrera. E quando tal se dera, sendo a menina já adulta e responsável, a condessa entregou-lhe a administração interna da mansão, passando ela, então, a exercer o cargo, com tanta eficiência como seu pai o fizera com as imensas *deciatines* confiadas à sua guarda, durante tantos anos.

Pois era essa personagem que agora tratava Dimitri, desde que ele resolvera habitar a velha mansão do campo. Era quem o servia à mesa, quem lhe preparava o chá e os pastéis da manhã e da tarde, quem lhe retirava os livros preferidos das imensas prateleiras da biblioteca e mudava de posição os candelabros; quem lhe vestia o *bechmet*[67] de lã e o abotoava ao pescoço, se o vento soprava com força, apesar de haver um criado particular; quem lhe tocava a cadeira de rodas pelas vastas dependências da casa, quem o acompanhava ao jardim, ao lado de Nikolai, para que se refizesse sob os raios do sol da manhã; e à noite, a sós com ele no salão, era quem tocava,

---

[67] N.E.: Espécie de blusa, ou túnica, geralmente bordada, que vai até abaixo da cintura e presa com cinto, usada pelos tártaros.

ao piano, minuetos de Mozart[68] e sonatas de Beethoven,[69] a fim de distraí-lo. Mas nem assim Dimitri Dolgorukov se dignava reparar nela. Talvez dissesse consigo próprio, vendo-se alvo de tão grande dedicação:

— Uma mulher do campo, filha de um *mujik* um tanto mais graduado! Uma governanta, afinal! Não cumpre senão o seu dever, servindo-me! Pois não é uma serva? Para que diabo hei de reparar nela?...

Chamava-se Melânia Petroveevna, Melanetchka,[70] e em 1875 contava já os 30 anos, quando Mítia contava 40. Não desejara casar-se. Jurara à sua benfeitora, condessa Dolgorukov, que não sentia inclinações para o matrimônio e que, quando da morte de seu pai, fizera votos de castidade, em intenção da salvação da sua alma. A condessa censurara-a pela leviandade de tal voto, mas abraçara-a com ternura e beijara-a na fronte. Quantos pretendentes à sua mão se apresentassem eram os mesmos que Melanetchka rejeitava. Chamavam-lhe, os do campo, presunçosa, porque vivia na mansão com regalias de *barínia*, sem se mesclar com eles. E a cozinheira da mansão, a arrumadeira, a lavadeira e o próprio mordomo asseveravam que Melânia Petroveevna não fizera voto algum quando o pai morrera, e que, se não desejara casar-se, era porque nutria paixão de amor pelo próprio Dimitri desde a juventude, rejeitando as ofertas de matrimônio que recebia porque, não sendo possível unir-se àquele a quem amava, em virtude da diferença social que os separava, também a outro não se animaria a desposar, porquanto não poderia amar senão a Dimitri; e entendia que o matrimônio somente se deveria fundamentar em sólido sentimento de afeto.

Diziam, mas ninguém poderia afiançar que tais boatos fossem a expressão da verdade, porque o certo era que Melânia Petroveevna jamais confiara segredos a alguém, nem dera motivos, a quem quer que fosse, para suspeitas a respeito.

---

[68] N.E.: Wolfgang Amadeus Mozart (1756–1791), compositor austríaco.
[69] N.E.: Ludwig Van Beethoven (1770–1827), compositor alemão.
[70] N.E.: Melaniazinha.

III

Chegara o inverno, que na Rússia é tão longo, acentuando a melancolia da existência na mansão do Parque Azul. As longas chuvas, alagando o parque e o jardim e fazendo transbordar os ribeirinhos, afluentes do Dnieper, as tempestades de granizo, desfolhando os arvoredos, os ventos rígidos, soprando quais vozes de gigantes alados que uivassem em iras selvagens, fazendo vergar ou desabar as latadas de rosas e os caramanchões de buxos; e, finalmente, a neve, levantando montículos nos canteiros e nos degraus de mármore, avolumando-se nas cornijas, acumulando-se nos parapeitos das janelas, nos quais já se haviam colocado os reforços para a invernada, deprimiam os nervos do conde Dimitri, atormentando sua alma sempre insatisfeita.

Melânia Petroveevna aproximou-se dele, desde a manhã acomodado junto da lareira. Seus males se agravavam durante o inverno e, nessa tarde, encontrava-se ele de péssimo humor. Ali mesmo almoçara, em silêncio opressivo, na sua sala de estar, servido pelas mãos habilidosas de Melanetchka, que compreendiam o momento oportuno de se tornarem ainda mais habilidosas ou mais discretas, em dias difíceis como aquele. Ali mesmo lera e depois escrevera não se sabia o quê, as sobrancelhas fechadas e agressivas, e ali mesmo tomaria o chá da tarde e provavelmente também cearia. Era pouco mais de duas horas da tarde, e na mansão tudo era silêncio e temor, porque o *barine* não ia muito bem...

Cheia de timidez, mas convencida de que seria urgente e indispensável o que fazia, Melânia abeirou-se da poltrona em que o doente preferira sentar-se após o almoço, e falou de mansinho:

— Perdão, *barine*...

Ressurreição e vida

— Vamos lá... Dize depressa o que tens a dizer e deixa-me em paz. Detesto que me peçam desculpas quando trazem intenção de me incomodar.

— É que... O intendente deseja falar-lhe... É o caso do feno e do centeio para a Suécia.

O assunto parecia interessá-lo, porque se virou na direção da moça e, sem olhá-la, prosseguiu:

— Por que não veio ele de uma vez?... Quando foi preciso embaixadores para que eu me entendesse com o meu intendente?

Este entrou polido e serviçal, reproduzindo mesuras com humildade e virando e revirando o chapéu entre as mãos, sem atinar com o melhor modo de segurá-lo, depois de haver deixado as botas salpicadas de lama e de neve no patamar da escada de serviço, para calçar os *laptis* novos, que trouxera bem-acondicionados sob a peliça, a fim de não manchar os tapetes por onde pisasse até defrontar-se com o amo. Sentia ter de incomodar o *barine*, mas o assunto era mesmo urgente e grave. Não poderia ser adiado.

Desde que habitava a mansão, Dimitri exigia imiscuir-se em todas as transações agrárias, embora estivesse longe de entender logicamente do assunto. Atendendo a sugestões desarrazoadas, em vez de ceder seus produtos a firmas exportadoras já amadurecidas no melindroso trato comercial internacional, deliberou exportá-los sem intermediários, num arrojo pouco recomendável, estabelecendo assim, ele próprio, uma firma isolada. Mandara, então, para a Suécia grandes carregamentos de feno e de centeio, após os devidos entendimentos epistolares. Mas agora o preço do feno e do centeio já expedidos não alcançara o bom mercado que era de esperar, e os compradores suecos entendiam opor objeções depois do negócio estabelecido e dos produtos armazenados, negando-se a pagar os preços do contrato, sob pena de suspenderem transações futuras, alegando ser a remessa inferior em qualidade às dos demais exportadores russos, o que não era exato. E por isso ele, o intendente, vira-se na difícil necessidade de incomodar o *barine*, pedindo suas ordens, já que este preferia estar a par das negociações em geral. E rematou o tímido discurso, em que explicava a situação, acrescentando, para frisar que não tinha responsabilidade no contratempo que ocasionaria grandes prejuízos para a mansão:

— Peço perdão, Excelência... Mas eu bem avisei que não nos conviriam os mercados suecos... De Kiev à Suécia é tão longe que não há vantagens nem para nós nem para os importadores de lá. Ora vejam! O feno e o centeio chegaram ao destino por um preço que os suecos, de fato, não poderão pagá-lo... Antes tivéssemos negociado com a Polônia mesmo. Sempre é mais perto.

Indignado ao se ver assim colhido em flagrante incompetência de assuntos agrícolas e comerciais, Dolgorukov insultou acremente o fiel servidor, tio de Melânia e irmão daquele outro, pai da mesma, muito estimado pela condessa falecida; insultou todos os camponeses de todas as suas *deciatines* e de todas as propriedades rurais da Rússia inteira; insultou os importadores suecos, os importadores alemães, poloneses e finlandeses; insultou Melânia, que permitira a entrada em seu gabinete de um servo tão desagradável, que molestava o seu senhor por uma tarde de inverno, com o termômetro a vinte graus centígrados abaixo de zero; insultou o Imperador, a quem acusou de impatriota, devido ao preço atual do feno, do centeio, da alfafa, do trigo e da aveia, e terminou por atirar à cara do intendente a papelada por este apresentada sobre o feno, o centeio, os compradores suecos e as despesas do transporte, atirando, em seguida, à parede fronteira, o livro que lia desde manhã, e arremetendo um soco tão vigoroso na mesinha, já posta a seu lado, para o chá, que o samovar inclinou-se para tombar, sendo sustido por Melânia, que não temera queimar-se, ao passo que os biscoitinhos, os pasteizinhos e a nata fresca para o pão se entornaram, rápido, pelo tapete.

Ressurreição e vida

Ora, com o intendente entrara também na sala o seu filho mais moço, rapazola de 10 anos, esgueirando-se sorrateiramente por entre as cortinas de veludo e as poltronas, para deixar-se enterrar entre as almofadas de um canapé, sem ser visto pelo dono da casa. Era um primo de Melanetchka e seu afilhado, o qual jamais entrara nas luxuosas dependências da mansão, mas que naquele dia, sem que se soubesse qual a razão, caprichosamente teimara em fazê-lo, animado, não se sabia também por que ousadia, a satisfazer a própria curiosidade, para dizer depois aos companheiros da aldeia:

— Pisei os tapetes da mansão do nosso *barine*... Sentei-me no canapé, rodeado de almofadas de seda... Tomei o chá do seu samovar de prata...

Porém, assistindo ao entendimento do pai com o irritado enfermo, cujas pernas se conservavam envolvidas em coberturas de lã, o pequeno visitante sentiu-se estarrecer de susto, penosamente decepcionado com a atitude rude daquele a quem se habituara a considerar um semideus, porque proprietário de tão vastos domínios, e sabê-lo herói e mártir da guerra da Crimeia. Quando, sanadas as incompreensões, depois de mais de uma hora de discussão, ficara estabelecido, entre o *barine* e o servo, que mais valeria ceder à baixa dos preços do feno e do centeio, imposta pelos compradores suecos, do que voltar para Kiev com o carregamento, ou agenciar um vendedor lá mesmo, na Suécia, vendedor que bem poderia não encontrar outros compradores, porque o inverno entrara e os adquirentes do produto já estariam supridos com boa reserva; quando, depois de tudo bem estabelecido, o intendente se despediu do amo, disposto a retirar-se, o rapazinho, dando a mão à prima, que o conduzira, sem mais desejar apresentar ao conde os votos de boa saúde, como era devido, exclamou, em tom de voz que julgou confidencial, mas que, em verdade era elevado bastante para que Dolgorukov pudesse ouvir:

— Hum... Pelo fato de ser doente o *barine* não precisava ser assim tão rude para com o coitado do meu pai... O meu irmão também é paralítico, e em muito piores condições... No entanto, jamais alguém o ouviu queixar-se ou pronunciar uma palavra impaciente contra quem quer que fosse...

— Psiu... Queres calar-te, por favor?... — repreendeu Melânia, baixinho, arrastando-o para a porta de saída, assustada.

Surpreendido, Dimitri, que somente agora se apercebia da presença do pequeno visitante, volta a cabeça com interesse e, dando com este e Melânia, que já se retiravam, interroga em tom desabrido:

— Quem é este rapaz e o que faz aqui?...

Trêmula, a jovem aproxima-se e, impossibilitada de ocultar o primo, apresenta-o:

— É meu parente, meu afilhado... Peters Fedorovitch, filho do intendente Fédor, que acaba de sair. Desejou visitar o senhor conde, a quem não conhecia, e apresentar-lhe votos de boa saúde.

Muito naturalmente, sem nenhum temor aparente, o rapaz deixava-se conduzir por sua protetora, enquanto o pai já ia longe e ela própria, Melânia, receava novas cenas de mau humor por parte do conde. Contudo, fiel ao despeito que dele se apossara, não saudou Dimitri, limitando-se a encará-lo, com seus olhos muito brilhantes carregados de curiosidade. Para surpresa da jovem governanta, no entanto, Dimitri, em vez de revelar agastamento, interrogou apenas, traindo certo tom indeciso na voz:

— Tens um irmão, disseste?

— Sim, senhor! Tenho vários irmãos, paizinho.

— Bem... Mas... Não disseste, segundo creio, que tens um irmão doente... assim como eu... paralítico?...

— E é mesmo, *barine*! Meu irmão mais velho é paralítico.

— E como se chama o teu irmão mais velho?

— Chama-se Yvan Fedorovitch.

— E a paralisia?... Igual à minha?...

— Não, paizinho... Muito pior...

— Como, então?

— Ele nem sequer se movimenta com os braços, a cabeça e o corpo. Somente com os olhos e a boca. Tem-se que fazer tudo para ele, como se fosse um recém-nascido... Vive deitado, nem ao menos se senta como o *barine*. Não tem equilíbrio na espinha dorsal, esta não amolga, como a dos outros.

Dolgorukov fitou o pequeno interlocutor, como se demorasse a assimilar o que ouvia, e depois balbuciou, com voz cava e trêmula:

— Mas o teu pai jamais falou-me disso. Eu ignorava...

— Falar para quê, paizinho? Talvez isso o entristecesse mais... E, mesmo que o senhor soubesse, não remediaria o mal...

— Melânia Petroveevna também não mo disse — queixou-se ele, surpreendendo a governanta com a tonalidade enternecida com que lhe dirigiu a censura.

— Não houve ocasião, senhor conde.

— E... é de nascença? — indagou ainda, em tom mais brando, fazendo Melânia fitá-lo com ternura.

— Não, senhor — apressou-se a responder Peters, que era loquaz e inteligente e estava gostando da conversa, já sem nenhum embaraço, pensando em que muito teria a contar aos companheiros no dia seguinte. — Não, senhor, não foi de nascença, não. Foi um resfriado adquirido no campo, pelo início das chuvas. Desde os 10 anos enfrentava o frio, para trabalhar e ajudar o pai.

— E ele... vive bem? Não disseste que...

— Alegre, propriamente, ele não vive, mas é resignado e paciente. Que se há de fazer? Se não tiver paciência, o sofrimento aumentará de muito, assim o afirma a mãe. Sofre por não mais poder ajudar o pai. Somos sete irmãos e ele é o mais velho.

— Que idade tem o teu irmão?...

— 20 anos, *barine*, ele os fará pela Páscoa.

Mítia nada mais disse, limitando-se a acenar para o menino, que se retirou com um cumprimento polido, mas sem lhe beijar a mão, desrespeito que pareceu chocar o dono da casa.

IV

Durante o resto da tarde não mais falou nem leu. Ceou em silêncio, sem mesmo parecer notar a presença de Melânia, que o servia, e que o criado particular permanecia atrás de sua cadeira, esperando ordens. E à noite, enquanto o vento soprava por entre as alamedas das tílias e a neve caía como sudários inclementes sobre as galhadas nuas das árvores, parecia nem mesmo ouvir Melanetchka que, ao piano, executava as peças preferidas para o serão. Limitava-se a fitar as chamas da lareira, pensativo e isolado dentro de si mesmo. Quando Nikolai o levou a deitar-se, deixou-se despir em silêncio; e quando Melânia entrou com as gotas calmantes para o sono e ajeitou-lhe, depois, as coberturas até o pescoço, prendendo as pontas por baixo do corpo, como qualquer esposa amorosa o faria, ou como qualquer mãe dedicada, e repetiu, como todas as noites: "Boa noite, paizinho, desejo-lhe um bom repouso...", ele não respondeu sequer à saudação.

Na manhã seguinte, porém, logo após o chá, dirigiu-se ao criado de quarto e disse-lhe em tom natural, sem fechar as sobrancelhas:

— Vamos sair, Nikolai Mikailovitch. Prepara a caleça. Preciso fazer uma visita.

Melânia, que estava presente, por pouco não derramava a chávena de chá ouvindo-o falar, e mesmo sem o desejar advertiu surpreendida:

— Mas... Senhor! Uma visita com este tempo? A neve continua a cair, o vento não cessa, o frio está cortante. Como poderá sair assim? Poderá agravar-se o seu estado.

— Mas sairei, assim mesmo.

E o criado, igualmente confuso:

— Senhor, somente a *troika* poderá levar-nos. A caleça é pesada, as rodas não deslizam... poderiam fazer ceder as camadas de neve que elevam a estrada do nível comum e precipitar-se nalgum fosso... Em verdade, os caminhos não estão favoráveis para a caleça. Só mesmo a *troika* ou o trenó.

— Pois iremos na *troika*, pronto!

Meteu-se na *troika*, que três cavalos puxavam debaixo do arco em que guizos bimbalhavam, todos três cobertos com pequenas mantas de feltro, para os protegerem da neve, e mandou tocar para a casa do intendente, em companhia de Nikolai e do cocheiro, que guiava os animais. Melânia enfiara-lhe a peliça com punhos e gola de pelo de zibelina, o gorro de peles, as meias de lã com as botas forradas também de lã, luvas de igual tecido, regalo de peles, e ainda lhe recobrira as pernas com a manta grossa de peles de cabra, de tal forma que, visto a uma distância de 2 ou 3 sajenes, Dimitri parecia um fardo de *astrakan*[71] e nunca um viajante de carne e ossos.

Dirigia-se à isbá do intendente, a fim de visitar seu filho enfermo.

Diante do irmão de Peters, a cuja presença fora conduzido nos braços de seu criado de quarto e do próprio intendente, o qual se mostrou sumamente surpreso, pois jamais esperaria a honra de tal visita, Dimitri observou que o semblante do enfermo era melancólico, mas sereno, que seus olhos eram grandes e muito inteligentes, e a voz mansa e suave como a de uma criança. Dimitri dirigiu-se a ele:

— Visito-te, Yvan Fedorovitch. Teu irmão Peters falou-me de ti e interessei-me. Somente ontem fui informado da tua existência, do contrário já teria vindo. Somos companheiros de infortúnio, afinal de contas. Feridos pela mesma desgraça... e esse fato... apesar de nossas posições diversas... Se bem que... Teu irmão asseverou-me que és paciente e resignado... Mas é que, afinal, nunca levaste a vida que eu já levei... Ser-te-ia, pois, fácil, a resignação. Enfim, eu quis verificar com os meus próprios olhos...

O moço sorriu, estirado, imóvel, na sua cama, junto a um fogo crepitante que lhe punha reflexos vermelhos pelo rosto, tornando-o corado, e respondeu:

— Obrigado, *barine*, pela bondade do seu coração, em me visitar. Mas eu de forma alguma me julgo desgraçado. Outros existem tão mais destituídos do que eu, que, pensando neles, antes me considero bem feliz.

---

[71] N.E.: Pele preta, cinza ou marrom, com pelos encaracolados e macios, de cordeiro caracul recém-nascido ou nonato, muito apreciada para confeccionar agasalhos e enfeites de vestuário.

Ressurreição e vida

— Não compreendo!... Aos 20 anos, inteiramente vencido pela paralisia, como aí te vejo, onde encontrarás possibilidades de te considerares feliz?

— No raciocínio justo, senhor! Pois aqui não tenho os meus pais, os meus irmãos, tão generosos para mim? Que me falta, se vivo numa isbá confortável, servido a tempo por dez mãos prestativas, bem alimentado, bem agasalhado no inverno, sem nem mesmo saber o preço de tudo o que possuo? Falta-me só a saúde para caminhar e trabalhar. Mas poderia ser pior... e este mundo é mesmo local de dores e aflições... como assevera nosso santo *pope*. O próprio filho de Deus aqui padeceu martírios. O *barine* considera-me infeliz... Mas é porque não conhece o Tito Jerkov... Aquele, sim, é sofredor...

Meio atordoado, como se no íntimo dissesse: "pensará ele, porventura, que sou qualquer ignorantão, que não sei de todas essas coisas?... És resignado porque também és ignorante, nem mesmo tens um ideal, e a ignorância mantém o homem na inferioridade", mas desencorajado para refutar em alta voz aqueles conceitos, que feriam seu orgulho pessoal, preferiu perguntar afoitamente:

— E quem é o Tito Jerkov? Onde mora? Como é ele?

— Ele é muito pior do que eu, *barine*. Está doente há quase vinte anos... Fez a guerra da Crimeia, como o senhor, e voltou de lá assim. Mora a umas 3 verstas daqui, já à entrada da outra aldeia. A isbá foi boa noutro tempo, mas agora é muito pobre, tem o poço na frente, e não há mais portão, segundo dizem, porque eu mesmo nunca vi, sou doente há dez anos... Se desejar vê-lo, Peters mostrará o caminho, passa por lá sempre.

Sem mesmo se dignar ouvir os protestos do criado e do intendente, que instavam com ele para que regressasse à mansão, porque continuava nevando, o céu escurecia cada vez mais, prenunciando tempestade de ventos, Dimitri mandou tocar a *troika* para a segunda aldeia de suas terras, desejando conhecer Tito. Peters prontificou-se a ensinar o atalho para se chegar à pobre isbá, e, bem aquecido num manto em que sua mãe o envolvera, aboletou-se ao lado do cocheiro, satisfeito por se sentir um homem, prestando serviço ao próprio senhor daqueles domínios. Ao despedir-se, Dimitri, o homem mais rico da região, retirou do bolso a carteira e, abrindo-a à pressa, tomou de duas cédulas de 20 rublos, depô-las junto do doente e balbuciou, um tanto desconcertado:

— É presente... Compra algo que te apeteça.

Yvan agradeceu, risonho, o presente a que não estava habituado. E o conde, retirando-se novamente pelos braços do criado, ouviu que ele chamava a irmãzinha caçula, de 8 anos, e dizia-lhe muito prazenteiro, com aquela sua voz macia e doce como a de uma criança:

— Toma, Sonetchka, estes 40 rublos que o *barine* teve a bondade de me oferecer. Quando cessar a tempestade, vai e compra a boneca que desejas. Com o que sobrar, traze um lenço bem bonito para a *matushka* e um sabão perfumado para o tio Zakar... e mais um apito para o Peters chamar as galinhas. Não achas que está muito desbotado o lenço que a mãezinha traz à cabeça?

A menina sorriu compassiva, e perguntou carinhosa:

— E para ti, paizinho, que trarei?

— Nada... Pois não desejo nada...

V

— Bons dias, paizinho, como te sentes hoje? — gritou o pequeno Peters com sua voz fresca de falsete, dirigindo-se ao chamado Tito Jerkov.

Ressurreição e vida

Era já meio-dia. A neve continuava caindo e o céu, em vez de se aclarar a essa hora, dir-se-ia ainda mais dramático, envolvido por um vento que principiava a assoviar pelos franjados das árvores já quase desnudas de folhagens, perturbando os viajantes e levantando a neve amontoada, para acumulá-la mais além, em pequenos montículos. Haviam chegado à residência do novo doente.

Era uma isbá miserável, que talvez em outro tempo pudesse ter sido pitoresca e confortável, mas que agora se tornava repulsiva com as suas vidraças quebradas, as paredes manchadas de limo, os degraus desconjuntados e o portão da entrada inteiramente desprendido das dobradiças, caído ao lado, dificultando a passagem. Três gansos de aspecto raquítico deram o sinal de alarme, com o grasnar típico da espécie, o que lembraria o ladrar do cão vigia. O lixo, acumulado aqui e ali, agora se empedrava, desaparecendo sob a neve. E, ao lado da casa, alguns salgueiros, já meio desfolhados, se estorciam ao sabor dos ventos, branqueando-se com a neve que se juntava em seus galhos numerosos.

De início Dimitri Dolgorukov não conseguiu falar, tal a impressão repulsiva que a miséria do enfermo, a solidão da casa — cuja porta qualquer pessoa abriria do lado de fora, apenas movimentando a aldraba —, e o grau da enfermidade do seu habitante causaram à sua sensibilidade de pessoa abastada, que já fruíra todos os prazeres que as riquezas da vida fornecem, e que até aquela data desconhecia o significado dos vocábulos: pobreza — necessidade — miséria!

Encontrava-se diante de um paralítico que vivia só, estirado num catre, cego, e a quem alguns vizinhos mais próximos, o administrador de Dimitri inclusive, nas pessoas de Peters e de um ou outro dos demais filhos, vinham, revezadamente, duas ou mais vezes ao dia, trazer o alimento, as roupas necessárias para que se aquecesse, tratar de alguma higiene por toda a parte e ativar o lume da lareira, para que não morresse de frio. Um infeliz mendigo, meio idiota, mas não de todo imprestável, fazia-lhe companhia à noite, ou quando o tempo não lhe permitia perambular pelas aldeias, beneficiando-se das migalhas e do lume que seu companheiro de infortúnio recebia dos amigos do bem.

— Viveste sempre neste estado? Teu mal foi de nascença? — indagou o capitão de *hussards* com voz embargada, depois de para lá ter entrado pelos braços do criado e do cocheiro, que o sentaram numa velha arca de pinho-de-riga postada a um canto.

— Oh, não, *barine*! Fui homem sadio, trabalhador das terras do falecido *barine* Stepan Dolgorukov, vosso pai. Mas fiz a guerra da Crimeia, como muitos por aqui, incluído nos contingentes pedidos pelo nosso Imperador aos senhores de posses... e lá adoeci. Com o tempo e a falta de recursos, a infecção atingiu também a vista e fiquei cego. Mas Deus, nosso Senhor, é bom e não vivo assim tão mal. Não faltam bons corações para me ajudarem... e por isso não morro de fome nem de frio. Para bem dizer, e não ser ingrato, nada me falta, tenho tudo. Isso é que é... Os vizinhos trazem-me o alimento, a roupa, o fogo, e vou vivendo bem. São anjos que nosso Senhor mandou do Céu para a Terra, a socorrerem os pobres. São todos paizinhos e mãezinhas do meu coração. Alguns eu carreguei nestes meus braços agora mortos, quando eles eram pequeninos e eu ainda tinha saúde. Mas existem doentes piores do que eu, pode o *barine* acreditar. Estou satisfeito e bem resignado com a minha sorte. Deus, nosso Senhor, é justo e bom. Amém... Amém...

Quase indignado com tanta passividade em face da desgraça, a qual atribuiu ainda à ignorância do paciente, o ex-oficial de *hussards* da Guarda bradou irritado:

— Mas como te poderás sentir satisfeito, desgraçado, vivendo nestas condições e, além de tudo, completamente cego?...

— Ó paizinho! A verdade é que prefiro estar assim, cego, a continuar contemplando as misérias e as maldades que muitas vezes presenciei antes de cegar. E, além disso, fala assim o *barine* porque ainda não viu as

Ressurreição e vida

condições em que vive o Elias Peterof, apesar de ter mãe para tratá-lo. Imagine o paizinho que ele foi sempre doentio, tinha uns ataques... ficava todo retorcido e demorava a se recompor, mas assim mesmo trabalhava. Uma explosão na oficina deixou-o num estado que faz pena. Eu conto 52 anos. Mas o Elias conta 42. Há quase vinte anos que vive naquelas condições... pois a explosão foi logo depois da Crimeia.

Os caminhos, porém, estavam intransitáveis. A tempestade ameaçava recrudescer e haveria perigo em alguém se arrojar pelas estepes e ravinas geladas, à procura da casa de Elias Peterof. Dimitri nem sequer ainda almoçara. Concordou, pois, em regressar à mansão, após informar-se da residência do novo enfermo, a quem desejou ardentemente visitar também.

— Dista daqui umas 4 verstas, senhor... — ponderou Peters Fedorovitch, prestativo. — Só com o bom tempo poder-se-á ir até lá sem perigo. Sei onde fica a isbá de Elias. Há uma pequena ladeira a subir... e com a neve o caminho é escorregadio e pode-se cair e rolar até o fundo do fosso.

Dolgorukov retirou-se desagradavelmente impressionado. Tal como fizera em presença de Yvan, agora retirou da carteira quatro cédulas de 20 rublos e mandou Peters colocá-las sob o travesseiro do mendigo.

— É presente, Tito Jerkov... Compra o que te apetecer... — exclamou com voz emocionada.

— Obrigado, paizinho. Tendes tão bom coração que fazeis recordar vossa mãe, que era nosso bom anjo, quando aqui residia. Mas, em verdade, eu de nada mais necessito a não ser da misericórdia do bom Deus, para os meus pecados, que são grandes. Darei a Mikaile Mikailovna 20 rublos, para a compra de uma peliça nova, porque ela se queixa de que não possui nenhuma, usa a do marido, quando ele não a usa, e no mais só se enrola com os restos de um xale. Darei também um pouco ao Zacaritch, para as botas que ele precisa... O Zacaritch é quem me faz companhia aqui... Ele me serve tanto... e o inverno chegou ameaçando muito... As botas dele estão rotas e deixam passar a neve, assim ele tem dito... Em verdade, de que preciso eu? Pois, se tenho tudo...

VI

No dia seguinte a tempestade amainara e a neve se fizera miúda e muito espaçada. Mítia estava febril, sem, contudo, queixar-se de qualquer mal-estar. Tratava-se de excitação nervosa, advinda das fortes impressões que os doentes visitados na véspera lhe haviam causado. Desejara pôr-se a caminho muito cedo, a visitar o terceiro doente, aquele Elias Peterof, que residia a umas 4 ou 5 verstas de distância, segundo afirmava Peters Fedorovitch. Mas Melânia pedira para que não partisse sem o segundo almoço, e ainda mais sob o frio da manhã:

— Não, senhor conde, esperemos ao menos que a neve cesse. O esforço de ontem foi grande. E a repetição hoje do mesmo poderá não ser aconselhável para sua saúde.

— Mas se estou passando tão bem hoje... Dormi a noite toda, nada absolutamente senti... — retorquiu, como prestando satisfações, inconscientemente submisso à encantadora enfermeira, em quem continuava não prestando atenção.

— Almoçará mais cedo, senhor, e partirá depois.

— Sabes, Melânia?... — tornou ele, com tal expressão de intimidade e doçura que surpreendeu a jovem, inabituada a tais atitudes. — Impressionou-me de tal forma a miséria em que vive aquele mendigo Tito, que meditei um pouco em Deus, durante a viagem de retorno, ontem... e, à noite, rezei com fervor, suplicando piedade para ele, como outrora minha mãe me ensinava a fazer para com os infelizes. E o mais impressionante é que ele se confessa feliz! Como um homem que é cego, completamente paralítico, miserável, consegue ser feliz?! É o que não compreendo...

— Deus estendeu sobre ele as suas virtudes, conde Dimitri!... E seus sofrimentos foram suavizados com os dons da fé e da esperança, que atraíram a resignação e a paciência, enquanto a caridade de outrem socorreu suas necessidades, pelo Amor de Deus. Quando sofremos amparados pela boa vontade da resignação, nossas dores se apresentam menos ásperas.

— Mas afirmou que possui tudo, Melânia, quando nada, nada possui, e que de coisa alguma precisa. Os 80 rublos que lhe dei foram repartidos para socorrer a penúria de amigos. Cheguei a me envergonhar, por lhe haver dado tão pouco, eu, o senhor destas imensas terras. No entanto, é mendigo, um miserável a quem a caridade dos corações bem formados impede de morrer de fome, de frio e de imundícies...

— Será, então, o Tito Jerkov realmente opulento de bens imarcescíveis, visto que possui o amor ao próximo, além daquela fé que transporta montanhas, de que o Evangelho trata, e também os dons da renúncia, do desinteresse e da humildade. Tenho, aliás, notado, *barine*, que as pessoas que trazem a consciência tranquila são sempre felizes. Tudo isso é indício da consciência tranquila do Tito Jerkov.

Não respondeu, limitando-se a meditar ao passo que fumava o cachimbo, distraidamente. Após o almoço, partiu, acompanhado pelo criado Nikolai, como sempre. O cocheiro aconselhara o trenó puxado a dois cavalos, devido à inclinação do terreno que deveriam subir, e Dimitri, indiferentemente, concordou.

A residência de Elias Peterof era uma isbá em madeira vermelha, no centro de um pátio amplo, mas onde mil utensílios velhos e imprestáveis se acumulavam em desordem, de mistura com cães, galinhas, duas cabras brancas e muito felpudas, cada uma com as suas duas crias já crescidinhas, boas para o corte, e cujas tetas, ricas de vida e pojadas de leite, indicavam que sua missão entre os próprios donos era das mais meritórias: ajudá-los a viver nas lutas das reparações, fornecendo-lhes o leite que possuíam em abundância, precioso alimento que eles não precisariam comprar. Havia também um bode avermelhado, alto e soberbo, que seria o chefe natural daquela pequena família zoológica. Ao transpor, o trenó, o largo portão, que um rapazola abriu por ordem da dona da casa, as cabras, o bode avermelhado e as crias crescidinhas fitaram, espantados, a horda de intrujões que alterava a rotina da habitação; e, emitindo todos, ao mesmo tempo, um berro assaz significativo, ergueram melhor as curiosas cabeças, sacudindo os quatro brincos pingentes que traziam, de dois a dois, acima das queixadas, e continuaram olhando os invasores com interesse, como a se apresentarem:

— Sede bem-vindos, senhores! Vede que fazemos parte desta família! Temos personalidade, tarefas definidas a cumprir: fornecemos o alimento a esta família, com o leite com que preparam requeijões e papas nutritivas, as quais até comumente são vendidas a outrem, para apuração de alguns copeques. Em verdade, somos nós os chefes desta isbá, que pertence a indivíduos pobres. Nossos próprios filhos são vendidos a outros donos para que haja rublos para o chá, as favas, a farinha, o toucinho... ou sacrificados por ela própria, ou seja, a família, ao lhe apetecer saborear a carne assada no azeite. E fornecemos também a lã para o inverno. Enfim, somos esteios desta casa. Podem entrar...

A isbá, como se vê, não era abastada, nem mesmo medíocre. Todavia, achava-se longe de apresentar a miséria contundente do tugúrio do pobre Jerkov. Uma mulher, que poderia contar os 60 anos, mas a quem talvez os vícios, ou os dissabores de uma vida trabalhosa, faziam aparentar idade mais avançada, recebeu-os amavelmente, reconhecendo tratar-se de pessoas de qualidade, muito admirada ao perceber um dos visitantes carregado nos braços dos outros dois, como se fosse uma criança. Estava embriagada e recendia a vodca, causando náuseas a Dimitri.

A casa compunha-se de uma sala ampla, repartida ao centro por uma arcada. Na parte dianteira havia duas camas muito rústicas, mas com boas cobertas de lã, tecidas em casa; uma mesa nua e ensebada pelo uso, alguns bancos toscos e, à parede, um nicho com o seu "ícone". A parte traseira servia de cozinha e sala, com lareira, panelas, tábuas, galinhas empoleiradas, uma cadeira de pau, outros bancos e um estrado servindo de cama.

— Informaram-me de que havia aqui um enfermo grave, mãezinha — disse o conde, que não sabia muito bem tratar com pessoas daquele nível —, e desejei visitá-lo.

A mulher, que não conhecia Dimitri e longe estava de supor que falava ao próprio senhor daquelas terras, agradeceu meio confusa. No entanto, pressentindo nele alguém de boas posses, graças ao aspecto do trenó, dos cavalos e da qualidade dos agasalhos que o cobriam, continuou choramingando:

— Raramente nos visitam, *barine*, e por isso fico-lhe muito grata por essa demonstração de generosidade. Somos muito pobres, e na verdade não temos casa apropriada para receber visitas. Mas o doente está ali, é o meu filho, que noutros tempos se chamou Elias Peterof... mas ao qual uma explosão, durante a fabricação do álcool, deixou naquele estado, já lá vai dezoito anos... É um desgraçado, que veio ao mundo para meu martírio! Por causa dele tenho suportado uma vida de atribulações e miséria: primeiro para criá-lo, segundo para fazer dele um homem, e depois... quando a verdade é que eu poderia estar empregada em casa de alguma senhora rica, ao abrigo da fome e do frio...

Dimitri investigou o local apontado por ela, na parte traseira da casa, e viu a um canto, junto do fogo, sentado numa cadeira de pau sem qualquer forro de penas ou de algodão, e apenas coberto com alguns trapos de lã, tiritante de frio, o vulto de um homem de 40 anos presumíveis, o qual parecia não ouvir ou prestar atenção no que se passava em derredor. Seus olhos vagos, desmedidamente salientes das órbitas, dançavam irrequietos, revirando o íris num trabalho incansável de vaivém, no pequeno espaço em que se agitavam, como se mesclado de azougue o seu líquido ocular.

— Bons dias, Elias Peterof... Como te sentes hoje?... — disse o conde, recordando o cumprimento de Peters a Tito Jerkov e observando, envergonhado, que o imitava.

O doente, porém, quedou-se na mesma desatenção ao que se passava. Não se voltou para o lado de onde partia a voz amável que o saudava, nada respondeu, não agitou sequer um dedo daquelas mãos enegrecidas por manchas suspeitas, e que se diriam eternamente crispadas, mortas, estendidas sobre as próprias coxas.

— Bons dias, Elias Peterof... — repetiu desconcertado.

E a dona da casa interveio, irritada, já sentada numa arca, batendo um e outro calcanhar, de vez em quando, nas paredes da mesma arca, numa inquietação nervosa e distraída, e esfregando um pé no outro, movida pelo mesmo nervosismo:

— Não responderá, paizinho... É surdo como uma porta, mudo como um peixe, cego como uma pedra, e por cima de tudo isso paralítico, parado sempre, tal qual uma montanha, que nunca se arreda do lugar. Nunca foi lá muito bom, nunca falou nem ouviu certo. Mas, em todo caso, servia para alguma coisa. Ficou neste estado depois da explosão. Dava uns ataques e se retorcia todo, como um endemoninhado. Parece que era o mal de gota...[72] Mas muitos diziam também que um demônio entrava na pele dele para fazer isso. Minha desgraça é este filho, *barine*, acredite! Eu, mãe "disto"! E tenho de tratar desta peste como se fosse uma criancinha: levantá-lo, deitá-lo, lavá-lo, trocar-lhe a roupa, dar-lhe comida na boca... porque esta peste come... Come! Sim, senhor! E come bem! Nada chega para ele, é faminto a mais não poder! Não percebe o *barine* como

---

[72] N.E.: Epilepsia.

ele está roliço? É de tanto comer! Se demoro um pouquinho mais com as papas, dá urros como os lobos da floresta, grunhe como um porco, já que não fala; e grunhe tanto que assusta as minhas pobres galinhas, as quais saem espavoridas dos poleirinhos que lhes arranjo aqui dentro mesmo, por causa da neve, e vão-se embora... E é pesado, este satanás, como um saco de chumbo! Eu já não o aguento mais! Tenho os braços doloridos, atacados de reumatismo, devido ao peso dele, pois tenho de levantá-lo e deitá-lo, deitá-lo e levantá-lo, muitas vezes. Costumo bater-lhe, mas parece que perdeu também o juízo, pois não entende, nem sei se sente as pancadas que lhe dou! E põe-se a rir e a chorar, a chorar e a rir, como um palhaço de feira! Oh, como eu o detesto!... E tenho de ficar aqui, sem me poder empregar em alguma casa rica, como é meu desejo. Enfim, tenho vontade de morrer, ou de matá-lo de uma vez, já que para nada serve... e para livrar-me dele, pois não aguento mais, não aguento mais! Dezoito anos, *barine*! Há dezoito anos que isto atura... — e pôs-se a chorar.

O criado Nikolai e o cocheiro, escandalizados, ocultaram o riso, para não faltarem com o devido respeito ao amo, que ouvia muito atento. Mas Dimitri, horrorizado de assim ouvir falar uma mãe do seu próprio filho tão desgraçado, e muito surpreendido com mais um aspecto da vida, que absolutamente desconhecia, tentou deter a torrente de blasfêmias que o contundia:

— Mas, minha senhora! — gaguejou, fiel ao trato fino a que se habituara e que ali escapara automaticamente dos seus lábios. — Não é seu filho, este pobre homem? Como pode o seu coração revoltar-se tanto diante deste infeliz, que só inspira compaixão? Tenha paciência com ele... Eu...

— Paciência?... Compaixão?... Pois, então, não tenho paciência e compaixão por ele? Tenho tanta paciência e tanta compaixão que aqui permaneço tratando dele há dezoito anos, paizinho! Planto alguma coisa em qualquer pedaço de terra por aí, costuro, lavo roupas, carrego água, trato dos porcos alheios e vou vivendo. Os antigos companheiros dele, que ainda vivem, visitam-no pelo São Nicolau, o Natal e a Páscoa. Trazem-lhe alguma coisa, que sempre serve. Ainda há gente boa nesta terra.

Alguns já morreram. Mas ele é que não quer morrer. Desde que ficou assim, acredita o *barine* que nunca mais veio o ataque? Creio que acabarei mesmo é fazendo o que fez a mulher do droguista Kozlovsky, para se ver livre dele... Conheceu, por acaso, ou ouviu falar, do droguista Kozlovsky?

— Não, não conheci... Era doente também?

— Era e é doente, há uns vinte anos! Vive encravado no corpo sem se decidir a morrer ou a ficar bom. E vive sozinho com um anão, porque ninguém mais o suporta, senão o anão. Dizem os *mujiks*, até, que o anão é uma apresentação do "Tentador"... pois tem umas ideias... Meteu-se-lhe na cabeça, por exemplo, que Kozlovsky é a volta de nosso paizinho Yvan IV, o Terrível,[73] a este mundo, noutro corpo... E anda a dizer tal inconveniência a quantos o queiram ouvir. Kozlovsky foi rico, mas o que ganhou com a loja de drogas, perdeu com a doença, e agora é paupérrimo. Conheci-o muito, noutros tempos...

— E qual o seu mal?... Paralisia também?... — indagou o conde, que se surpreendia interessando-se pelo próximo.

— Ele é paralítico também, mas somente das pernas, como o *barine*... Bem... Mas o resto nem é bom dizer... Sinto arrepios... A mulher dele, coitadinha, conheci-a bem. Fugiu para não ser obrigada a tratá-lo. Mas as autoridades da circunscrição encontraram-na e fizeram-na voltar para tratar dele, porque tinha obrigação, tal qual eu com esta peste, acolá. Então, sabe o que fez a pobre? (Chamava-se Maria... Macha...) Pois bem, matou-se! Matou-se para se ver livre daquele excomungado! Creio que farei o mesmo!

— Não! Não, pobre mulher, não será necessário tal violência! — tornou o paralítico, no auge do assombro pelo que ouvia. — Mandarei

---

[73] N.E.: Primeiro soberano da Rússia que tomou o título de Tzar. Foi quem conquistou a Sibéria. Célebre por suas crueldades, matou com as próprias mãos várias de suas esposas, e até o próprio filho. Governou de 1533 a 1584.

um trabalhador de minhas terras tratar deste infeliz, em teu lugar. Darei pedaços destas terras a ele, pois sou o proprietário de tudo isso. Reerguerei esta casa, farei o que for necessário... e o *mujik* ficará aqui usufruindo tudo, com a condição de zelar por este pobre Elias... e, quanto a ti, poderás empregar-te, como desejas, em alguma casa rica.

VII

Kozlovsky residia no outro extremo da aldeia. Fora, com efeito, farmacêutico abastado. Adoecera irremediavelmente, no entanto, e a miséria colhera-o em suas redes, rematando a série de desgraças que o atingira. Por motivos políticos, pois fora extremado republicano, vira-se preso e sofrera o degredo, com trabalhos forçados, na ilha Sakalina, da Sibéria, e lá tivera início o seu terrível mal, que progredira em alguns anos, assustadoramente. Isso mesmo contara a Dimitri a mãe de Elias, que o acompanhara ao portão, radiante com os 200 rublos com que este a presenteara, rogando-lhe tratasse mais benevolamente o filho, até que ele próprio, Dolgorukov, remediasse a situação.

A casa de Kozlovsky era a mesma em que residira outrora, mas encontrava-se agora em adiantado estado de ruína, tal o próprio dono. Quando o trenó parou à frente do portão (a casa situava-se em plano isolado, no centro de pequeno terreno arborizado), gritaram, de longe, alguns vizinhos aos três viajantes:

— Arredai-vos, não entreis! Se trazeis esmolas, deixai-as no portão, que o criado retirará depois. Aí reside um leproso!

— Leproso?... Disseram leproso?

— Pois disseram leproso, conde Dimitri. Disseram leproso. Portanto, não devemos entrar... — apressou-se Nikolai a intervir, aconselhando o amo.

— Mas eu nunca vi um leproso... Como será?

— Pois nem eu sei, paizinho. Não conheço nenhum, seja Deus louvado — e descobriu-se.

Dolgorukov pôs-se a olhar para o portão, para o carreiro que guiava, sinuoso, por entre os arbustos maltratados, ao edifício em ruínas, e monologou intimamente:

— E suponhamos que Kozlovsky fosse o conde Dimitri Stepanovitch Dolgorukov e o conde Dimitri Stepanovitch Dolgorukov fosse Kozlovsky? Não gostaria eu, sendo Kozlovsky, que o conde Dimitri me visitasse para reanimar o meu espírito com boas palavras e o testemunho da sua solidariedade, e o auxílio de alguma migalha da sua imensa fortuna? Ora, não creio que a mim, Dimitri, a lepra[74] atinja só por eu visitar um leproso. Farei o seguinte, visitando o doente, eis tudo: Não lhe estenderei a mão. Não me sentarei. Meus servos me soerguerão, um de cada lado, e me manterão de pé. Aliás, não pretendo demorar-me. A visita será breve. Assim como um testemunho de solidariedade a ele, que sofre.

Um ser disforme, pequenino, malproporcionado, apareceu na extremidade do terreno, avançando ao longo do carreiro, molhado e escorregadio, que levava ao portão. Era um anão. Contudo, não era leproso e parecia irradiar saúde e alegria de viver, pois sorria francamente para os visitantes, com aspecto simpático.

— Bons dias, paizinhos, que desejais? Podeis deixar vossas esmolas. Eu as retirarei. E que o Senhor de todas as coisas vos abençoe, recompensando com sua paz a generosidade dos vossos corações.

---

[74] N.E.: Na época em que esta obra foi escrita, esse termo era comum, mas atualmente é considerado pejorativo e/ou preconceituoso. Hanseníase, morfeia, mal de Hansen ou mal de Lázaro é uma doença infecciosa causada pela bactéria *Mycobacterium leprae* (também conhecida como *bacilo de Hansen*) que afeta os nervos e a pele, podendo provocar danos severos.

Ressurreição e vida

— Sim, deixaremos esmolas, amigo! — (Dimitri admirava-se da lhaneza de que se sentia invadir, havia dois dias.) — Deixaremos esmolas, mas desejamos também visitar pessoalmente o doente.

O anão sobressaltou-se e fitou Dimitri com curiosidade:

— Quanto a isso não será possível, senhor! Perdoai-me! E nem o Sr. Kozlovsky o consentiria.

— Sou o proprietário desta aldeia. Dize-lhe que trago imensa necessidade de vê-lo e falar-lhe.

O anão fez uma reverência respeitosa, mas foi intransigente:

— Perdão, *barine*, mas ele não pode receber ninguém. Seria horrível para o próprio visitante. Dizei a mim o que necessitardes... e será como se o dissésseis a ele. Sou as mãos, a vista, o pensamento, a alma do pobre enfermo.

— Não! Não o direi! Pois é a ele só que desejo falar.

— Ignorais, certamente, que se trata de um leproso, um aleijado, um verdadeiro monstro?

— Por isso mesmo... Nunca vi leprosos nem monstros...

— Sois porventura algum santo, senhor? Ou talvez desejareis...

— Mas... vai anunciar-me, vai... Sou o conde Dolgorukov, oficial de *hussards*.

Espantado e sem mais retorquir, o anão escancarou os portões, muito admirado por ver o visitante carregado nos braços dos dois homens que o acompanhavam.

VIII

De início, Dimitri não pudera emitir sequer um monossílabo, ao defrontar-se com o quarto enfermo que visitava. Silêncio pesado, desconcertante, seguira-se ao bulício dos três homens e do anão, que abria as portas de par em par, a fim de permitir passagem aos carregadores do conde, e à apresentação diante do doente, feita pelo ser disforme que àquele servia de criado:

— Visitas para vós, paizinho. Eu não queria permitir-lhes a entrada, mas insistiram. Talvez haja a intervenção dos amigos espirituais nesse acontecimento. E permiti-lhes entrar...

— Sim, Karl. Fomos avisados, ontem, pelo nosso anjo guia, de que receberíamos visita significativa dentro de algumas horas. Julguei tratar-se de visita espiritual. Quem, humano, ousaria entrar neste tugúrio? Mas ei-la! aí está! Deus seja louvado! De quem se trata?

O anão empertigou-se, e, qual criado grave daquele mundo estranho, que se revelava envolto em mistérios ao entendimento de Dolgorukov, apresentou as visitas:

— O conde Dimitri Stepanovitch Dolgorukov, senhor destes domínios, e seus pajens...

O doente pareceu surpreender-se, pois ergueu vivamente a cabeça despida de cabelos, e os glóbulos dos seus olhos cegos, que uma membrana esbranquiçada e esponjosa recobria, agitaram-se dentro das órbitas, cujos rebordos das pálpebras já se viam corroídos pela lepra.

Impressionado até a estupefação, Dimitri, amparado pelos criados, que o sustinham quais muletas humanas, não conseguia despegar os olhos daquele a quem visitava, ao passo que o criado e o cocheiro murmuravam discretamente, ao ouvido do amo:

Ressurreição e vida

— Retiremo-nos, Excelência... Deus certamente não deseja que vos arrisqueis a mais isto.

Ora, sentado em primitiva cadeira de rodas, já rota e remendada, coberto com andrajos de lã e de *astrakan* que lhe deixavam, à porta, os corações piedosos; à beira de uma estufa que tivera, outrora, o seu valor artístico, mas que, agora, se deixava ver em adiantada ruína, Dimitri encontrava não propriamente um homem, mas farrapos humanos em decomposição pela lepra, um monstro de pernas paralíticas, cego, leproso em adiantado grau, e cujas mãos, já sem dedos, porque o mal terrível corroera as falanges, eram incapazes de algo tentar para os serviços do dono. O rosto, dir-se-ia máscara diabólica, pela fealdade, pois dele desaparecera já parte do nariz, dos lábios e das orelhas, além dos supercílios, e de cuja pele arroxeada e escalavrada, como se queimaduras a alterassem, destilavam matérias asquerosas, exalando desagradável almíscar, tal um suor pestífero.

Com grande esforço, talvez impelido por piedoso impulso do mundo invisível, Dolgorukov proferiu em voz baixa o estribilho aprendido de Peters, sentindo algo indecifrável penetrar suas sensibilidades, aguçadas pelos acontecimentos imprevisíveis:

— Visito-te, Kozlovsky. Como te sentes hoje? Se te posso servir em alguma coisa, esclarece-me... e serás atendido.

O doente deixou entrever monstruosa crispação das faces: era um sorriso. Dimitri compreendeu-o. E o leproso respondeu com lágrimas na voz, em tom rouquenho, devido à ausência das narinas:

— Deus seja louvado, pelo reconforto proporcionado ao pobre enfermo, Excelência! Agradeço do fundo de minha alma a piedosa visita que me faz, a qual recorda as peregrinações sublimes dos antigos discípulos do Cristo de Deus, que procuravam até mesmo o Vale dos leprosos, em Jerusalém, para ali consolar desgraçados com as dádivas para o corpo e as alvíssaras da Boa-Nova para a redenção do Espírito.

Atento, Mítia dizia a si mesmo:

— Fala como se fora orador. Assunto delicado. Será filósofo?... Puxemos por este desgraçado a ver até onde chegará sua miséria. Deve ser também louco. Como poderá viver assim, sem enlouquecer?

— Conheces, pois, os evangelhos, ou a história do Cristianismo do primeiro século? — continuou em voz alta. — Pois falas como um *pope*...

— Sim, conheço, Excelência! O Evangelho há sido o grande esteio onde me amparo para enfrentar as desventuras; o consolo supremo das horas que aqui suporto, entre o amargor da miséria, o opróbrio da doença e a solidão dos afetos. A tal ponto protegeu-me o Evangelho contra as desgraças que me atacaram, que, tal como me vê aqui, assim monstruoso e sofredor, desfruto momentos de tão intensa felicidade espiritual que nem o Imperador da nossa "Santa Rússia", nem os virtuosos *popes* da nossa querida "Cidade Santa" de Kiev poderiam desfrutar nos seus momentos de genuflexão ou de colóquios com a própria consciência.

— Deve estar também atacado das faculdades mentais. Seu sofrimento é grande... — repetiu Dimitri consigo mesmo.

— Enquanto possuí olhos — prosseguiu o leproso, alheio às considerações do visitante — e a dádiva da vista não me abandonara, li e reli os evangelhos, procurando assimilar a sua essência. Sobre eles meditei até horas mortas da noite... e consegui encontrar o meio de suprir minha alma de conhecimentos bastante preciosos, para me amparem quando os olhos se apagassem, vencidos pela moléstia. Li mais: avancei em estudos profundos, de transcendência psíquica. Li Swedenborg[75] e os clássicos psiquistas ingleses, que estudam e investigam a sobrevivência da nossa alma após o decesso físico. Li os filósofos psiquistas franceses

---

[75] N.E.: Emmanuel Swedenborg (1688-1772), foi um filósofo místico sueco (médium de grande poder). Nasceu em Estocolmo e morreu em Londres. Teve visões, estabeleceu relações com o mundo espiritual, fazia revelações importantes e criou numerosos discípulos. Previu determinadas e importantes descobertas como a cristalografia e os seus princípios essenciais, e outras.

Ressurreição e vida

e belgas, que se dedicam ao intercâmbio supranormal entre os chamados vivos e as almas dos chamados mortos. Meditei, por meio da leitura de jornais estrangeiros, sobre os sensacionais fenômenos de Hydesville, nos Estados Unidos da América do Norte, quando as jovens irmãs Fox se tornaram intérpretes dos Espíritos alados que desejaram provar aos homens a sobrevivência da alma humana, fenômenos que marcariam período novo na evolução moral e cultural da Humanidade. Li Allan Kardec, esse francês genial e eminente, recém-falecido, que soube reunir, coadjuvado por Espíritos, em cinco preciosos volumes, a Doutrina da imortalidade, que faltava à consciência humana... Doutrina que explica à saciedade o eterno tema que preocupa nossa inteligência: "Quem somos? De onde viemos? Para onde vamos? Que é a vida? Que é a morte? Por que existimos? Por que morremos? Por que sofrem uns, enquanto outros gozam?". E agora, que não mais enxergo, possuo para meu socorro os amáveis olhos deste abnegado jovem, que para mim lê as tentativas do nosso sábio compatriota Alexander Aksakof,[76] ansioso por disseminar as mesmas experiências na sociedade russa, apesar do quanto se vê repelido, e ansioso por vê-las acatadas pelos acadêmicos dos nossos institutos de cultura científica...

Interessado, o conde Dimitri, que jamais ouvira tal conversação, e que se fatigava na incômoda posição em que se achava, cansando os servos, pediu para sentar-se, esquecendo-se de que se encontrava em visita a um leproso. Karl, o anão, correu solícito, com uma poltrona, auxiliando os criados a acomodarem o amo, e declarando delicadamente:

— Não tenha receio, Excelência! Nosso doente apenas ocupa a sua própria cadeira e o leito em que repousa.

— Tenho as pernas paralíticas, exatamente como tens as tuas, Kozlovsky... — volveu Dimitri. — Não posso caminhar. Sinto-me

---

[76] N.E.: Alexander Aksakof (1832-1902), filósofo e diplomata russo. Notabilizou-se na investigação e análise dos fenômenos espíritas. Autor de *Animismo e Espiritismo* e tradutor das obras de Allan Kardec para o idioma russo.

imensamente desgraçado por isso. Porém, dize-me: onde encontraste tais livros, quem tos fornece?

— Karl escreve aos autores ou aos editores. Confessa a minha amarga situação e solicita os livros. Soube de tais publicações graças a jornais franceses, ingleses e alemães, que Karl costuma obter. Recebo, pois, até de particulares, ingleses e franceses, revistas e jornais de assuntos psíquicos, livros, magazines, cartas confraternizadoras, que são outras tantas teses a ser estudadas etc. E também escrevo crônicas para os mesmos jornais, ou antes, dito-as para Karl escrever. E assim tenho aprendido, Excelência, que, se sou o monstro que aqui está, é que tenho vivido outras existências corporais neste mundo! Vivi outras vidas no pretérito, durante as quais errei, cometi crimes, contra a sociedade e as Leis de Deus! E agora, assim prisioneiro, tolhido nas atitudes por ter abusado da liberdade própria de cada indivíduo, expio o passado, para expungir da consciência a mácula desonrosa das infrações de outrora. Compreendi que este jovem Karl, enjeitado, recém-nascido, à porta de minha antiga loja de drogas, e por mim criado com desvelo, educado com ternura pelo meu coração, que não conhecia o sentimento paterno, foi cúmplice dos meus desatinos pretéritos, em outra vida planetária terrena... expiando e reparando, por sua vez, agora, a meu lado, os débitos adquiridos então. E igualmente estou compreendendo que Vossa Excelência, senhor conde, a quem não posso enxergar as feições (perdão para a ousadia da revelação), também fez jus, na presente ou em outras vidas passadas sobre a Terra, à penalidade que no momento o detém prisioneiro de uma paralisia que zombou de todas as possibilidades havidas na Ciência para desaparecer!

Não obstante, tal como me vê aqui, repito, sinto-me feliz! A doutrina da imortalidade arrebata o crente para ideais elevados, ensinando-o a enfrentar os acontecimentos da vida, sejam os mais melindrosos, por um prisma diverso daquele que os outros homens adotam. Sim, sou feliz, porque resignado à minha condição e certo de que possuo uma alma imortal criada à imagem e semelhança de Deus, a qual progride e se eleva no carreiro da eternidade, para a glória de uma felicidade imprevisível; e que essa mesma alma, ao decesso deste corpo, que sinto apodrecer enquanto o habito, estará linda e aclarada pela experiência educadora, louçã e sorridente, entoando hosanas a Deus por esta bendita expiação, que me está redimindo por meio de angústias inconcebíveis a outrem!

Excelência! Já ouviu falar da 'reencarnação'? Pois é sublime lei da Criação, que opera a reeducação das almas culpadas! Hoje, sob o acúleo da dor, depois de benemérita iniciação sobre as páginas daqueles códigos brilhantes, já citados, e das meditações e dos raciocínios a que a mesma iniciação arrasta, despertou em meus refolhos psíquicos uma poderosa faculdade: o sentido íntimo! E esse sentido afirma — prova-me! —, que vivi resplendente de poderio sobre o trono da Rússia, em passada etapa reencarnatória! Fui Yvan, o Terrível, aquele Imperador sem entranhas da nossa pobre e heroica pátria, que semeou desgraças e sangue, desesperações e morte, do alto daquele trono que aviltou com as crueldades que, sem cessar, praticou contra seus súditos!

Aterrorizados, os criados de Dimitri persignaram-se a tremer, ao passo que este, muito pálido, a voz alterada pela emoção, retorquiu chocado, e Karl escrevia sobre uma mesinha baixa, não parecendo ouvir o discurso de seu pai adotivo:

— Mas... Nosso antigo imperador Yvan, o Terrível, estará detido até hoje nas profundidades dos infernos... se é verdade que possuímos alma imortal... e segundo informam os servos de Deus, isto é, nossos santos monges de Kiev.

O orador sorriu como da primeira vez:

— E os nossos santos monges de Kiev afirmam a mais convincente verdade que jamais saiu de suas bocas! Porventura não é *inferno* viver uma alma, que conheceu as glórias do poder, os caprichos do amor, o triunfo das paixões, os regalos da fortuna, a fascinação das turbas prostradas aos seus pés, os gozos vis da soberania cruel, não é inferno sentir-se essa alma, depois, na dobagem dos séculos, retida numa cadeira de rodas, prisioneira de si mesma, votada ao mais contundente abandono pelos próprios a quem amou, envolta em misérias sem-fim, sentindo, minuto a minuto, a lepra corroer-lhe as carnes, devorar-lhe os olhos para torná-los cegos, destruir-lhe as mãos, que outrora foram homicidas, para aprofundar as suas mesmas amarguras; soltar-lhe os dentes, para detalhar o martírio e a fealdade; deformar-lhe o rosto, para torná-lo monstruoso como o próprio caráter, com que outrora delinquiu, reduzindo-o a este montão de escombros deteriorados, repelentes até para si própria? Já imaginou, Excelência, porventura, o infernal suplício daquele que não possui mãos para os próprios serviços? Pois eu não as possuo mais! Sabe, Excelência, como poderei ingerir os alimentos se, por qualquer motivo, Karl, o meu anjo bom, não está presente para mos levar à boca, também já aviltada, porque sem o paladar? Pois faço como o faz o animal, como fazem os cães do vosso canil e os cevados das vossas pocilgas: Karl deixa-os aqui, os alimentos, sobre esta mesa, ao pé de mim. Se advém o apetite incontrolável, tateio ao acaso, com os tocos destas mãos; deponho o rosto envilecido sobre o prato e vou retirando, com a boca, os bocados dos mesmos alimentos.

Dimitri tapou os olhos com as mãos finas e bem tratadas, que se crisparam, revelando emoção insólita, e a custo sofreou as lágrimas que ameaçavam jorrar, para que o leproso não percebesse que chorava. Os criados, com olhos arregalados pelo assombro, retiraram-se da sala, postando-se no alpendre da entrada. Karl continuava escrevendo, indiferente ao que se passava. E Kozlovsky prosseguiu:

— Não será, porventura, sentir-se retido nas entranhas dos infernos o coração que, como o meu, amou loucamente uma mulher, da qual fez sua esposa, por quem daria o sangue das próprias veias e a vida, mas que, ao adoecer, viu-a fugir de si, apavorada da sua enfermidade e da sua presença, e a qual, obrigada a voltar ao lar pelas autoridades judiciárias, para tratar do esposo desgraçado, que sou eu, tendo em vista que, como ele, estaria contaminada pelo mesmo mal, preferiu matar-se para se livrar dele, a viver e ter de suportá-lo? Porventura eu, que fui Yvan IV, o Terrível, não estarei ainda hoje nos infernos, quando, irremediavelmente cego, impossibilitado de enxergar até mesmo os alimentos de que me nutro, a ver se não haverá ali deteriorações, nem mesmo a piedade consoladora de um raio de sol na primavera, posso, no entanto, ver, durante horas e dias consecutivos (oh! a única coisa, Excelência, que é dado aos meus olhos enxergar!), a alma conflagrada da mulher amada, enlouquecida nas ânsias advindas do suicídio, a vagar, por entre gritos e blasfêmias pungentes, por esta mesma casa onde habitou e foi feliz ao meu lado, e a me suplicar perdão, a me rogar socorro para suas desgraças, porventura maiores do que as minhas, porque não encontra nem asilo, nem refúgio, nem consolo, nem alívio em parte alguma, como suicida que foi, ao passo que eu possuo a coragem da fé que deposito no amor do Criador e no destino da minha alma?

— E que fazes então, desgraçado?! Oh! que fazes, quando semelhante tortura, que os infernos esqueceram-se de inventar, te enlouquece a mente? — bradou Dimitri, banhado em lágrimas.

— Que faço?... Que faço?... Volto-me para Deus, *barine*! Oro! Suplico a clemência dos Céus para ela, cem vezes mais desgraçada do que eu, porque eu, eu, Excelência, possuo o tesouro de uma certeza inabalável na misericórdia do Altíssimo, certeza que me consola e revigora para levar, até o final, a humilhação da minha vergonha de alma culpada que se arrepende... ao passo que ela, ela, nem mesmo acredita em si própria, na existência da própria alma em atribulações, pois supõe-se viva, a debater-se em insondáveis pesadelos agravados pela minha presença!...

Sim, Yvan, o Terrível! Sofredor, degradado pelos próprios crimes pretéritos, cujas repercussões expiatórias o perseguem há três longos séculos! Reduzido ao mais trágico e mais sórdido nível social existente sobre a Terra! Mas arrependido! Certo do seu passado reencarnatório! Absolutamente certo e confiante na justiça do presente! Esperançado na reabilitação, por meio da dor e do trabalho, para situação condigna, no futuro! E resignado aos complexos da atual situação, ao compreender que, sendo alma imortal, destinada a ininterrupta quão gloriosa ascensão para o melhor, à procura da perfeição, será necessário que sofra, que chore, que se submeta e humilhe, para aprender que a lei promulgada para as diretrizes das almas filhas de Deus é — *Amor a Deus e ao próximo* —, caminho de luz que, um dia, o alçará à dignidade da união com Ele, o Absoluto!...

* * *

Ao se retirar, já no portão, onde um grupo de curiosos estacionava admirado de que alguém, e especialmente um *barine*, visitasse aquela casa considerada sinistra, Dimitri sentiu que o anão introduzia, sutilmente, um papel dobrado no bolso da sua peliça. Por sua vez, perturbado com o que acabara de se passar e sem poder conter as lágrimas, que teimavam em lhe anuviarem os olhos, o antigo oficial de *hussards*, já acomodado no trenó, retirou da carteira 2000 rublos, deu-os ao interlocutor e exclamou discretamente:

— Não deixes faltar a Kozlovsky, e a ti, nada do que precisardes. Providenciarei roupas e agasalhos para vós ambos. Mandarei reparar vossa residência. Procura-me na mansão do Parque Azul, se algo necessitardes. Procura-me sem receio... Eu voltarei...

Depois, já a caminho, examinou o papel. Era a relação dos livros, dos jornais e revistas de assuntos psíquicos, impressos no estrangeiro, que ele, Karl, conhecia, e nomes e endereços de personalidades da Ciência, que cogitavam das experiências espíritas, experiências que permitiam o intercâmbio com o mundo invisível. Dolgorukov tornou a dobrá-lo, guardando-o cuidadosamente na carteira.

IX

Naquela tarde, ao chegar a casa, Dimitri chorou copiosamente, e também na noite que se lhe seguiu, em crises de pranto que muito impressionaram a doce Melânia. Em vão instava ela para que jantasse e, com as mãos brancas e delicadas, apresentava-lhe o frango ornado de maçãs, o caviar do Volga, de que ele tanto gostava, os pasteizinhos de nata e a torta de nozes com mel. Dimitri negava-se a atendê-la (mas, agora, delicadamente), e, ou fitava o vácuo, enternecido, por atender qualquer recordação impressionante, ou contemplava as chamas da lareira, pensativo, ou ainda continuava o pranto sem constrangimentos, ocultando o rosto no lenço branco que Melânia, já por três vezes, havia trocado por outro.

Pensava nos graves acontecimentos que desde a véspera o agitavam. Pensava em Peters, que, com uma singela frase de censura, desvendara um mundo novo para ele: "O meu irmão mais velho também é paralítico, ainda em piores condições do que o *barine*... e, no entanto, é resignado e paciente, não responde mal a ninguém..." Pensava em Yvan, o irmão de Peters, estirado num leito pobre, sem sequer poder movimentar as mãos, aos 20 anos, atencioso e meigo, afetuoso e feliz na sua desventura. Lembrava Tito Jerkov, o mendigo paralítico e cego, a quem somente a caridade de alguns poucos corações servia na sua miséria, mas risonho e certo do amparo paternal do Céu, que até ele descia por mãos prestativas daqueles que lhe iam lavar o corpo e trocar os trapos servidos; que lhe levavam o alimento, varriam a casa e acendiam o fogo para que não morresse de frio quando a temperatura descia além dos vinte graus... Também esse se confessava feliz e entendia de nada mais necessitar...

Recordava, depois, o desgraçado Elias Peterof, inteiramente paralítico, cego, surdo e mudo, pobre criatura passiva, sem vontades nem defesa, que nem poderia emitir uma queixa, se um inseto o picasse ou se a fome ou o frio o torturassem. Elias, servido por aquela mãe odiosa, que o insultava por sua mesma desgraça, sem qualquer sentimento de compaixão...

E finalmente Kozlovsky, o leproso filósofo, em quem pensava ainda mais intensamente que nos outros; Kozlovsky, a super-humana desgraça iluminada pelo clarão da revelação celeste, que dele fazia o paciente mártir de si mesmo! E também Karl, o anjo bom de Kozlovsky, alma angelical oculta num corpo disforme, qual essência preciosa em frasco sórdido, cireneu incomparável, ainda maior que o de Jerusalém, daquele calvário inédito que ele, Dimitri Dolgorukov, nem mesmo em pesadelos conceberia!

E também lembrava Yvan IV, o Terrível! As esposas que ele estrangulara com as próprias mãos, os súditos chicoteados, por sua ordem, até que caíssem esvaídos pelo sangue que escorria das múltiplas feridas abertas em seus corpos pelos azorragues do carrasco... e os assassínios que cometera por cem formas diferentes, e o fausto de que se rodeara, sombrio e cruel no seu imenso palácio de Moscou, de onde irradiava tirania para a "Santa Rússia" inteira!

Ó Kozlovsky! Kozlovsky!... Nova forma terrestre expiatória, como ele próprio o afirmara, de Yvan IV, chamado o "Terrível" por seus súditos e a posteridade, de cujos feitos tenebrosos tantas vezes o professor de História russa o havia interrogado, durante as lições cotidianas, na infância. Yvan, Kozlovsky... Seria mesmo?... Por que duvidaria ele?... Pois não seria essa revelação súbita, original, formidanda, a explicação racional de tantas e tão grandes desgraças observadas sobre a Terra? O ineditismo da revelação, a estupefação da lógica, a vertigem do raciocínio e a profundidade da análise segredavam à sua consciência que sim! Era verdade! Era tudo verdade!

E ele, Dimitri Stepanovitch, conde Dolgorukov, também doente, mas rico e poderoso, servido por um anjo lindo e paciente, como aquela donzela que ali estava solícita junto dele, tentando reanimá-lo, era o único inconformado com a própria situação, vivendo a blasfemar contra a Providência! Ele, Dimitri, cercado de fausto e riquezas, rodeado de servos e frontes submissas — enquanto aqueles a quem visitara se rodeavam de desconforto e miséria —, era o único irresignado, que esquecera Deus e não reconhecia em torno de si próprio as bênçãos consoladoras que o

Céu lhe enviava diariamente, como recompensa feliz às desditas de enfermo irremediável! E pensava até na esposa de Kozlovsky, cuja alma em desatinos tenebrosos padecia jungida à companhia do esposo monstruoso, sem se poder afastar daquela casa, onde a seu lado vivera e de quem se desejara libertar por meio das escapadas enganosas do suicídio!

E por tudo isso chorava! Chorava de compaixão por aqueles a quem visitara. Chorava de arrependimento por jamais haver cogitado da possibilidade de existirem desgraçados em piores condições que a dele. Chorava de remorsos pelas blasfêmias que proferira desde que se reconhecera enfermo, pelo desamor com que considerara até ali todos que o serviam e tudo quanto possuía e participava da sua existência.

E somente adormeceu pela madrugada, ainda ao pé da lareira, reclinado no seio amigo de Melânia, que o embalava ternamente como o teria feito sua própria mãe... enquanto nas galhadas dos pinheiros e dos álamos as primeiras neves do inverno se avolumavam, branquejando o parque...

X

Na manhã seguinte, sem haver repousado suficientemente, despertara na sua cadeira de rodas, muito surpreendido por se ver reclinado sobre o seio de Melânia, que desde a véspera se sentara junto dele, procurando confortá-lo ao vê-lo a chorar tantas vezes. Sorriu-lhe ao despertar, fitando-a com ternura, mas nada disse. Chegara Nikolai para o tratamento matinal, e interrogara respeitosamente:

— Deseja repousar no leito agora, Excelência?

— Sim, desejo repousar no leito agora... Mas almoçarei primeiro, aqui mesmo.

Como sempre, Melânia serviu-o, discreta e atenciosa. Nessa manhã, percebeu, pela primeira vez, o brilho dos seus cabelos e o suave perfume de rosas que deles se desprendia. Reparou na brancura das suas mãos, quando ela servia o chá, e as mãos de sua mãe lhe vieram à lembrança, para, depois, detalhar a graça pura dos seus dedos de menina. E, fitando-a de revés, para não se tornar indiscreto, observou a fronte de madona que ela possuía e a suavidade do olhar angelical com que, de vez em quando, olhava para ele. Imperceptível suspiro exalou-se do seu peito e um raio de secreta alegria, tal a luz do sol por entre as sombras de um nevoeiro, iluminou seu coração.

Após o almoço, disse a Nikolai, que insistia para que ele repousasse no leito:

— Manda chamar Fédor Fedorovitch, nosso intendente.

Este apareceu uma hora depois, desculpando-se pela demora, pois não estava em casa ao chegar até lá o recado, e receoso de que a entrevista se prendesse ao triste caso do feno, do centeio e da alfafa exportados para a Suécia. Preparava-se, portanto, para mais um episódio crítico na sua história de intendente da mansão do Parque Azul. No entanto, Mítia não parecia sequer lembrar-se do feno, do centeio, da alfafa e da Suécia, pois não os mencionou durante a demorada palestra com o seu *mujik*. Mandou-o sentar-se à sua frente, ofereceu-lhe um copo de chá bem quente, do seu samovar de prata, e disse:

— Ontem visitei Elias Peterof e o leproso Kozlovsky.

— Eu soube, Excelência. Em 10 verstas ao derredor daqui não se fala em outra coisa... e também das visitas a Tito Jerkov e a meu filho Yvan, anteontem.

— Resolvi ajudar a todos eles quanto seja possível, pois que são doentes... e chamei-te para nos entendermos.

Ressurreição e vida

— Sou todo ouvidos, *barine*.

— Providencia, Fédor Fedorovitch, para que a casa do leproso Kozlovsky seja reparada... ou melhor, não! Aquela casa fornece ao desgraçado recordações muito dolorosas. Desejo que se erga outra casa para ele, em nossas terras, mais perto daqui, para me facilitar as visitas que lhe farei, com jardins e o conforto necessário. Mas tudo isso com a máxima urgência. Enquanto não se constrói a casa, será necessário reparar a lareira e tirar as goteiras daquela onde mora... e também que ele e o seu enfermeiro não sofram quaisquer privações. Trata de tudo hoje mesmo, Fédor Fedorovitch.

— Tratarei de tudo hoje mesmo, Excelência.

— Providencia dois servos de nossas terras para viverem na isbá de Elias Peterof, e manda renová-la. Que os tais servos cultivem as terras que lhe darei. Que tratem do Elias como enfermeiros, como se fora num hospital. Serão gratificados. E que um médico de Kiev o assista, para o tratamento necessário.

— Providenciarei, Excelência.

— A isbá de Tito Jerkov deverá igualmente ser reparada. Um de nossos servos, que tenha pequena família, habitará com ele, a fim de assisti-lo, e também receberá recompensas. Há 1 ou 2 *deciatines* ali, de sua antiga propriedade. Juntarei mais umas duas ou três para ele. E que sejam cultivadas pela família que for para lá, e o produto seja concedido ao cultivador... porque Tito, de hoje em diante, será mantido a expensas desta mansão. E que o médico que visitar Elias o visite também.

— Será obedecido, *barine*.

— Quanto ao teu filho, o Yvan (o coração do intendente precipitou-se e seus olhos perscrutadores cravaram-se no rosto de Dimitri, que falava emocionado e com os olhos baixos, fitando as tábuas do soalho), irá para a Alemanha ou a França, a fim de se submeter a um tratamento eficiente. Ele ainda é jovem e poderá recuperar-se, quem sabe? Providencia isso também, Fédor. Eu custearei tudo. Se quiseres, poderás acompanhá-lo... desde que nomeies substituto para a nossa intendência.

O intendente levantou-se meio atordoado. Estava pálido e trêmulo. Não compreendia o que se passava com o amo. Procurou agradecer com efusão e veemência, mas não o conseguiu. Procurou beijar-lhe a mão, mas Dimitri furtou-se ao ato. E como o servo não encontrava frases com que expressar a estupefação de que se sentia invadido, o conde fê-lo sentar-se novamente e, chamando Nikolai, continuou:

— O inverno apenas principia. Há tempo para muita coisa, antes que desça definitivamente. E antes que se acumule a neve pelas estradas, arrumarás nossas malas e a caleça grande, para longa viagem. Iremos a São Petersburgo.

E, voltando-se para Melânia, que se conservava a um canto da sala, ocupando-se com seus bordados, acrescentou, para surpreendê-la:

— Irás comigo, mãezinha. Já não me será possível passar sem a tua companhia...

* * *

Por esse tempo, em vários países da Europa e, principalmente, na Inglaterra e nos Estados Unidos da América do Norte, vigoroso movimento de investigações a respeito das almas dos mortos, a possibilidade de concretizá-las em personalidades visíveis e palpáveis, examiná-las, perscrutando sua natureza e com elas trocando conversações variadas, alastrava-se em quase todos os meios sociais. Ilustres sábios, cientistas, filósofos, poetas e escritores dedicavam as melhores forças do coração e todas as potências do cérebro às investigações sobre a Ciência transcendente que tais triunfos permitiria, pondo-se a campo a fim de examinarem o assunto. Era verdade que muitos, senão a maioria, entregando-se às investigações com má vontade, já de antemão afirmando tratar-se de utopia indigna das Academias, "utopia" que só se permitiam estudar no intuito de derruir teorias, que julgavam falsas, e desmascarar embustes, não estavam à altura do grande certame, por faltar-lhes sinceridade e isenção de ânimo propícios ao caso, e examinavam os fenômenos transcendentes com a displicência com que assistiriam "a uma corrida de cavalos ou à mascarada da Ópera". Mas outros eram efetivamente estudiosos, sinceros pesquisadores, afeitos aos severos princípios do exame e da análise, destituídos dos terríveis preconceitos científicos, que costumam repelir a verdade quando não a encontram nos limites dos seus institutos. Personagens como William Crookes, o sábio chamado o "rei da Física", na ilustrada Inglaterra; como o emérito professor de Química da Universidade de Pensilvânia, inventor e cientista, Robert Hare; como o insigne Dr. Robert Dale Owen, que fora embaixador na Corte de Nápoles durante largo período, e reformador social; e mais o célebre juiz Edmonds, presidente do Senado americano, todos dos Estados Unidos da América do Norte; como Eugênio Nus, ilustre escritor, e Camille Flammarion, não menos ilustre astrônomo, da França; gênios da literatura como Victor Hugo, e Victorien Sardou, renomado dramaturgo, também da França, e tantos outros pensadores, conhecidos no mundo inteiro pelo seu grande valor moral e intelectual, tantos que não poderíamos nomeá-los a todos, além de Allan Kardec e seus discípulos, já haviam atirado ao mundo o resultado das suas investigações, depois de perseverantes pesquisas e labores exaustivos, afirmando que não somente a alma era imortal, fato que o próprio homem sente em si mesmo, a sós com o raciocínio, a meditação e a consciência, sem necessidade do concurso da Ciência e da Religião para se convencer, que não somente a alma era imortal como até poderia tornar-se visível e palpável, indo ao assombro de se permitir fotografar pela objetiva comum, sem processos especiais, como qualquer pessoa; falar, escrever e conversar com os homens, conceder-lhes conselhos consoladores ou prudentes, orientá-los no cumprimento do dever ou oferecer-lhes belas páginas literárias em prosa ou verso, por processos singelos, ao alcance de qualquer que se dispusesse a enfrentar os fenômenos com seriedade e circunspecção. Na Inglaterra, ainda, copioso noticiário a respeito existia já em livros, arquivos e edições particulares, como de sociedades e clubes de investigações. Na França, Allan Kardec, que recentemente falecera (1869), deixara a célebre coleção de obras que deveria imortalizá-lo como genial codificador dos ensinamentos, ou revelações espirituais, a que ele próprio denominara "Espiritismo", obras que tantos conhecimentos, tantas consolações e esperanças deverão ainda espalhar pelos quatro cantos do mundo, revelando um código inteiramente decalcado nos mais adiantados princípios de moral, e tão alicerçado nos fatos positivos da Ciência que nenhum acadêmico e nenhum filósofo conseguirão refutá-lo à luz da razão, da lógica ou da própria Ciência.

Até a Rússia já havia chegado, bem antes do ano de 1875, o eco retumbante dessa grandiosa Revelação Espírita, por meio da personalidade veneranda de um sábio — Alexander Aksakof —, cujo coração liberal e alma bondosa se esforçavam por vencer o supersticioso preconceito da religião ortodoxa dos seus compatriotas, como a aspereza dos intelectuais e cientistas, a fim de popularizar a grande verdade que se apresentava ao mundo, como indiciando o preparo de uma nova época de conhecimentos para a Humanidade. E, na Alemanha, outro ilustre sábio, o grande físico Frederico Zöllner, partindo em apoio dos esforços de Aksakof, arrastara para o movimento singular outros nomes ilustres da Ciência, e também pensadores portadores de nobres qualidades de coração, formando, todos, vigorosa corrente de verdadeiros iniciados do Psiquismo moderno, resistindo, resolutos, aos ataques e controvérsias de sábios ateus e materialistas, cujo orgulho não permitiria que se derruíssem as opiniões, muito pessoais, que haviam adotado na jactância de se considerarem, a si mesmos, como também o próximo, meros animais, cujo destino, iniciado no berço, se confundiria na lama do túmulo.

À França, porém, pois que, apesar da volubilidade que a caracteriza, ela parece ser o berço, ainda hoje, de todas as ideias grandiosas que a Terra há merecido da Criação suprema, à França fora incumbida a missão de oferecer ao homem uma luz ainda mais intensa do que aqueles fatos, já por si mesmos extraordinários, apresentados pela Ciência Psíquica fora dela, ou seja, na Inglaterra, nos Estados Unidos da América, e em outros lugares. Às experiências transcendentes que ali se faziam, na França, sob o critério de Allan Kardec, acorreram almas celestes, habitantes do Infinito, e estas, em vez de somente revelarem as próprias formas e identidades, propalando a imortalidade, passaram a revelar também Doutrina cheia de excelsitude, que instruiria os homens sobre todos os aspectos da vida, respondendo, por isso mesmo, a aflitivas indagações milenares, instruindo-os, de outro modo, quanto ao mistério da morte, às incertezas que contornam os destinos da alma humana. Ademais, as mesmas entidades, ditas desencarnadas, que se apresentavam por toda a parte, fora da França, eram unânimes em revelar os mesmos excelentes princípios de moral e sabedoria recolhidos por Allan Kardec, em sua pátria, diretamente com seus médiuns, o que emprestava uma força de lógica inatacável às exposições por aquele ilustre pesquisador catalogadas para a nova Doutrina. Por sua vez, esta adotaria a moral cristã dos primeiros tempos, fá-la-ia ressurgir dos prejuízos seculares que a asfixiaram e a reexplicaria como a mais elevada que a Humanidade poderia assimilar para o equilíbrio social.

Na Rússia, Alexander Aksakof, depois de consecutivas visitas a seus colegas da França e da Inglaterra, e da convivência com ilustres pensadores espíritas, aceitando, logo de início, a Doutrina exposta por Allan Kardec, também pelo seu aspecto moral e filosófico, dera-se ao trabalho de igualmente investigar os fenômenos espíritas sob o rigoroso critério da Ciência, muito judiciosamente reconhecendo que a revelação admirável que surgia, a própria Doutrina codificada na França, não subsistiria, impondo-se ao mundo através do tempo, se demonstrada não fosse — e rigorosamente demonstrada pela Ciência.

Investigava ele, pois, incansavelmente, desde vinte anos antes dos acontecimentos que narramos, servindo-se de médiuns que mais tarde se tornariam célebres em todo o mundo intelectual, ao mesmo tempo que noticiava suas ideias e experiências por meio de revistas e jornais com circulação por toda a Europa, e, mais tarde, de tudo dando conta em volumes ricos de conceitos e atestados científicos sobre o magnificente assunto.

XI

Ouvindo falar de Alexander Aksakof pelo leproso Kozlovsky, Dimitri Stepanovitch Dolgorukov desejou conhecê-lo e três dias depois da visita àquele estranho adepto da Doutrina codificada por Allan Kardec, quando já a neve iniciava seu percurso anual, meteu-se numa grande e vigorosa caleça, apropriada para viagens longas, e arriscou-se à aventura de enfrentar as tempestades possíveis, levando consigo Melânia, o criado Nikolai, o mordomo Simone e o pequeno Peters, primo de Melânia, a quem começava a afeiçoar-se. Partiu para São Petersburgo. Karl favorecera o endereço do ilustre pensador espírita e Dimitri não vacilou, partiu à sua procura.

No entanto, se as tempestades de neve ainda não eram muito de temer, o frio prosseguia com as chuvas, fazendo-os, por vezes, se deterem em alguma cidade ou algum posto de mudas para se aquecerem, pois o conde não se poderia expor demasiadamente às intempéries, sem novos prejuízos para o seu mal. Melânia advertira-o várias vezes da inconveniência daquela viagem, pois na Rússia o inverno é longo, e, uma vez iniciado, tudo se poderá temer. Dolgorukov, porém, era caprichoso e insofrido, tinha pressa de partir e não esperou a primavera. Aliás, ele de nada se queixava e até parecia muito bem-disposto durante a viagem.

— Sim, deveríamos esperar pela primavera, Excelência, a fim de empreendermos tão longa viagem! Temo por sua saúde... — não cessava de advertir a cuidadosa Melânia.

Ressurreição e vida

— Não me trate por Excelência, já não to pedi? Chama-me Dimitri, apenas, por favor, ou Mítia, como minha mãe, ou mesmo, paizinho. Não te chamo eu, agora, mãezinha?

— Sim, paizinho, atenderei. Mas Dimitri, somente, ou Mítia, simplesmente, afigura-se-me ousadia a que me não atreverei — replicava a jovem, sorridente, encantada com as boas disposições do doente a seu respeito.

Ele voltava-se, e, dando com o lindo sorriso que antes conhecera grave, sorria também com bonomia, e as sobrancelhas se descerravam, permitindo à fisionomia aspecto jovial.

A transformação de Dimitri dentro desses poucos dias apresentava-se tão singular que, enquanto a caleça rodava sob os gritos do postilhão, que não cessava de animar os cavalos na estrada que se ia cobrindo de neve, ela se punha a contemplar distraidamente a paisagem gelada que se sucedia, através dos vidros da janelinha, e pensava:

Não compreendo nada disso. Que se teria passado com ele durante a peregrinação à casa dos doentes? Dir-se-ia uma ressurreição que se opera nele. Percebo-o mais sereno e afável. Chegou a insistir para que Peters viesse conosco. E chorou tanto, ao regressar da casa do leproso, que meu coração se condoeu. Ainda não tive ocasião de interrogar Peters e Nikolai. Mas o certo é que hei de interrogá-los, talvez na próxima parada para a muda. Interrogarei, sim...

— Já sei, mãezinha, estás arrependida de teres vindo fazer-me companhia. Talvez estejas fatigada e não desejes conversar. Fui egoísta, bem sei. Mas como ficar tanto tempo sem os teus cuidados? Se já me habituei a eles? — exclamou ele, de chofre, voltando-se e tomando da mão de Melânia, sentada a seu lado, e assustando Peters, que, encolhido no banco traseiro, bem coberto com duas mantas de lã, ia adormecendo tranquilamente, aos solavancos do veículo.

— Pois não estou fatigada, não! — respondeu satisfeita com a carícia dele. — Estou é pensando...

— Mas pensando em quê, meu anjo, minha linda? — sussurrou, para que Peters não ouvisse.

Ela olhou-o surpreendida, porém, ainda mais satisfeita:

— Nesta viagem tão longa, em pleno inverno... Que vamos fazer a São Petersburgo?

— O inverno apenas começa, minha querida. Vamos visitar um sábio que reside lá — respondeu ele; e sorriu outra vez, dando aspecto luminoso ao semblante, mostrando uma fieira de dentes alvos e fortes e separando novamente as sobrancelhas.

— Um sábio... Que sábio?... — indagou ela.

— Não o conheces... Chama-se Alexander Aksakof... É russo também — respondeu, e desviou o olhar, permitindo-se um ar importante como quem continuasse dizendo só consigo: "Esta história entre sábios e aristocratas é assunto só para homens cultos, como eu, que vivo lendo e estudando. As mulheres não entendem nada disso, porque passam a vida a se enfeitarem ou, então, preocupadas com o governo da sua isbá".

Todavia, certamente, estava enganado a respeito de Melânia Petroveevna, porque ela, recompondo muito naturalmente uma madeixa dos cabelos brilhantes, que escapava do lenço que atara à cabeça, respondeu com simplicidade, surpreendendo-o:

— Ah! O Sr. Aksakof?!... Conheço-o, sim... É o sábio psiquista fundador-proprietário do periódico *Psichische Studien*, que se publica em Leipzig, porque na Rússia não houve possibilidade para tal empreendimento, devido aos preconceitos religiosos, científicos e sociais. No momento, ele faz experiências importantes com um médium por nome Slade. Torna visíveis e palpáveis as almas dos mortos.

— Pois tu o conheces e estás a par de tudo isso? — interrogou, algo desapontado.

— Pessoalmente não o conheço. Mas conheço esse periódico, do qual tenho assinatura... e também as obras psíquicas traduzidas por aquele sábio para o nosso idioma. Li o anúncio no *Psichische Studien* e na *Revue Spirite*, de Paris, fundada pelo Sr. Allan Kardec, o chefe desse movimento. Eu vivia tão triste. Essa leitura distraiu-me, reconfortou-me. Forneceu-me esperanças.

Dimitri era excessivamente orgulhoso e nem a doença, nem o choque derivado daqueles dias de supremas emoções, quando visitara os doentes, haviam ainda conseguido combater esse mal em seu caráter. Calou-se, então, chocado, compreendendo a interlocutora mais entendida em assuntos transcendentes e tão dignificantes, que preocupavam os meios intelectuais da Europa, quando a verdade era que ele próprio outro remédio não teria senão reconhecer que os ignorava completamente.

Todavia, e apesar do inverno, a viagem prosseguia sem incidentes por entre horas prazerosas e reconfortadoras entre ambos e Peters, e longas paradas pelas estalagens das mudas, à espera de que aplacassem as nevadas que advinham e que os caminhos fossem desimpedidos dos montes de neve que dificultavam a passagem. Nessas paradas, como seria difícil a Dolgorukov locomover-se, e o tempo não permitia escapadas pelas aldeias e herdades próximas, sempre agradáveis de conhecer por quem viaja, punham-se os dois diante da lareira, bem acomodados em poltronas, e cobertos com as mantas que traziam. Pediam ao estalajadeiro que lhes fornecesse uma mesinha, e, como haviam trazido na bagagem um samovar de metal, Melânia ali mesmo fazia o chá para eles, Peters e os dois criados, e, a seguir, liam um para o outro, ou jogavam as cartas ou o xadrez, para se distraírem. Mas, de súbito, deixavam tudo, até o chá, para se porem a rir. Riam de tudo e por nada. Riam da viagem que faziam, da neve que caía, impedindo-os de prosseguir, da touca amarrotada da mulher do estalajadeiro, das ventas inchadas e muito abertas do mesmo estalajadeiro, e da vassoura com que varria o vestíbulo; do ressonar de Peters, que dormia enquanto eles riam, ou das madeixas ralas dos cabelos de Nikolai, cuidadosamente dispostas para disfarçar a calvície. Riam também sem nenhum motivo, olhando um para o outro. Estavam encantados consigo mesmos. E, por isso, riam. Sabiam que se namoravam e se correspondiam, e que um grande amor surgira repentinamente entre eles, transfigurando suas almas e seus destinos. E, porque sabiam disso, estavam alegres, e riam. Nenhum dos dois era jovem. Ele já contava os seus 40 outonos. Ela as suas 32 primaveras. Mas se sentiam — ele, como se contasse os 18; ela, os 15 anos. E isso os fazia rir. Achavam graça de si mesmos, do sentimento, muito doce, muito romântico, que finalmente os assaltara, quando a juventude já passara. E os olhos risonhos do oficial de *hussards* da Guarda, com as sobrancelhas completamente desanuviadas, pareciam dizer, fitando Melânia:

Meu anjo, minha flor, minha mãezinha, amo-te tanto! Descobri isso agora, e estou encantado com a minha vida! É como se te amasse desde muitos anos! Onde andava eu, que não havia reparado em ti antes? Vivias a meu lado, servias-me como a mais afetuosa das esposas, e eu não te dava atenção! Como me arrependo! Queres perdoar-me? Há tanto tempo que eu já poderia ser feliz contigo!... mas deixava passar esse encantamento que agora estou sentindo. Foi preciso que um leproso — um leproso! — falasse a mim da mulher que ele próprio amou, a qual se matou para não ser obrigada a servi-lo, para eu voltar a mim e sentir — sim, sentir! — que era tratado por um anjo como tu, paciente e dócil sob minhas impertinências! Mas, agora... Eis-me aqui! Sou teu! Nem Excelência nem *barine*, mas escravo! Sou o teu *mujik*! Amo-te, amo-te, amo-te, mãezinha, e quero casar-me contigo...

Ela compreendia e ria-se, e fitava-o, e nos seus olhos e em seus risos ele percebia a resposta:

Ainda temos muito tempo para sermos felizes, paizinho! Nunca é tarde para sentirmos a felicidade que o puro amor concede... porque o amor, no outono da vida, é mais doce, mais paciente e mais casto. Amo-te desde a minha juventude... tu o sabias, querido bem do meu coração! Servir-te-ei com o coração nas mãos, porque te quero acima de tudo neste mundo! Que me importa sejas paralítico? Porventura o amor observa tais conveniências? Amo-te por tua alma, por tua doença, porque também me compadeço da tua desventura. O apóstolo Paulo não disse que o amor era compassivo? Pois isso é verdade. Se eu não te amar, quem te amará assim? E tu precisas de amor, meu querido, para encontrares os caminhos que levam a Deus. E aceito casar-me contigo...

E assim passavam eles o dia, e o serão. E quando, já retirados para os aposentos que ocupavam — ela e Peters em um quarto, Dimitri e Nikolai em outro —, ao se recordarem de que se amavam e haviam rido tanto sem motivos, punham-se a rir sozinhos, de si mesmos.

Finalmente, chegaram a São Petersburgo e, uma vez instalados numa casa que ele ali possuía desde os tempos do serviço do Imperador, Dimitri pediu a Melânia que visitasse primeiro o Sr. Alexander Aksakof, já que estava muito mais informada a seu respeito do que ele, e solicitasse uma entrevista a seu favor.

XII

Quando, após ser atendida muito atenciosamente pelo grande cientista espiritualista, Melânia solicitara uma entrevista para Dimitri, com hora marcada, explicando as razões de tal exigência — a invalidez do solicitante, que muito penosamente se locomovia —, o senhor Aksakof, em vez de conceder a entrevista, acompanhou a visitante no regresso, visitando ele próprio o enfermo, imediatamente, comovido com o fato de estar um paralítico tão interessado em conhecê-lo, e instruir-se na

Revelação Nova, que afrontara o inverno numa viagem de Kiev a São Petersburgo, a fim de não perder tempo, esperando a primavera.

Muito satisfeito e singularmente reconfortado com as exposições do sábio sobre o Psiquismo, Mítia não perdia uma só das suas palavras, sorvendo as variadas teses postas ao exame da Nova Revelação com a avidez do sedento que, finalmente, encontra o manancial de bens que escasseava em torno dos próprios passos. Com o Sr. Aksakof, outros psiquistas eméritos, da Rússia e do estrangeiro, então em visita ao ilustre mestre, foram atraídos à residência do inválido, e, então, seleta sociedade de pensadores, filósofos espiritualistas, psiquistas e sábios formava-se ali, debatendo teses e princípios empolgantes a respeito da Ciência, da Filosofia e até da Religião, teses e princípios que acendiam na mente e no coração do antigo capitão de *hussards* roteiros novos para radical reforma pessoal. Explicaram-lhe eles os fundamentos e finalidades da nova Doutrina surgida na França em 1857[77] com o nome de Espiritismo, uma vez que a mesma não era obra de um ou mais homens, mas produto de uma revelação feita por plêiades de Espíritos elevados, habitantes do Invisível. Explicaram-lhe detalhadamente a lei das vidas sucessivas, ou reencarnação, à qual Kozlovsky, o iniciador do próprio Dimitri nesse novo mundo transcendente, já se referira. Explicaram-lhe, à luz da Ciência, da Filosofia e da moral, a magnitude do fenômeno mediúnico e suas intrincadas leis, seus problemas, dificuldades e possibilidades, sua importância na vida humana e na vida espiritual, suas consequências sobre o indivíduo e a sociedade, suas derivações e relações com o plano divino da Criação, a necessidade da sua aceitação e verdadeira compreensão pelas massas, a fim de que o expurgo de tantos problemas insolúveis aliviasse a Humanidade, por evitar suas grandes quedas e sequentes sofrimentos através das reencarnações. E, certa vez, Aksakof observou este detalhe, tão singular quanto importante:

— Trata-se de uma Ciência, é inegável, e nem poderia deixar de ser assim. Sem que a base da Nova Revelação se firmasse no rigoroso

---

[77] N.E.: Ano em que foi publicado *O livro dos espíritos*, de Allan Kardec, o primeiro da brilhante série que assinalou o advento do Espiritismo.

Ressurreição e vida

controle da Ciência, seria ela mera teoria que nada provaria e que, portanto, não subsistiria. Provados pela Ciência os fatos que apresenta, as ramificações da Nova Revelação, por isso mesmo, abrangerão todos os setores da mesma Ciência e, portanto, da vida universal, tornando-se assim, como realmente é, não uma Ciência a mais, porém, a Ciência Universal. A profundidade de tal Revelação, conde Dolgorukov, é imprevisível e inconcebível à mentalidade atual. Teremos, portanto, de encarar essa Revelação sob o nosso maior critério, sob a nossa maior seriedade e também com a maior prudência, não esquecidos de que são arcanos supranormais, ou divinos, que ousamos pesquisar. O que nos deverá interessar é apenas a Verdade, seja ela qual for e esteja onde estiver, mesmo que ela destrua o orgulho de opiniões já arraigadas e nos demonstre a ignorância em que nos movimentáramos antes. Por isso, os homens que se decidirem a tais pesquisas, desejando penetrar tão sublimes meandros da Criação, deverão trazer excelente dose de moral e honradez, qualidades que os deverão equilibrar no critério a desenvolver, para o esclarecimento da Humanidade. Ora, compreendendo o problema sob aspecto tão justo quanto importante, Allan Kardec, instruído por vultos espirituais de ordem superior, que revelaram a nova Ciência, firmou uma como escola, que prepara o adepto que desejar haver-se com os transcendentes problemas. Surgiu então uma Doutrina — nova nas suas conclusões, mas incalculavelmente antiga nos seus princípios, porque existente nas próprias Leis da Natureza —, Doutrina que, reeducando o adepto por intermédio do conhecimento que lhe faltava, oferece-lhe também a moral do Cristianismo antigo como escudo regenerador, que lhe conferirá aptidões para aquele critério de que falamos, pois a verdade é que o homem não poderá bem viver sem Deus e sem moral, embora presuma poder fazê-lo... e a moral estabelecida pelo Cristianismo e adotada por Allan Kardec, para a Doutrina que codificou, é a mais elevada existente sobre a Terra. Se, pois, a Revelação Espírita, da qual tenho a honra de ser intérprete neste momento, atrai Vossa Excelência, aconselho-o a que, a par dos estudos científicos indispensáveis, que obrigarão a um verdadeiro desdobramento de consultas, exames e pesquisas, não se descure da observação da moral cristã, porque, assim sendo, terá completada a reforma pessoal a que tais aquisições arrastam o adepto. E acredite que, se assim me dirijo a Vossa Excelência, é por traduzir a própria recomendação das entidades superiores que se têm revelado aos pesquisadores de todas as partes do mundo, pois nenhuma delas até hoje deixou de recomendar, ao conceder suas comunicações, a integridade do caráter que transborda dos ensinamentos cristãos.

Ao terminar, o Sr. Aksakof convidou o paralítico para a sua próxima experiência de materializações de Espíritos, com um médium que desejava observar, tentativa que somente se realizaria dois dias depois.

Satisfeito e comovido ante a simplicidade do ilustre pesquisador espírita, cujas maneiras polidas, bondade do coração e fraterno desinteresse a todos atraíam, Dolgorukov agradeceu a generosa deferência beijando-lhe o ombro à despedida, prometendo não faltar à hora aprazada, dada a honra de ser admitido numa reunião de tão singular importância.

* * *

Na data aprazada, às nove horas da noite, iniciou-se a sessão, em que um médium, ainda pouco experiente na sua carreira psíquica, seria observado em suas possibilidades transcendentes pela vigilante argúcia do ilustre experimentador. Produzida a penumbra, sempre necessária à boa formação dos desconcertantes, belos e impressionantes fenômenos de materializações de almas habitantes do Além, o médium entra em transe, começando a resfolegar penosamente, com mostras de fadiga singular, como no estado de ânsia pré-agônica. Muito atento, portando-se absolutamente respeitoso, o paralítico, que nada poderia prever do que se iria passar, limitava-se à observação, certo de que se encontrava diante de uma das forças ocultas da Natureza, e, portanto, à frente de uma manifestação da majestade do Absoluto. Notava ele que o Sr. Aksakof fazia-se exigente, talvez excessivamente meticuloso, cercando o médium de uma vigilância cerrada, depois de havê-lo feito trocar de roupa, para envergar um sudário fornecido pelos experimentadores; que os pés e as mãos do mesmo médium permaneciam amarrados, e que seu próprio corpo, atado à cadeira em que se sentava, era visto pelos circunstantes preso em uma gaiola proporcional, por meio da abertura de um reposteiro de cor escura, que o isolava da assistência, mas de forma a permitir a todas as pessoas presentes igualmente observarem quaisquer movimentos que porventura o mesmo fizesse. Quanto aos assistentes, procuravam manter conversação alheia às circunstâncias do momento, porque assim o exigira o diretor dos trabalhos, evitando se concentrassem no fato, a fim de que fenômenos originários das mentes pessoais presentes não invalidassem ou alterassem as experiências que se deveriam tentar. Não obstante, as atitudes eram graves, a conversação discreta e em tom vocal comedido, visto que à reunião assistiam somente pessoas assaz educadas.

Melânia não participava da reunião. Permanecia em casa, fazendo companhia ao pequeno Peters. Nikolai e Simone, o mordomo, que haviam transportado Dimitri, esperavam no vestíbulo, apenas tendo subido para acomodarem o amo na poltrona indicada por um assistente do Sr. Aksakof.

Em dado momento, uma figura expressiva desenhou-se no gabinete em que permanecia o médium, que era visto pelos circunstantes amarrado à sua cadeira. Na sala, em que se encontravam Dimitri e os demais assistentes, uma pequena lâmpada a querosene permitia claridade suficiente para que os detalhes ali existentes fossem reconhecidos. A princípio indecisa e vaga, amorfa, parecendo apenas um aglomerado de matérias sutis fosforescentes, que se condensavam quais as nebulosas no trabalho da criação das galáxias, a figura foi-se delineando rapidamente para, logo após, deixar-se ver como a personalidade de uma dama da alta sociedade, tal o garbo com que se apresentava, a atitude a um tempo graciosa e distintíssima com que se particularizava a própria silhueta. No pensamento de Dolgorukov, então, meditações vertiginosas começaram a se suceder. Ele pensava nas descrições daquelas aparições indicadas nos evangelhos, as quais, quando menino, era obrigado a ler e aprender para os exames de Religião: o Anjo Gabriel aparecendo a Zacarias em orações diante do altar, no Templo de Jerusalém, à hora dos ofertórios, para anunciar o nascimento de João, precursor do

Cristo. O mesmo anjo deixando-se ver por Maria, em Nazaré, ao cair do crepúsculo, participando-lhe que seria mãe do Messias esperado. No Jardim das Oliveiras, ainda o mesmo mensageiro, que — percebia-se — era sempre investido de tarefas delicadas pelos desígnios do Céu, reconfortando o Nazareno e encorajando-o para as dramáticas peripécias da paixão e da morte. E depois, o próprio Nazareno mostrando-se, após a consumação do Calvário, aos discípulos reunidos, quando as portas e as janelas da casa em que se ocultavam, todas fechadas, não se haviam aberto para lhe permitirem passagem, exatamente como sucedia ali, naquele momento, quando as fechaduras das portas e os ferrolhos das janelas haviam sido até lacrados e as chaves permaneciam nos bolsos dos meticulosos experimentadores, sem, de forma alguma, permitirem ingresso a intrusos.

No entanto, a figura, ou o Espírito de uma dama, assim concretizado, soerguera a cauda do vestido, num gesto gentil e muito feminino, levantando-a do solo para melhor trocar os passos; ajeitara, com a outra mão, a longa *écharpe* de seda que lhe caía dos ombros, e, volteando em torno do médium, abatido por um transe intenso, parou no meio da porta formada pela abertura da cortina, fitando a assistência com interesse e majestade.

Surpreso, como que acometido de um assombro que tanto participaria da emoção profunda, da alegria inexplicável, como também do terror, Dimitri reconheceu, nos gestos dessa dama de Além-Túmulo, ao apanhar a cauda do vestido e ao ajeitar a *écharpe* nos ombros, os próprios gestos de sua mãe, quando se preparava para descer as escadarias da casa, e esse assombro e essa estupefação atingiram o seu mais intenso grau quando, instantes depois, mais aperfeiçoada a materialização, reconheceu também os traços daquela morta muito amada, cuja ausência acentuara de maiores amarguras a sua existência, já de si tão desolada pela enfermidade.

Sim! Era sua mãe, rediviva por um arrebatador milagre da Ciência! Eram os seus mesmos cabelos grisalhos, artisticamente penteados para o alto! Eram a sua pulseira preferida e o broche de ouro e rubis, dos quais nunca se apartava...

Ressurreição e vida

Desfeito em lágrimas, o paralítico não sabia o que dizer e, presa de uma emoção que tocava o terror, somente podia balbuciar, comovendo os assistentes e encantando o sábio Sr. Aksakof, para quem a materialização assim identificada valia por glorioso troféu:

— Mas... É a minha mãe! Ó, Sr. Aksakof, é a minha mãe!

Fosforescente e imprimindo detalhes na sua configuração materializada, para melhor identificar-se ao filho, a entidade deu alguns passos, deslizando pela sala. Deteve-se alguns segundos à frente de Dimitri, perpassando as mãos por seu rosto banhado de lágrimas. Voltou, em seguida, ao gabinete penumbroso, em que se encontrava o médium, e lançou-lhe esta advertência por intermédio do mesmo instrumento, que continuava caído em transe, advertência em tudo digna de uma revelação que tende a operar revoluções no caráter humano e na própria sociedade terrena:

— Por que choras, querido Mítia, meu filho?... quando contemplo em derredor de ti motivos de júbilo, com o ensejo propício que te é concedido para o engrandecimento do teu caráter e a elevação da tua alma para o amor de Deus? Venho a ti por um passo muito natural na vida do Espírito, para dizer-te que, a partir deste momento, será preferível que te habitues a ver na enfermidade que execras a amiga protetora que te permite ocasião para reeducar a alma ainda inferior e tão necessitada de se adornar de virtudes, porque justamente é descendência da Luz. Se, em vez de inválido numa cadeira de rodas, continuasses a te absorver nas alegrias do mundo ou declinar para os canais do erro, entregando-te a toda sorte de vícios e paixões, que seria da tua alma imortal? Entre as alegrias e os gozos mundanos, tu, homem de sociedade brilhante, quando procurarias pensar no infortúnio alheio, na situação difícil de milhares de enfermos em condições infinitamente mais angustiosas do que a tua? E, portanto, quando te decidirias à observação das leis irremissíveis do amor a Deus e ao próximo, única a proteger, em verdade, o destino das criaturas, antes e depois da morte? Se entre risos, flores e satisfações pessoais fechasses os olhos carnais para despertar na vida imortal do Espírito, sem jamais teres procurado aproximar-te das Verdades eternas por qualquer meio; desprovida a tua individualidade das qualidades recomendáveis para o bem-estar no Além-Túmulo, qual seria aqui a tua posição, ao abandonares a vida terrena? Nem é bom pensar... A realidade grave da situação se abateria sobre ti, para te envergonhar e humilhar em face da consciência, como diante dos teus irmãos do Invisível. Chorarias sobre o tempo perdido, sobre a consequência do bem que deixaste de realizar em benefício de ti mesmo. E te convencerias de que, nos braços das alegrias mundanas, jamais o homem atenderá à necessidade de procurar Deus em si mesmo, iluminando-se no cumprimento dos próprios deveres. E, assim, surpreendido na vida do Espírito, a consciência atormentada, o coração repeso e amargurado, só te restaria retornar à Terra em novo corpo, a fim de melhor te conduzires, a fim de te elevares à altura da honra da alma imortal, originária do Criador... Pois, fica sabendo, ainda, que todos os filhos de Deus emigram para a Terra consecutivamente, em encarnações de aprendizados valiosos, e da mesma forma imigram para o Além, pátria natural de todas as almas.

Fica certo, meu filho, de que me servi do pequeno Peters para lançar, no teu coração, a primeira advertência sobre a impiedade em que vivias, absorvido na revolta do próprio egoísmo, que te levava a supor seres o maior dos desgraçados, quando bem suavizada é a provação da enfermidade que te acometeu! Guiei-te, eu mesma, à peregrinação pela casa dos demais enfermos que visitaste, desejosa de que soubesses que — enquanto, rodeado de fausto e atenções, vivias blasfemando contra Deus —, dentro das tuas terras, ignorados pelo teu orgulho e pela tua indiferença, existiam aqueles que viviam no isolamento da miséria, mas também viviam com o coração humildemente voltado para Deus, considerando-se venturosos ao reconhecerem a Misericórdia do Altíssimo na própria esmola que os corações piedosos lhes concediam.

Medita sobre quanto há sucedido ao redor de ti nestes últimos dias, Dimitri... e observa que o Altíssimo se manifesta clemente para contigo em tudo o que te cerca... até mesmo nesta possibilidade que tiveste de me ver e ouvir. E curva-te, submisso, a essa paralisia que te permite ascensão para

Deus, por meio da expiação de delinquências em vidas pretéritas. E aprende a ser conformado e paciente, porque, mesmo retido numa cadeira de rodas, como no fundo de um leito de dores, o homem poderá realizar obras que testemunhem boa vontade em ser útil aos semelhantes, adornando a própria alma com virtudes que não poderia adquirir por outra forma.

Entretanto, Dimitri continuava banhado em lágrimas, reconhecendo, só agora, o erro em que vivera submerso desde que adoecera, e, sinceramente arrependido, dizia consigo mesmo, sem coragem de se expressar em voz alta, respondendo àquela que transpunha as barreiras do Além para adverti-lo e aconselhá-lo, como mãe prudente que fora:

— Perdoa, querida mãe, e por Deus te peço que me ajudes na reforma que se impõe no meu caráter! Sim! Somente agora, meditando sobre os enfermos que visitei, me caiu dos olhos a venda do orgulho que me cegava. Perdoa-me e ampara-me.

Compreendendo-o, a formosa aparição voltou até ele, pousou levemente a mão sobre sua cabeça, e arrematou:

— Tua consciência ditará o que houver a fazer. Encontras-te na pista redentora da Verdade. Habilita-te, pois, para o critério do seu culto, por meio do estudo, da meditação e da pesquisa, pois outro não será o dever da alma imortal, cujo destino é a plenitude da comunhão com a Verdade absoluta...

XIII

Dimitri Stepanovitch regressou a Kiev quando a primavera entrou. Ele passara o resto do inverno em São Petersburgo. Reviu velhos amigos, fez e recebeu visitas de antigos colegas, cuja satisfação ao reverem-no reconfortou-o. De outro modo, engolfara-se no estudo das variadas obras sobre Psiquismo, existentes na ocasião pelo mundo inteiro, inclusive aquelas já traduzidas para o idioma russo pelo próprio Sr. Aksakof, isto é, as de Allan Kardec, então já falecido, obras cujo valor indiscutível soube reconhecer e as quais adotou como guia para diretrizes novas que — sabia — despontavam em sua vida, vazadas de uma revelação transcendente, que seria o mais seguro esteio a conduzir um homem pela vida afora.

Durante o espaço de tempo vivido em São Petersburgo, convivendo com aquele benemérito amigo e assistindo a reuniões subsequentes, para as quais era convidado, sentia firmar-se em suas convicções a confiança adquirida da primeira vez, confiança que levantava sua alma dos escombros da indiferença para o advento do ideal divino, que lhe faltava. Em sua casa sucediam-se visitas também, de adeptos da Nova Revelação, os quais lhe levavam estímulo para o progresso da ideia, com os raciocínios feitos em comum, a par de encantador convívio fraterno, que tão afetuosamente sabiam estabelecer, graças a uma compreensão elevada sobre o móvel da existência humana. E, então, dir-se-ia que seletos cursos de Psiquismo ali se estabeleciam, quando um e outro dos visitantes, cultos e estudiosos pensadores, discorriam sobre as observações e experiências encetadas a respeito de um assunto tanto mais atraente e recompensador quanto mais dedicado e impessoal se torne o investigador.

Certa vez, em determinada experiência realizada por um assistente de Aksakof, apresentou-se novamente o fantasma de sua mãe, que parecia incumbida, em Além-Túmulo, da renovação moral do filho, como na Terra fora incumbida da sua criação e educação social. Apresentou-se naturalmente, tal se continuasse a conversar com ele, como outrora, e disse:

— Não penses jamais em tua enfermidade e tampouco ingiras drogas. Basta! Em vinte anos de enfermidade, tratando com as maiores sumidades da Terra, não compreendeste ainda que teu mal é de origem psíquica? Trata, antes, de te renovares para Deus, isso sim! a fim de curares teus sentimentos infelicitados pelas paixões inferiores, se não quiseres, em outra existência porvindoura, renascer em piores condições.

Ressurreição e vida

Saneia a mente, impondo-te disciplinas reeducativas, com o estudo sobre ti mesmo e as leis da vida, que desconheces. E ressuscita o coração nas claridades do Evangelho, que te descerrará novos horizontes a conquistar. Em vez de pensares na tua enfermidade, pensa na possibilidade de curar a enfermidade do teu próximo. Pensa no problema da educação às crianças em geral, na fraqueza da velhice, na situação deprimente dos teus *mujiks* e subalternos. Pensa nisso tudo... E verás, meu filho, que, enquanto desse modo tua alma se fortifica, a paralisia que te aprisiona os passos já não parecerá a desgraça que te exaspera.

* * *

No terceiro dia após o último colóquio com a forma astral materializada de sua mãe, partiu de São Petersburgo. Não foi sem lágrimas de gratidão que o paralítico se despedia dos ternos amigos que ali deixava e que beijou o ombro de Aksakof. Levava consigo um carregamento de preciosos livros sobre os temas que agora o empolgavam, de revistas e jornais impressos no estrangeiro, dos quais já se tornara assinante, satisfeito por também se corresponder com adeptos de vários países da Europa e da América, aos quais considerava como se os conhecera de longa data.

A viagem de retorno transcorrera porventura ainda mais encantadora que a primeira. Os campos já refloridos de verdura; as últimas neves se despegando das montanhas para encharcarem os prados, formando regatos límpidos que rebrilhavam ao Sol, como diamantes líquidos; as árvores abotoadas de folhas tenras e promessas de flores multicores e perfumes deliciosos; o colorido variado das folhas, que partia do tom verde-escuro dos pinheiros até o doce esverdeado dos arbustos mais frágeis, que se alongavam pelas margens da estrada; os pássaros, que regressavam, para encher de vida e alegria os espaços lucilantes, e as herdades, que se movimentavam entre mil azáfamas indispensáveis; os pombos, que se atreviam pelas ruazinhas das aldeias, à cata de migalhas; e tudo isso, sob a doçura de um céu azul-claro iluminado de Sol, afigurava-se a Dimitri uma ressurreição a que jamais contemplara e que agora mergulhava sua alma em ondas de vibrações consoladoras. Da janela da caleça, que rodava sem interrupção, como participando daquela seiva esplendorosa que a primavera espargia por toda a parte, ele olhava, reconfortado, as ravinas e os prados, que se matizavam de ervas novas, e as lides dos camponeses pelas eiras das mansões senhoriais, sentindo que dentro de si próprio também despontava outra primavera, que seria a ressurreição da sua alma para uma vida nova — a vida do Espírito —, que jamais lobrigara do fundo da indiferença em que jazera até ali. E dizia a si mesmo, ouvindo distraidamente o rumor das rodas da caleça que balouçava aos solavancos, e os estalidos do chicote do postilhão animando os animais que, vigorosos, corriam pela estrada, orgulhosos do serviço que prestavam:

— Quanto tempo perdido na indiferença do egoísmo, meu Deus! Dir-se-ia que eu vivera até agora sufocado num sarcófago, impossibilitado de ver e compreender os encantos de que a vida está repleta. Quanta felicidade eu poderia ter fruído em quarenta anos de existência, se outra houvera sido a minha compreensão sobre a vida e as leis do destino! E quanta alegria eu teria distribuído ao redor de mim, em vez das amarguras causadas pelas exigências do meu gênio alterado pela inconformidade frente à doença que me atingiu! Ó Kozlovsky, Kozlovsky, meu caro amigo e irmão! Compreendo agora a razão por que te sentias revigorado na extensão da tua ignomínia!

No primeiro posto de mudas de cavalos, em cujo albergue passariam a noite, a fim de descansar, à hora do chá, antes que o crepúsculo caísse completamente, Dimitri desejou sentar-se ao sopé da janela do pequeno alojamento no intuito de contemplar dali o pôr do sol, a revoada dos pássaros e dos pombos à procura dos ninhos. Removida para lá a poltrona em que se sentava, dirigiu-se a Melânia, que invariavelmente se conservava ao seu lado, e rogou polidamente:

— Traze, mãezinha, o Novo Testamento do Senhor. De regresso ao meu berço natal, quando novas perspectivas morais se delineiam em meu destino, e uma ressurreição aflora das profundezas do meu ser, quero abrir esse livro, ao acaso, e ver o que suas páginas me aconselharão a pôr em prática em primeiro lugar. Abri-lo-ei pela segunda vez e pela terceira. E, seja o que for que me disser, porei em prática.

— Mas... Dimitri... Paizinho... Cada página se compõe de duas colunas de versículos... Como escolherá o conselho, ou a sentença?

— Muito simplesmente... Assim fazíamos para escolher pontos na aula de Religião, durante nossa infância: abrirei a página e deixarei o dedo cair, rapidamente, sobre um trecho qualquer da mesma.

— É uma superstição.

— No Evangelho não há superstições. Qualquer trecho contém sabedoria, ensinamentos proveitosos.

Melânia retirou-se e ele ficou só, enquanto a esperou com o livro pedido, olhando as primeiras estrelas que se insinuavam pelo entardecer, e ouvia a voz de Peters, que brincava com alguns meninos da vizinhança o jogo do esconde-esconde.

Depressa voltara a fiel amiga e ele, emocionado, de olhos fechados, como quem orasse suplicando intervenções invisíveis para aquilo que se afigurava de suma importância para o seu destino, abriu o livro ao acaso e, tal como projetara, deixou cair o dedo repentinamente sobre a página.

Curiosos, curvaram-se ambos, e uma vez retirado o dedo três versículos do capítulo 11 de *Mateus* responderam: "Vinde a mim vós todos que estais aflitos e sobrecarregados, que Eu vos aliviarei. Tomai sobre vós o meu jugo[78] e aprendei comigo, que sou brando e humilde de coração,

---
[78] N.E.: Ou Doutrina.

e achareis repouso para vossas almas, pois é suave o meu jugo e leve o meu fardo".

Sorriu Dimitri e sussurrou para Melânia, que se enternecia:

— Magnífica esta resposta. É uma revelação. O Senhor convida os sofredores: *ir a Jesus* é seguir sua Doutrina... *Aprender com Ele* é renovar-se para a vida superior do Espírito, para o Bem, para o Amor, para a Verdade... Eu sofro, meu Senhor, e atenderei ao vosso convite! A partir de hoje, todos os esforços empregarei para seguir convosco. E farei por aprender com a brandura do vosso coração e a humildade do vosso Espírito...

Abriu ao acaso o livro precioso pela segunda vez e, sob o dedo, eis o que o capítulo 8 de *João* o fez encontrar: "Eu sou a luz do mundo, o que me segue não anda em trevas, mas terá o lume da vida".

E Mítia, olhando distraidamente o semblante risonho de Melânia, que se curvava para ele, como se olhasse antes para o interior de si próprio, murmurou convicto:

— É... Deve ser... É isso mesmo que penso: aquele que segue a Jesus, por se harmonizar com o verdadeiro sentido do bem, porá em vibrações faculdades desconhecidas da alma, e a luz feérica da Verdade descortinará para ele aspectos até então ignorados da Criação. Ele se dedicará à conquista do progresso... e por isso mesmo estudará, trabalhará, meditará sobre o Plano Divino e receberá, realmente, a luz da Ciência eterna. Dedicar-me-ei ao estudo, ao trabalho, à meditação... a vos seguir, enfim, quanto seja possível, meu Jesus, pois, com efeito, cansei-me de viver em trevas e agora aspiro à luz imortal do conhecimento e do amor, que vossa Doutrina concede.

Pela terceira vez, o livro foi aberto e se lhe deparou o capítulo 25 de *Mateus*:

Ressurreição e vida

Quando o Filho do homem vier em sua majestade, acompanhado de todos os anjos, sentar-se-á no trono da sua glória: reunidas diante dele todas as nações, separará uns dos outros, como o pastor separa dos bodes as ovelhas. Então, dirá o Rei aos que estiverem à sua direita: Vinde, benditos de meu Pai, tomai posse do Reino que vos foi preparado desde o princípio do mundo; porquanto, tive fome e me destes de comer; tive sede e me destes de beber; careci de teto e me hospedastes; estive nu e me vestistes; achei-me doente e me visitastes; estive encarcerado e me fostes ver. Então, responder-lhe-ão os justos: Senhor, quando foi que te vimos com fome e te demos de comer, ou com sede e te demos de beber? Quando foi que te vimos sem teto e te hospedamos, ou despido e te vestimos? E quando foi que te soubemos doente ou encarcerado e fomos visitar-te? O Rei então lhes responderá: Em verdade vos digo que, todas as vezes que isso fizestes a um destes mais pequeninos dos meus irmãos, foi a mim mesmo que o fizestes.

Desta vez, no entanto, o conde Dimitri Stepanovitch Dolgorukov nada comentou, nem mesmo consigo próprio. Melânia observou que ele fechara o livro lentamente, como chocado por indefinível emoção. Que pegava do lenço para enxugar o suor que lhe porejava da fronte. Que o apoiara ao mento, como a conter o choro que lhe despontava da alma, e que assim ficara, silencioso e pensativo, a fitar o horizonte através da janela aberta, quando o espaço infinito se recobria com o seu eterno manto de estrelas fulgurantes. E que assim permanecera até a hora de recolher, quando Nikolai e o mordomo o levaram para repousar.

XIV

Chegando ao Parque Azul, o primeiro gesto do antigo oficial de *hussards* da Guarda foi indagar do seu intendente se a isbá de Kozlovsky fora construída, conforme ordenara antes de partir para São Petersburgo, e se sua despensa era devidamente suprida todas as semanas e se haviam fornecido a ele e ao seu enfermeiro Karl os utensílios e agasalhos necessários. O intendente respondeu afirmativamente a tudo, fornecendo ao amo caprichoso relatório dos gastos com as obras da isbá e o fornecimento do necessário aos dois segregados da sociedade, afirmando, jubiloso, que a residência, rapidamente construída, se tornara confortável, mas acrescentara, meio desapontado, que Kozlovsky desfrutara tais benefícios apenas durante dois meses, porquanto falecera tão logo se vira rodeado de assistência e afeições, e que agora a casa era habitada somente pelo anão Karl.

Dimitri não lamentou a morte daquele a quem vira uma única vez, mas a quem considerava amigo. No íntimo, até se alegrava com a notícia da libertação daquela alma que tão duramente resgatara dívidas contraídas em existências transatas. Porém, ao ouvir o seu servo, prolongado suspiro lhe dilatou o seio e ele murmurou para si mesmo:

— Bem... Creio que assim ele estará melhor... Libertou-se do pecado... ou, pelo menos, *de alguns pecados*. Mas era horrível, meu Deus! Era horrível aquela expiação, um verdadeiro inferno! E, no entanto, ele suportou-a com resignação e grandeza de alma, iluminado pelo majestoso ideal da Nova Revelação, e ainda com forças para amar o Amor na recordação dos dias felizes passados com a esposa! Louvado seja Deus, pela grandiosa Revelação Espírita! Como é consolador sabermos que Yvan IV, o Terrível, amenizou, de algum modo, as dívidas da própria consciência, por meio das peripécias das vidas sucessivas, e que dia virá em que se reconhecerá redimido, harmonizado para sempre com a Luz da Verdade!

Indagou, em seguida, se os dois *mujiks* destacados para a enfermagem do paralítico, surdo-mudo e cego, Elias Peterof, cumpriam devidamente as obrigações que lhes haviam sido ordenadas, se a isbá de Tito Jerkov fora igualmente reparada e se o casal definitivamente indicado para tratá-lo e cuidar da casa continuava no seu posto. Fédor Fedorovitch voltou a informar que todas as suas ordens nesse sentido também haviam sido estritamente cumpridas, que os doentes de nada mais careciam senão das bênçãos de Deus para morrerem em paz... mas que a

Ressurreição e vida

mãe de Elias, que, com efeito, se retirara para a cidade, a fim de procurar empregar-se em casa rica, tão logo os dois servos se apresentaram para tratarem do doente, lá se demorara apenas um mês, regressando subitamente para junto do filho, ralada de saudades e de remorsos, afirmando que aceitaria o concurso dos *mujiks*, sim, pois encontrava-se exausta de tantos anos de lutas com o enfermo, mas que presidiria ela mesma à sua casa, velando pelo filho tão infeliz.

Um mês depois do seu regresso de São Petersburgo, e quando a primavera se encontrava na plenitude da revivescência dos seus encantos, o conde Dolgorukov casava-se com Melânia Petroveevna e acertava com seu intendente Fédor Fedorovitch duas resoluções importantes: a ida de Yvan para a França, como havia desejado antes de partir, às expensas dele, Dimitri, onde se tentaria o seu restabelecimento com as sumidades médicas de Paris, e uma reunião com arquitetos e construtores de Kiev para o levantamento, em seus domínios, de um hospital para socorro aos trabalhadores das suas terras, ou de quantos necessitassem dos seus serviços. E de tal forma Dimitri apressara os trabalhos, ansioso por iniciar vida nova dedicada ao bem, que na primavera seguinte era inaugurado o estabelecimento, ao qual ele resolvera dar o nome de Hospital Kozlovsky, em memória do leproso de alma redimida que o iniciara nas altas concepções das Verdades eternas. Durante esse tempo, Dimitri se ressurgira para a prática dos deveres para com Deus, dedicando-se à reforma de si mesmo; dedicara-se também aos empreendimentos beneficentes que estivessem ao seu alcance, sempre lembrado da indicação recebida daquele capítulo 25 de *Mateus*, na tarde do primeiro pouso, pela jornada de regresso de São Petersburgo. E porque entendesse que a origem da lepra reside na dívida consciencial do seu portador, e que, sem que existam motivos de expiação trazidos pelo Espírito para a nova reencarnação, como herança de vidas passadas, não haverá contágio, fez vir para o convívio da sociedade o anão Karl, depois de submetê-lo a rigorosos exames médicos, Karl, aquela alma angelical encerrada em corpo disforme, e entregou-lhe a gerência do Hospital, na sua feição caritativa.

Retido em sua cadeira de rodas, dali mesmo — à beira da lareira no inverno e do alto dos terraços de mármore na primavera e no verão —, era bem verdade que o conde Dolgorukov, agora transformado em discípulo do Cristo e cultor da Ciência Psíquica, irradiava atividades benemerentes não apenas para os seus camponeses e servos, mas para o mundo inteiro, visto que colaborava em revistas e jornais de assuntos psíquicos, dando conta das observações realizadas a respeito dos fatos e das elucidações que ia colhendo dia a dia.

E, pois, naquele dia da inauguração do Hospital Kozlovsky, já podendo locomover-se amparado por duas bengalas, porque renovada a sua mente e fortalecido o seu sistema nervoso pela reforma moral que se impusera, naquele dia, sentado na sua poltrona preferida, no alto do terraço de mármore da sua biblioteca, de onde se descortinava o panorama da aldeia, com os seus campos de trigo e de feno, de centeio e cevada, ele conversava com Melânia, que naquele momento havia deposto sobre os joelhos do marido o filhinho recém-nascido do seu feliz matrimônio. Recebendo, sorridente, o depósito encantador, e embalando-o desajeitadamente nos braços, o antigo oficial de *hussards* dizia à esposa:

— É pena, minha querida, que eu não possa transmitir também a esses pobres *mujiks* os ensinamentos transcendentais da Ciência Espírita, com todo o seu cortejo de revelações: o intercâmbio positivo com os mortos; a possibilidade de materializá-los para vê-los, ouvi-los diretamente e palpá-los; a possibilidade até mesmo de fotografá-los... assim como a tríplice natureza do homem: espírito, perispírito e matéria; a Lei da Reencarnação, a Lei da Evolução, a Lei de Causa e Efeito, a realidade substancial da vida de Além-Túmulo... São tesouros, esses, da Verdade Eterna, os quais, bem examinados e raciocinados, resolverão todos os problemas humanos. Infelizmente, a mentalidade atual dos nossos trabalhadores não comportará o peso de tais revelações.

Melânia Petroveevna, agora condessa Dolgorukov, sorriu docemente, com aquela expressão atraente que lhe era habitual, o braço enlaçando-o pelos ombros, enquanto a outra mão acariciava o filhinho, que dormitava sobre os joelhos do pai, e respondeu simples e natural como sempre fora:

— Aos simples e pequeninos deveremos oferecer, em primeiro lugar, os suaves ensinamentos do Evangelho, paizinho, que foi escrito para eles e que facilmente poderão compreender. Mais tarde, se bastante progredirem em moral evangélica, dar-lhes-emos a Ciência da vida, porque estarão preparados para recebê-la. Como receberiam esta, sem a reeducação fornecida por aquela? Caso não progridam o bastante para receberem a Ciência agora... recebê-la-ão em futuras existências carnais, ou mesmo na vida espiritual, pois a Lei da Evolução assim nos autoriza a esperar. Karl disserta sobre a Boa-Nova do Senhor com veemência e persuasão e sabe ensinar. Entrega-lhe a tarefa. O Evangelho é sublime bastante para socorrer os simples, orientando-os no carreiro da felicidade. E quanto a nós, proporcionando-lhes tão auspiciosas verdades, não teremos cumprido o sagrado dever que nos cabe, ou seja, o dever de aplainar as veredas para que o Reino do Amor e da Verdade se estabeleça neste mundo?

— Sim, tens razão. Daremos, então, aos pequeninos e pouco evoluídos mentalmente, o Evangelho, que os guiará pelo coração. Reeduquemos suas almas nos princípios do amor a Deus e ao próximo, que, em verdade, encerra tudo o mais..., e lentamente dosemos suas almas com a instrução científica, a fim de que não se choquem ante o panorama deslumbrante da revelação.

A tarde caía. A primavera recendia o perfume das flores, e no jardim e no parque havia profusão de aromas e o traço de comovente poesia. Os pássaros dobravam seus gorjeios, saltitando alegremente pelos beirais das casas e das galhadas das tílias e das groselheiras, à procura dos ninhos. E aqueles cânticos maviosos, transcendendo intensa felicidade de viver, pareceram à alma amável de Dimitri Stepanovitch Dolgorukov o hinário da Natureza rejubilando-se pelo ato da inauguração do Hospital Kozlovsky.

Um rouxinol pousou, confiante, num galho de tília que balouçava bem perto do balcão do terraço em que se encontravam o casal Dolgorukov e seu filhinho... e desferiu o seu primeiro gorjeio daquela tarde. Descia o crepúsculo e as primeiras estrelas apareciam, muito pálidas, no espaço azul. Dimitri ouviu, sorrindo, a terna melodia e olhou Melânia, o anjo bom que discreta e humildemente o amara a vida inteira. Suas mãos se buscaram carinhosamente e se estreitaram. E do semblante do esposo paralítico ela viu que se irradiavam uma felicidade tão real e tão intensa, uma alegria de viver tão poderosa e comunicativa, que dizia a si mesma, sorridente, enquanto lhe osculava os cabelos, que a brisa da tarde despenteava:

— Está tão alegre que as sobrancelhas dele nem parecem mais cerradas...

"Vinde a mim, vós que estais aflitos e sobrecarregados, e Eu vos aliviarei. Aprendei comigo, que sou brando e humilde de coração, e achareis repouso para vossas almas."

"Eu sou a luz do mundo; o que me segue não anda em trevas, mas terá o lume da vida." — afirmou Jesus...

8

O SEGREDO DA FELICIDADE

Primeira Parte

O mosteiro do Ural

Então, erguendo-se, Jesus lhe disse: "Mulher, onde estão os teus acusadores? Ninguém te condenou?" Respondeu ela: "Ninguém, Senhor". Então Jesus disse: "Nem Eu tampouco te condenarei; vai e não peques mais".

(*João*, 8:10 e 11.)

Se a vossa justiça não for maior, e mais perfeita do que a dos escribas e a dos fariseus, não entrareis no Reino dos Céus.

(*Mateus*, 5:20.)

I

Quem saísse da cidade de Perm,[79] subindo um pouco para o Norte, descobriria, ainda pelo ano de 1840, uma estrada abandonada avançando em direção aos Urais,[80] a qual mal deixava passagem para dois cavalos aparelhados, durante a primavera e o verão. No inverno, essa estrada tornava-se intransitável, permitindo apenas o caminhar a pé àqueles que se aventurassem por seus trechos desabitados, por onde os ventos se arrojavam em rajadas selvagens, trazendo as tempestades de gelo. Saindo-se de Perm, viajava-se bem umas 40 verstas até a encruzilhada em que se verificava o marco dessa estrada solitária com uma segunda estrada, mais solitária e dificultosa que a primeira, e que mais parecia um carreiro particular que levasse a alguma aldeia ignorada, edificada por aristocratas exilados da Corte. Seguindo-se por esse carreiro particular, ao abandonar-se a estrada real, caminhar-se-ia ainda bem umas 10 verstas, encontrando-se pequenas aldeias de seis ou dez casas, para chegar-se ao ponto final do mesmo. Aí, então, a não muito grande distância da cordilheira, levantado no cimo de pequena elevação do terreno, rodeado de amuradas fortes, em pedra e alvenaria, circundado de pinheiros, de carvalheiros, de álamos e árvores frutíferas, encontrava-se o antigo Mosteiro de Nossa Senhora de Kazan, zelado por padres ortodoxos que desejavam retirar-se da sociedade, para melhor se consagrarem a Deus, orando, estudando, meditando e exercendo o bem tanto quanto possível num recanto solitário como aquele, afastado do resto do mundo e ignorado até mesmo da grande maioria do povo russo.

Nesse mosteiro, desde épocas muito antigas, quando toda aquela região era inteiramente desabitada, cultivavam o Psiquismo tibetano discípulos de grandes filósofos e de grandes sábios espiritualistas que viviam

---

[79] N.E.: Cidade da Rússia, à beira do Rio Kama, capital do território do Ural.
[80] N.E.: Ou Montes Urais, cordilheira entre a Europa e a Ásia. Extensão: 2.400 quilômetros. Altura máxima: 1.600 metros. Possui minas de ouro, prata, manganês, cobre, níquel, ametista, esmeraldas etc.

Ressurreição e vida

no Tibete[81] completamente afastados do mundo, a fim de melhor estudarem e meditarem sobre as Ciências Psíquicas.

* * *

Cerca de um século antes, ou seja, pelo governo de Pedro III,[82] em derredor desse mosteiro existia uma aldeia próspera, em que a alegria e a paz exerciam suave domínio no coração de cada habitante. Então, em vez de mosteiro chefiado por padres católicos ortodoxos, tratava-se apenas de uma ermida dirigida por um príncipe que, ainda muito jovem, se consagrara a Deus, pondo-se a estudar o Cristianismo num mosteiro de Moscou, entre padres ortodoxos. Não satisfeito, porém, com o que presenciava no interior desse mosteiro, pois compreendera que nada do que via, ouvia, assistia e aprendia, traduzia as significativas elevações do Evangelho de Jesus Cristo, ao qual respeitava, o jovem noviço, então já muito dedicado ao culto da Virgem Mãe, outrora muito venerada em toda a "Santa Rússia", porque fosse príncipe, conseguiu facilmente uma licença especial para visitar, por conta própria, os lugares santos da Palestina, onde desejaria orar e meditar, perlustrando os locais por onde, segundo a tradição, Jesus peregrinara com seus apóstolos durante a missão sublime exercida entre os homens, afastando-se, assim, da Igreja.[83] Lá esteve, com efeito, tendo passado cinco anos em estudos filosóficos em ambientes tranquilos e enaltecedores, e mais cinco entre os sábios monges tibetanos, cultores da Ciência. Essa viagem se prolongara, portanto, por dez anos. E o príncipe, que se desligara do seu convento aos 20 anos, retornara à Rússia já contando os 30. Mas, em vez de voltar aos seus antigos superiores de Moscou, retirara-se para a ermida do Ural, a qual resgatara dos seus primitivos ermitões, e ali continuara as suas antigas meditações sobre as coisas santas, distribuindo pela redondeza toda

---

[81] N.E.: Região da Ásia Central. Planalto deserto, onde existem altitudes de 5.000 metros.
[82] N.E.: Tzar da Rússia, marido de Catarina, a Grande (1728–1762).
[83] Nota da médium: Na antiga Rússia, onde a Igreja era aliada ao Estado, existia punição para os religiosos que abandonassem os votos. Respeitamos, porém, a versão do autor espiritual do presente trabalho, que parece descrever aqui, de preferência, a Ordem ideal para os serviços de beneficência, que sonhou durante sua existência terrena.

sorte de benefícios morais e materiais possíveis a um ser humano realizar pela época. Mais tarde, por motivos que saberemos posteriormente, esse mesmo príncipe filósofo elevara a ermida à condição de mosteiro independente, ampliando-o e enobrecendo-o consideravelmente. E, em lembrança daquele onde se iniciara na vida religiosa, consagrara-o ao culto da Virgem, por quem sentia particular atração. Porém, em verdade, o local solitário jamais perdeu o seu antigo nome de ermida.

Chamava-se o jovem ex-*pope* Serguei Sokolof, e era príncipe Viazemsky, descendente de família russo-moscovita.

Com a morte do príncipe, que se verificara muito mais tarde, aos 60 anos, sua grande obra filantrópica prosperara porque ele tivera o cuidado de preparar substitutos, os quais, educados num compreensivo culto ao dever, souberam honrar a sua memória, continuando com espírito de abnegação a beneficente obra por ele criada. Por isso, em 1840, a antiga ermida, então mosteiro livre, continuava exercendo elevada missão no território do Ural, muito embora a aldeia outrora existente no sopé da colina se visse reduzida a umas quatro ou cinco isbás já arruinadas. Todavia, os terrenos ainda pertenciam ao mosteiro, as florestas de pinheiros eram ainda fecundas e majestosas, pois o príncipe fora grande proprietário de terras naquela região e abrira mão desses bens em favor da sua importante fundação.

* * *

Subia-se para o grande edifício por uma escadaria de pedras, construída ainda pelo príncipe Viazemsky, e chegava-se após a extensa plataforma calçada de lajes grandes, em cujo extremo se erguiam as amuradas, também de pedras, e um portão de carvalho chapeado de ferro, tão longo que parecia um complemento de madeira na amurada de pedra, e tão ruidoso, ao se abrirem os seus ferrolhos e dobradiças, que os ecos então repercutidos pela região eram ouvidos durante sete minutos, segundo afirmavam, pois o local era, com efeito, singularmente silencioso e deserto.

Ressurreição e vida

Quem desejasse visitar a instituição, o que seria permitido a qualquer hora do dia ou da noite, embora passasse, por vezes, um ano todo sem se apresentarem visitantes, puxava uma corda pendente do lado de fora. A corda acionava uma sineta existente do lado de dentro. Uma portinhola abria-se na madeira do portão e uma cabeça de velho guarda aparecia, examinando o forasteiro com olhos curiosos, e exclamando:

— Quem vem da parte de Deus?

Se fossem apenas esmolas que trouxessem, ali mesmo seriam recebidas com humildes agradecimentos em nome de Deus e do amor ao bem. Mas se eram peregrinos que cumpriam votos ou "almas de Deus" que desejassem visitar a casa e beijar os "ícones", a porta se abria com solenidade, a sineta repicava saudando o acontecimento e o visitante se encontrava dentro de um parque pitoresco, em que flores se multiplicavam ao lado de ervilhas e feijões, de macieiras e batatas, de nabos e cebolas, de couves, cerejeiras, plátanos, álamos etc. Padres e pequenos grupos de homens e mulheres, um tanto esquivos e singulares, trabalhavam no cultivo da terra, uns empunhando enxadas, outros ancinhos e tesouras, e ainda outros servindo-se apenas das mãos para revolverem a terra e deitarem as sementes. Não se ouviria uma palavra, sequer. Ninguém falava. Podia-se ouvir, naquele parque, o doce crepitar das asas das abelhas e das borboletas. Nem os *popes*, nem os homens nem as mulheres pareciam interessados senão em plantar, colher, podar galhos secos ou revolver a terra. Não pareciam seres humanos. Pareciam fantasmas. A determinadas horas, porém, ouvia-se suave melodia sacra, entoada por vozes masculinas, acompanhadas, em coro, por vozes femininas, ao som do órgão. Eram os ofertórios do meio-dia e das vésperas, que se deixavam ouvir como programação invariável, pois, se bem se tratasse de uma instituição laica, o seu fundador, príncipe Viazemsky, fora religioso e introduzira nela certas regras conventuais, por entendê-las mais adequadas ao equilíbrio da mesma.

Ao som dessas melodias, então, aqueles que trabalhavam suspendiam as lides. Persignavam-se três vezes, curvando-se até quase ao chão, ajoelhados. Balbuciavam pequenas orações, mecanicamente, como puxavam a enxada, e voltavam a trabalhar. Todavia, ao anúncio do Ângelus, quando outras melodias advinham, retiravam-se para o interior do mosteiro. Lavavam-se, tomavam a sua sopa de couves com costeletas de carneiro ou de vitela, tomavam a sua escudela de *kvass*,[84] rezavam novamente e iam para o dormitório. O inverno, entretanto, era rigoroso ali e nada se poderia fazer no campo enquanto houvesse gelo. Então, a instituição dir-se-ia grande oficina de uma pequena república interna, pois aqueles mesmos homens e aquelas mesmas mulheres teciam panos, cardavam a lã para os teares, fabricavam botas ou *laptis*, costuravam casacos de lã ou cobertores, vestidos e uniformes, bordavam os linhos para os altares, separavam os grãos para as futuras sementeiras, moíam a farinha, curtiam a carne para o inverno seguinte, reparavam os móveis, lustravam as paredes, os portais e os metais, enquanto a tempestade rugia e a neve descia, inclemente, dos Urais.

Muitos fidalgos, mesmo estrangeiros, costumavam ir para ali repousar das paixões absorventes do mundo e esconder desilusões, para sempre. E muitas damas bem-nascidas, depois de quedas morais irreparáveis no seio da sociedade e da família, para ali também costumavam ir chorar a própria vergonha e a felicidade para sempre perdida. A maioria deixava-se ali ficar para o resto da vida, entregue à prática do bem e apaziguados a consciência e o coração na oração constante, ou em profundos estudos de Filosofia, Ciência e moral. Somente a minoria conseguia regressar à vida social, mas, transformados os seus caracteres por uma reeducação tão austera quanto lúcida, não regressava ao brilho do mundo, senão apenas aos domínios que possuísse pelas províncias, aí fixando residência, reformando normas de vida e visitando, de vez em quando, a velha ermida solitária.

Ora, nessa antiga ermida, ou nesse mosteiro, a verdade era que existia um abrigo para loucos de ambos os sexos e um reformatório

---

[84] N.E.: Bebida feita de centeio e lúpulo, usada na Rússia.

para nervosos, neurastênicos, hipocondríacos e pecadores. Fidalgos e damas que ali se refugiassem para sempre eram os enfermeiros, os domésticos, os zeladores. A direção, porém, frequentemente era entregue a religiosos ou a filósofos, sempre mais capazes do que quaisquer outras personagens para o espinhoso cargo. Não existiam cargos remunerados. Trabalhavam todos por amor a Deus, ao bem e às virtudes, ou para expiação dos próprios pecados, o que significava todos se portarem com desvelo, humildade e fraternidade e viverem felizes, em santas perspectivas.

Muitos desses loucos se recuperavam, segundo afirmavam, sob as caritativas preces dos *popes* e a ciência dos tibetanos, entre os quais não existiam apenas príncipes e condes, mas também médicos, sábios, psiquistas e até artistas, visto que uma comunidade dessa natureza precisaria do concurso de todas as atividades. Mas outros ali ficavam para sempre, e nem após a cura se permitiam abandonar o ninho solitário. E, quando morriam, eram sepultados no cemitério do próprio mosteiro, em cova rasa, para além dos campos de trigo. Ilustres personagens da política, do exército e até da aristocracia, desaparecidas inexplicavelmente da sociedade, e tidas como prisioneiras de Pedro III ou de Catarina II, terminavam seus dias nesse asilo, anonimamente, sem que os seus dirigentes revelassem seus nomes a quem quer que fosse, pois a regra da comunidade prescrevia o olvido sobre o passado dos asilados e a prática do bem pelo bem, e jamais cogitava, em verdade, de indagações a respeito de quem para ali entrasse.

II

No ano de 1840, sofri um desgosto tão profundo que a ideia do suicídio aparecia-me, tenazmente, como única possibilidade de sair honrosamente dos terríveis complexos que me passaram a obsidiar. Já tentara contra a existência por duas vezes. E sentia a alma de tal forma ferida e desorientada, que não encontrava meio de reequilíbrio na brilhante vida social a que me habituara, pode-se dizer, desde a infância. Um companheiro de universidade, no entanto, a quem havia muito eu não encontrava, visitando-me durante uma daquelas deprimentes crises de hipocondria, que me arrastavam ao desejo do suicídio, lembrou-me um estágio naquele mosteiro do Ural, a ver se tiraria resultados bons com um tratamento psíquico para o sistema nervoso, visto que — dissera o companheiro — conhecera outros indivíduos, em piores condições do que as minhas, que lá estiveram, obtendo resultados lisonjeiros com o singular tratamento hospitalar ali aplicado. Eu possuía uns pequenos domínios por aquelas imediações e, não obstante ter vivido sempre pelas capitais e até no estrangeiro, nascera nesses domínios e ali passara a infância, até os 10 anos. Sabia, portanto, da existência dessa comunidade, pela qual, quando menino, nutria um inqualificável sentimento de atração e terror, ao mesmo tempo, não obstante jamais me haver atrevido sequer pelos limites das suas terras.

No entanto, o caso era que, no ano de 1838, contando eu 32 primaveras, apaixonara-me loucamente por uma linda e jovem aristocrata francesa, que excursionava pelos países do Norte com a família, e se demorara longo tempo em São Petersburgo. Resolvi, então, casar-me. E sem nada mais perquirir senão os impulsos do coração, pedi-a em casamento, disposto a não deixá-la regressar à França quando os pais resolvessem regressar, pois confessava a mim próprio, muito comovido, que me seria impossível viver sem ela. Fui aceito como pretendente, não obstante haver observado certa relutância por parte da própria jovem e algumas restrições por parte de seus pais, que declararam peremptoriamente que o casamento só se realizaria em Paris, e que assim não sendo não dariam consentimento. Roguei, então, à minha prometida que intercedesse por nosso amor junto dos pais, pois ser-me-ia difícil obter do imperador licença para me consorciar fora da Rússia, visto que eu servia num corpo da guarda, junto dele. Mas nem por ela sendo atendido, submeti-me a tudo, uma vez que realmente me sentia enlouquecer de amor.

Ressurreição e vida

Exonerei-me, então, do cargo junto ao Tzar, renunciei a comodidades e vantagens de uma carreira militar rápida e parti para a França com a família, tendo-me casado em Paris e regressado à Rússia com minha esposa, muito feliz e empolgado pela existência encantadora que junto dela presumia poder levar, embora houvesse despendido grandes somas com os preparativos das bodas, as viagens de ida e volta e a reparação da minha mansão de verão, no campo, e da casa de residência, em São Petersburgo.

Muito generoso, o imperador readmitiu-me nos serviços da guarda, a pedido de amigos influentes, e tudo era esperança e prosperidades em minha vida. Todavia, estranha inquietação, melancolia indecifrável compungia minha alma, sem que eu pudesse atinar por que razão tais sentimentos teimavam em empanar o brilho da felicidade que eu julgava ter conquistado, tendo o cuidado, entretanto, de encobrir de minha mulher o estado mórbido que me amargurava.

Dois anos depois, fui surpreendido com a brutal traição daquela a quem desposara, a qual preferira abandonar-me, fugindo vergonhosamente para seu país natal com um jovem compatriota seu, que visitava a Rússia e a quem — explicava ela na carta que me deixara — amava desde a juventude, a despeito da oposição dos pais; e o qual fora a São Petersburgo reclamar os direitos que um persistente amor lhe conferia, inconformado com o matrimônio que a ela haviam imposto, e com quem vivia clandestinamente havia já um ano, sem que eu de nada suspeitasse.

Ora, a minha dor, com a vergonha da humilhação que me fora infligida, ferira-me violentamente por ser eu altamente colocado na sociedade, rico, descendente de ilustre família moscovita, possuindo um título de nobreza e uma patente de capitão no exército de um poderoso soberano da Europa, ao passo que me vira preterido, no conceito de minha própria mulher, por um simples artista, um pobre pintor de retratos, um fabricante de miniaturas a óleo, obrigado a trabalhar para viver.

Encontrava-me ausente de casa, a serviço do meu regimento, quando o fato se consumara. Quinze dias depois, regressando a São Petersburgo e me inteirando de tudo, fora tal a vergonha de que me vira possuído, tal a dor do meu coração, que sinceramente amava, que me refugiei no campo, sem ânimo para encarar os amigos, que nunca chegaram a aprovar o meu casamento com uma francesa.

Pensei em partir à procura dos fugitivos, a fim de me vingar. Mas desencorajei-me de qualquer reação e me limitei a enviar aos meus sogros, em Paris, a carta que minha mulher me deixara, pedindo-lhes a possibilidade de uma separação legal de minha esposa, o que não me seria possível na Rússia.

Resolvi, pois, atender ao conselho daquele antigo companheiro de universidade, cerca de seis meses depois, isto é, internar-me por algum tempo no mosteiro do Ural, desejoso de me furtar ao ridículo a que a sociedade frívola em que vivia me levaria, ao me apontar como o marido ludibriado, cuja esposa preferira fugir com um pintor de retratos, abandonando o fausto do palácio que habitava e o título de condessa, que eu lhe transmitira com o casamento, para se transformar em obscura companheira de um pobretão que passava dois e três invernos com as mesmas botas e o mesmo sobretudo.

E assim foi que, pela segunda vez, me desliguei dos serviços junto ao imperador, e deixei minhas propriedades de São Petersburgo e meus domínios do campo entregues a administradores; tomei dois cavalos e mais um pajem e seu cavalo e, ao defrontar a encruzilhada sombria, despedi o pajem e marchei sozinho pelos caminhos agrestes e tão desolados quanto o era, no momento, o meu coração.

Venci, finalmente, as 10 ou 15 verstas restantes do carreiro particular, fazendo apenas uma parada à noite, num albergue rústico, à beira da estrada, e cheguei na tarde seguinte ao sopé da pequena elevação onde se erguia a ermida.

Amarrei os cavalos a um pinheiro, certo de que os dirigentes da instituição não desprezariam aceitá-los quando eu os presenteasse com eles; subi as escadas de pedra e puxei a corda pendente do portão, ouvindo imediatamente o bradar da sineta.

— Quem vem da parte de Deus? — perguntou o velho *pope* que fazia o plantão do dia, mostrando a cabeça veneranda na abertura do portão.

— O conde Wladimir Kupreyanof, que deseja servir a Deus entre vós, para merecer a graça da paz... — respondi emocionado, sentindo a estranha impressão de que esse fora, com efeito, o destino que eu trouxera ao nascer, mas que somente naquele momento se tornava por mim compreendido.

O portão abriu-se com estrondo, lançando ecos impressionantes pela região, e eu entrei, convencido de que penetrava um mundo novo, em que vida nova raiaria para mim, vida absolutamente diferente da que levara até então.

III

Nos primeiros dias, fatigado de longa e penosa viagem, a alma contundida pela profundidade do desgosto sofrido, pouco deixei os aposentos que me foram destinados. A hospedagem para nobres e pessoas abastadas, que para ali fossem apenas para se restabelecerem de fadigas e paixões, era remunerada, o que beneficiava a comunidade, que estava longe de ser rica. Para quem desejasse ficar para sempre, no entanto, e possuísse reservas financeiras, seria gratuita, desde que a casa fosse beneficiada com uma doação a critério do pretendente, tal como de praxe nos mosteiros religiosos. Mas os baldos de recursos tinham livre estada na casa e pareciam até mesmo ter as preferências da Ordem. Essa Ordem, porém, criada pelo príncipe Viazemsky depois do seu afastamento da

Igreja, como sabemos, somente seria laica e livre porque liberta do jugo das ortodoxias; e se contava, na sua administração, com vultos religiosos, seria porque estes haviam imitado o gesto do príncipe, desligando-se da Igreja, embora continuando a usar e a respeitar a condição de religiosos. A regra, portanto, era tão somente fundamentada no Evangelho de Jesus Cristo, e, desde que este fosse adotado e sinceramente observado, poderia fazer parte da comunidade qualquer pessoa, sem distinção de classes sociais e credos religiosos.

Como não exigiam a responsabilidade de um pronunciamento imediato para se fixar ali, antes permitiam longa meditação, ou noviciado, sobre a resolução a tomar, fui admitido como hóspede temporário, considerado enfermo em tratamento, e, como tal, obrigado a contribuir com a minha parte monetária, como se se tratasse de um pensionista, uma vez que dispunha de grandes posses materiais.

Deram-me uma cela pequenina, semelhante às demais ali existentes, caiada de branco e sem pinturas, com uma cama modesta, mas aquecida com forros de lã, uma estufa na qual eu mesmo poderia fazer o meu chá e aquecer a minha sopa; uma cadeira estofada em couro; uma mesa de pinho-de-riga, coberta com atoalhado azul; um jarro d'água, uma bacia pequena e um copo de estanho; e, à parede, por cima da estufa, o clássico nicho com a imagem da Virgem, que assinalava todas as dependências do mosteiro. A um canto ficava o meu saco de roupas; e num cabide da parede penduravam-se a minha peliça, com punhos e golas de zibelina, o meu barrete de peles, o meu regalo, também de peles, o meu bornal de viagem, com o cantil para água, e as minhas botas forradas de lã, para o inverno. Havia livros também, fornecidos pela casa, sóbrios e educativos, assim como um volume do Novo Testamento do Senhor, tudo cuidadosamente disposto numa pequena prateleira, acima da cabeceira da cama. Esta cela deitava porta para uma galeria, onde também existiam portas de outras celas, e um terraço semeado de vasos de plantas e de bancos, com vistas para um panorama amplo, abrangendo as *deciatines* plantadas e o pasto para o gado, com a cordilheira dos Urais ao fundo, em verdade

Ressurreição e vida

ainda longe, mas fornecendo ilusão de uma proximidade chocante. Costumava dizer, dos balcões desse terraço erguido no segundo andar, quem se enamorasse do panorama:

— Ali está a Ásia, ali mesmo, a terrível Sibéria, que tantas desgraças há causado aos russos, ali mesmo, atrás daqueles montes pedregosos!

Na semana seguinte, já afeito ao ambiente e principiando a serenar a excitação dos meus desgostos, num local singular, que se diria balsamizado pelos favores do Céu, o superior da antiga ermida convidou-me a uma conversação a sós.

A conversação do recém-chegado com o superior era programação obrigatória para os enfermos físicos ou psíquicos, pois por ela era que se decidiria o tratamento a aplicar naqueles nervosos e fatigados, nos enfermos da alma e do corpo. O superior arrastou-me para um terraço coberto, espécie de minarete medieval, suspenso do último andar da torre, e ali me convidou a sentar em confortável cadeira, à frente de uma mesinha, na qual o samovar, já aceso, fazia ferver o chá.

Vi-me, por isso mesmo, suspenso na atmosfera azul, gozando do espetáculo magnífico de um panorama de sonho que, lá embaixo, se estendia, mostrando as aldeias pequeninas pintalgando de branco as abas das colinas, enquanto as ravinas se sucediam, fazendo brilhar ao sol águas que escorriam quais riachos que a primavera criara com os degelos. Do outro lado, eram as *deciatines* cultivadas do mosteiro, os homens e as mulheres trabalhando no trigo ou no centeio, no parque ou nos jardins; as ovelhas agrupadas como manchas movediças no horizonte, o gado pastando em convivência amistosa, bimbalhando as campainhas presas ao pescoço, e tudo aos meus olhos aparecendo como pequeninos pontos nas longitudes do horizonte. Havia sol, embora frio e pálido, mas o ar estava diáfano e o azul do espaço era puro e imaculado, qual o manto ideal da Virgem Mãe, que patrocinava aquela mansão acolhedora.

O Superior aproximou-se de mim, solene, a fisionomia grave, a cabeleira grisalha pelos ombros, o hábito negro e tétrico, a cruz de rubis e brilhantes pendentes de uma corrente de ouro, sobre o peito. Tratava-se de um filósofo, antes que um religioso, de um cientista, pois era médico psicanalista, tendo observado e procurado imitar todos os exemplos do fundador da instituição, a fim de se considerar habilitado para a sua direção. Sentou-se ao meu lado e perguntou com voz afável:

— Que pensas, irmão, desta casa? — pois, ao se transporem aqueles umbrais, não mais se conservariam títulos nem patentes. Seríamos todos filhos de Deus, irmãos uns dos outros, apenas irmãos e nada mais que irmãos, fôssemos príncipes, *mujiks*, soldados ou *popes*.

Um cão estimado, que subira atrás do superior, apoiara a bela cabeça sobre os meus joelhos e fitava-me com olhos amorosos, esperando um afago. Acariciei-o distraidamente e respondi, comovido, à interrogação do chefe da comunidade:

— Penso que para aqui se transportou um retalho do paraíso, paizinho, e que a paz que aqui se desfruta prova que a bênção do Criador a assiste com elementos para o consolo e a cura dos corações amargurados que à sua sombra se refugiam.

Nada contestou e alguns minutos se escoaram, durante os quais me ofereceu um copo de chá, em silêncio, enquanto eu, fitando o ar azul, recordei a esposa perjura, a quem tanto amei, e por quem sofri tanto. Mas, de súbito, ele elevou novamente a voz:

— Por que vieste ter conosco? Que te aflige? Vejo-te jovem, saudável, desfrutando boa situação social. Que sucedeu?

A pergunta assustou-me. Em meu ser existira sempre — era bem verdade — um como desgosto secreto, indefinido, uma angústia incurável, insatisfação que jamais eu pudera corrigir, e que o desastre sentimental

Ressurreição e vida

agravara. Se me examinava com atenção, eu mesmo não poderia explicar a razão desse estado mórbido, que me seguira da infância à adolescência e à maioridade, estado agora culminado com a traição de um ser amado. Em verdade, eu possuíra uma família, que me adorara na infância e respeitara na mocidade. Fizera um curso brilhante na universidade. Ascendera à patente de capitão, ainda jovem. Era rico, jamais conhecera dificuldades ou privações. Vivera no estrangeiro, fruindo o prazer de diversões encantadoras e estudos mais amplos, que me saciassem o desejo de instrução aprimorada. Unicamente a desilusão pela infidelidade de minha mulher dera motivos de queixas a mim mesmo, indispondo-me com a vida e as alegrias próprias da natureza humana. No entanto, eu jamais me sentira feliz! Uma intranquilidade, uma angústia e um temor singular pelo futuro sempre seguiram meus passos, anuviando-me a coragem de viver. À pergunta inesperada do superior, portanto, abri em confissões a minha alma, narrei os pormenores de minha vida, o doce e infeliz romance de amor, inclusive, e rematei:

— Venerando pai! Considero-me hoje o mais infeliz dos homens! O mundo e a sociedade aborrecem-me! Minha alma aspira a uma situação ideal, cuja natureza não consigo apreender! Falta-me algo singular, cuja ausência me tortura e inibe de atividades eficientes em qualquer setor! Junto de vós, venho procurar refrigério para as ânsias do coração e esclarecimento para o espírito, que se precisa habilitar para nova etapa da existência!

Enquanto eu discursava, o superior sorria discretamente, como quem duvidasse da verdade dos meus males, ou a conhecesse profundamente. Pelo menos, essa foi a impressão que me causou o sorriso irônico e pouco animador com que recebia as minhas confidências. Depois do que, retirou do bolso da sotaina um óculo de campanha, armou-o vagarosamente, depô-lo sobre a mesinha e exclamou, assim que dei por terminada minha longa arenga:

— Nunca pensaste, irmão, que o que te falta é a comunhão com o Amor Divino?

— Sim, essa ideia ocorre-me com frequência. Eu bem quisera tornar-me crente fervoroso nas coisas celestes... mas racionalmente convicto. Quisera achegar-me a Deus, senti-lo, servi-lo. Mas como?! Como encontrar Deus na sociedade frívola e egoística de São Petersburgo, de Moscou, de Paris, de Londres, de Berlim, de Viena, ou nas exposições arbitrárias de Roma? Como encontrá-lo e comungar com Ele, se as religiões, igualmente, nada sabem de positivo a tal respeito e, por não saberem, nada explicam de concludente, e aos problemas mais graves que ferem a Humanidade respondem que o assunto é inacessível à compreensão humana, mistério da Criação, Leis do Incognoscível, às quais nos devemos curvar passivamente, sem o desrespeito de procurar desvendá-las?... Como encontrar Deus na ignorância, na situação e nos sofrimentos dos *mujiks*? Como encontrá-lo diante de um cego ou de um leproso, de um cretino ou um aleijado que rasteja, quando acolá vejo a suntuosidade do imperador ou a graciosa silhueta de uma virgem? Como encontrá-lo na inferioridade do degenerado, quando me extasio ante a superioridade do santo e do gênio? Como aceitá-lo na dureza dos quartéis, na impiedade do inimigo, na selvageria dos campos de batalha, na hipocrisia e no egoísmo dos salões, na imoralidade das camadas sociais vencidas pelas paixões?

Agora venho procurá-lo aqui. É a esperança que me resta. Talvez que esta solidão e a santidade da vida que aqui se desfruta possam apontar-me aquilo de que necessito: luzes para a razão das coisas e dos fatos, consolo para o coração ferido pelas desesperanças, ânimo para o espírito necessitado de amor e de fé... pois, acima de tudo, sou um sofredor!

— A verdade é, meu caro, que tens procurado o Criador onde bem sabes que não poderás encontrá-lo! — contraveio o monge. — Não desejo divagar contigo sobre o assunto, porque seria discurso inútil. Talvez que, se o procurasses dentro de ti mesmo, no segredo do teu coração, no critério da tua razão, já o tivesses encontrado! Deus, porém, está em toda parte onde a sua grandeza se puder manifestar, e jamais nos prejuízos que o homem inventa para infelicitar a si próprio e ao próximo. Suas Leis são claras e simples. Cumpre, no entanto, que o saibamos

Ressurreição e vida

procurar com atenção e respeito, a fim de poder encontrá-lo! Tal aquisição — a convicção, o respeito pela ideia de Deus — será obra do nosso esforço pessoal, virtude de um labor sagrado. Ninguém o fará por nós. É favor que não receberemos de outrem. Quando muito, poderá alguém apontar-nos o caminho a seguir, para encontrá-lo nos acontecimentos de nossa própria vida, e assim nos esclarecermos na Sua Luz... isto é, conhecermos o critério de Suas Verdadeiras Leis. E é o que farei contigo neste momento, desejoso de servir àqueles que se acolhem sob a proteção fidelíssima da Virgem Mãe de Jesus.

Levantou-se com majestade, convidando-me a segui-lo. Chegou ao balcão da torre e, oferecendo-me o óculo de campanha, que sustinha entre as mãos, apontou em seguida para o horizonte, em direção a Noroeste, e prosseguiu:

— Assesta este óculo para além, a Noroeste... e responde... Que distingues?

Obedeci, cheio de curiosidade, sem prever o pensamento do meu bom mestre e hospedeiro. Mas nada via senão os campos cultivados, as ravinas cobertas de ervas renovadas, fazendo ondulações no terreno, o degelo, os regatos brilhando ao sol, como fitas de prata, as florestas de pinheiros e os bosques a se sucederem aqui e acolá, e, ao fundo, a cordilheira com suas neves e geleiras, sombria e sugestiva.

— Vejo o panorama bucólico e solitário. E, com efeito, caro irmão, aí o nosso pensamento é forçado a observar Deus na ação da Natureza... — respondi esquivo e contrafeito, sem compreender o que desejaria que eu descobrisse aquele que me deveria orientar dali em diante.

— Torce o óculo mais um ângulo, a Noroeste sempre. Que vês?

Fixei melhor e, de súbito, uma comoção forte fez-me estremecer interiormente:

— Ah, sim... — exclamei. — Uma mansão célebre! A mansão da bela Olga! Sempre a mesma... desde a época de Catarina II!

Retirei vivamente o aparelho do foco, para fitar, surpreendido, o velho monge, que sorria. Ele perguntou em voz grave, quase soturna:

— Sabes quem residiu ali, há muitos anos?

— Oh, sim! O príncipe Viazemsky! Serguei Sokolof... o fundador desta Ordem... desta Instituição... Quantas recordações esta simples vista desperta em minha alma! Lembro-me de que meus avós possuíram terras por aqui, as quais confinavam com as daquela mansão. Em minha infância, pois nasci nesta região, quando saíamos a passeio, passávamos pelos seus portões, que deitam para a estrada. Muitas vezes pedia a minha avó, com quem mais frequentemente saía, que detivesse a *troika* em frente ao portão principal; afigurava-se-me que, se me demorasse algum tempo a examinar as alamedas do parque, acabaria por ver ali a bela Olga, a cantar na sua inconsciência de louca... e que o vulto triste do príncipe surgiria por entre as aleias de macieiras, tocando a sua inseparável flauta, tal como quando habitara a mansão, segundo reza a tradição e as narrativas de minha avó confirmavam, pois ela conheceu o príncipe. Várias vezes, nos meus 10 anos, sentia-me atraído pela bela Olga, tal como se estivesse enamorado. E desejara visitar aquelas dependências, para ver e tocar tudo o que ela própria havia visto e tocado. Mas advertiam-me de que a casa era mal-assombrada e que seria perigoso tentar o incompreensível. Confesso-vos, no entanto, caro irmão, que tais impressões da infância não desapareceram ainda das minhas sensibilidades.

— Sim, a casa continua sugestiva, graças às lendas que a têm rodeado durante todo esse tempo. Não é verdade, todavia, que seja mal-assombrada, não obstante se passarem ali estranhos fenômenos, inteligentes e como propositados para despertarem a atenção. E muitos dos meus enfermos se hão curado, completamente, de seus males psíquicos, depois de uma permanência ali de alguns dias. Não creio

Ressurreição e vida

que estejas enfermo, irmão Wladimir Kupreyanof! Teus distúrbios não vão além da incompreensão daquele que não aprendeu a sofrer, com a devida naturalidade, as peripécias comuns à existência humana. A meu ver, és irresignado, um homem moral e mentalmente deseducado, a quem nada, absolutamente, faltou no decorrer da vida e que, por isso mesmo, ao advir a primeira contrariedade, revoltou-se, porque, habituado a ordenar e a ser obedecido desde o berço, oprimiu-se tanto com o primeiro malogro, que se julgou irremediavelmente perdido para a necessária reação.

Baixei a fronte, sem atinar com o que responder a esse homem singular, que parecia ler em meus pensamentos as paixões que me tumultuaram a vida, mas, logo após, tornei a assestar o óculo para a mansão. Ele, no entanto, prosseguiu, depois de longo silêncio e como se falasse a si mesmo, quase indiferente, dando a entender que pouco lhe interessariam as deliberações que porventura eu tomasse:

— Se não és supersticioso e dispões de bastante coragem para enfrentar o desconhecido, visita a mansão sozinho e demora-te ali quanto quiseres. Ela é patrimônio do nosso mosteiro, legado pelo príncipe Viazemsky. Encontra-se devidamente conservada. Ao ali entrarmos, teremos a impressão de que ele e a bela Olga acabaram de deixá-la. É o sagrado oásis dos nossos doentes, repositório de influenciações beneficentes, espécie de reformatório, onde muitos entram desesperados e de onde regressam reeducados para Deus, graças à iniciação que ali lhes é ministrada por processos supranormais... Respira-se ali o ar de um como que ambiente de santuário egípcio, hindu, tibetano. Vai, se o desejares. Dar-te-ei um guia, pois é distante, apesar de ser vista daqui, por meio do óculo. Não te obrigarei a ir. Irás, se quiseres, e quando o entenderes. Ao regressares, se não te sentires curado, ou seja, reformado para vida nova, é que teu mal realmente será incurável, porque filho da tua má vontade contigo mesmo.

* * *

Alguns dias se passaram, durante os quais não tornei a ver o superior, nem mesmo à hora dos ofícios religiosos. Os dias estavam cada vez mais agradáveis. A primavera prosseguia, arrastando consigo a alegria e a beleza. O frio era ainda intenso, mas não havia tempestades e o céu, varrido por um ventozinho ligeiro, parecia diáfano e luminoso de um lado, enquanto do lado oposto era mais sombrio e sugestivo, o que fazia sobressair a luminosidade do lado de cá. E as noites, igualmente claras e curtas, convidavam à meditação e ao êxtase, predispondo a alma a suaves contemplações diante da Natureza. Muitas vezes, com aquelas noites claras, dentro da temeridade da solidão, esgueirei-me por entre os corredores, corri ao alto da torre, seguido apenas pelo cão, que se me afeiçoara, e, debruçando-me ao balcão do terraço, punha-me a procurar com a vista a mansão da bela Olga, embora certo de que não a distinguiria a olho nu, devido à distância e à penumbra noturna. E deixava-me, então, arrebatar por singulares meditações:

— Por que aquela casa me impressionava tanto, desde a infância? Por que a atração e a repulsa simultâneas, que eu sentia agora, ante a possibilidade de conhecê-la interiormente, o que tanto desejara na infância? E por que teria o superior aconselhado a visitá-la? Que haveria ali para curar doentes e reeducar caracteres? Seria realmente mal-assombrada, como afirmavam em voz corrente? E porventura eu, homem de sociedade lúcida, oficial do exército do Tzar de todas as Rússias, espírito considerado forte por quantos outrora me conheceram, daria crédito às lendas que a respeito de tal habitação os camponeses faziam circular por todas aquelas aldeias do Ural? Que existiria, realmente, sobre a memória daquele príncipe-monge, a quem três gerações amavam e bendiziam? E que lhe sucedera, a ele, para que, tudo abandonando no mundo, terminasse seus dias num asilo de loucos por ele mesmo criado, a tratar de enfermos, falando-lhes e entendendo-os como melhor o não teria feito a um cortesão, durante o esplendor da sua vida social? Seria apenas vocação para o bem, como diziam?

Tentei interrogar os monges a respeito, os doentes e os pensionistas. Mas estes de nada sabiam, ou fingiam não saber, por deferência aos próprios acontecimentos, e aqueles, dando de ombros, respondiam com sorrisos equívocos:

— Dirija-se ao nosso superior, irmão. Somente ele saberá informar.

No fim da semana seguinte, dominado pela curiosidade, tomei a resolução de seguir para a mansão, sem mais delongas. Lavei-me, pois, cuidadosamente; barbeei-me e aparei as costeletas; perfumei-me; troquei a melhor roupa que levara, como se tivesse de me apresentar à própria bela Olga (e essa era a impressão que me agitava); agasalhei-me e, apresentando-me ao Superior, a quem não tornara a ver desde o dia da conversação na torre, disse-lhe:

— Atenderei vossa sugestão, paizinho... Visitarei a mansão do nosso amado príncipe Viazemsky...

O religioso sorriu com aquele sorriso enigmático que me atemorizava, olhos luzentes como se lampejos de satisfação incendiassem sua alma; descansou a mão esquerda sobre o meu ombro e, fazendo o sinal da cruz sobre minha cabeça, com a direita, como de uso entre os ortodoxos, murmurou apenas:

— Oh, eu sabia! Que o Senhor te abençoe, irmão! Estou certo de que não te arrependerás. Dar-te-ei o pajem. Vai em paz...

Quando parti, as cotovias cantavam no parque e as enxadas dos internos brilhavam à luz pálida do sol, movimentadas por um labor incansável. Acabáramos de ouvir os cânticos do meio-dia e eu ainda sentia repercutir, pelas sensibilidades da minha alma, os sons da melodia que o eco repetia além e acolá, melodia sugestiva e triste, que os *popes* entoavam àquela Senhora de Kazan, venerada pela alma de todos os russos, e cujo vulto maternal parecia contemplar, meio sorridente, a suavidade daquele refúgio de paz, erguido sob a invocação do seu nome.

— Paizinho, encontrará aí dentro, na despensa e nas adegas, o necessário para o seu passadio. Duas vezes ao mês a despensa é renovada aqui, quando há hóspedes... — disse-me o jovem interno do mosteiro que me guiara, deixando-me à frente do portão principal da mansão, para regressar antes da noite.

IV

Após a partida do guia, que não se dignara apear do cavalo, e quando eu me desmontava, retirando da sela o saco de roupas com mais os meus objetos necessários, apareceu do lado de dentro do portão um daqueles tipos silenciosos e esquivos a que me habituara a ver à enxada, no parque do mosteiro, o qual, cumprimentando-me humildemente, chamando-me paizinho, e pedindo minhas bênçãos, transpôs o portão, tomou-me a bagagem e convidou-me a entrar com ele, participando-me que descansasse quanto ao cavalo, porque seria devidamente tratado. Deixou no vestíbulo a minha pequena bagagem, dizendo:

— Vós mesmo escolhereis o aposento a ocupar. Não poderei entrar no corpo da casa para conduzir-vos. Não passo das cozinhas e do salão de jantar. Esta casa é um santuário.

Eram cerca das três horas da tarde. O dia estava claro, com o ar transparente e o céu azulado, embora no horizonte nuvens pesadas se avolumassem, pressagiando aguaceiros para o decorrer da noite. Certa impressão de mistério e temor impediu-me entrar na casa imediatamente, e disse comigo mesmo:

— Examinemos primeiro o jardim. Vejamos estas rosas que, segundo sempre se ouviu dizer, o príncipe cultivava com as próprias mãos. Circundemos o parque para nos adaptarmos a tudo exteriormente, em primeiro lugar.

Ressurreição e vida

Com este raciocínio, reanimei-me e me pus a percorrer as aleias do imenso jardim. Era, por assim dizer, um parque ajardinado, pois, se existiam aleias de macieiras e ameixeiras, também existiam latadas de roseiras, tufos de begônias e cercas de rododendros; se era dado admirarem-se alamedas de pinheiros e de álamos, também se admirariam cravos e narcisos; se se contemplariam galhadas de tílias, também se poderia aspirar o sutil aroma das violetas e dos lírios, ao passo que arbustos trepadores se enroscavam nas colunas de mármore dos alpendres, emprestando à habitação certa categoria poética dos cenários entrevistos em sonhos felizes.

A certa altura do parque, corria ligeiro regato, agora acrescido pelo degelo de uma colina próxima; e aqui e ali, pelas ruas do jardim, rebrilhavam ao sol poças d'água cristalina e pequenas torrentes que desciam, em degelo, das árvores e das elevações do terreno, assim como do telhado da casa, muito acidentado, deixando à mostra cúpulas caprichosas, com seus zimbórios rotundos e setas pontiagudas, ao gosto asiático pronunciado.

Silêncio inquietante, quase atemorizador, circundava a região deserta. A umas 2 verstas de distância, levantava-se pequena aldeia de *mujiks*, daquelas que eu contemplara do alto da torre do mosteiro, mas completamente invisível da mansão onde me encontrava. Eu sentia, pois, a sugestão de que penetrava um mundo diferente daquele em que vivera até então, mundo que me transportava a outra qualquer parte do Universo que não a Terra, e que era eu o único ser vivo a habitá-la. Sensação de olvido e abandono envolvia-me, predispondo-me a um estado sutil de harmonização com a Natureza, a tal ponto que eu juraria até mesmo compreender as vibrações inteligentes das plantas que me cercavam, do farfalhar dos arvoredos e do murmúrio das torrentes delicadas, e dir-se-ia que as próprias comoções daquelas sementes germinando no seio da terra, o sussurrar das borboletas em alegres esvoaçamentos pelo ar e o rumor da seiva percorrendo a haste daquelas plantazinhas tenras e os troncos dos pinheiros eram familiares ao meu entendimento, identificando-se tudo com a minha alma, como se eu e eles vibrássemos por um mesmo diapasão psíquico, de atração e transmissão.[85]

E foi assim que, ao entardecer, já quando as sombras da colina tingiam de doce melancolia a paz da região, eu me decidi a penetrar no interior da casa imersa em solidão.

Era ambiente leve e sugestivo, ao gosto oriental, um santuário de arte, beleza e mistério, embora característicos dos ambientes domésticos russos também se destacassem do conjunto. Do vestíbulo, passei a uma sala de estar atapetada, onde, sobre a estufa, sobressaía o retrato a óleo do príncipe Viazemsky durante a mocidade, e daí ao salão de jantar, em forma arredondada, rodeado de janelas e persianas, e sobre cuja mesa encontrei finas e sóbrias iguarias à minha espera. Porque sentisse fome, saboreei alguns biscoitos, frutas açucaradas, compota de maçãs, queijo e mel com leite, desencorajado de percorrer a casa toda, quando já o crepúsculo envolvia sugestivamente suas dependências. Subi ao primeiro andar por uma escadaria ondulante, e me instalei num quarto amplo e bem ornado, o primeiro que encontrei aberto, com vistas para o nascente. Havia ali lareira e poltronas confortáveis, além do leito em carvalho negro, com incrustações de bronze dourado. Nenhuma impressão desagradável me perturbava. No entanto, assomava de vez em quando à minha sensibilidade a certeza de que não me encontrava só, que entidades aladas me rodeavam, infundindo em meu ser aquela doce tranquilidade que me relaxava os nervos, descansando-os, suavizando-lhes as excitações com misteriosos bálsamos vibratórios que, então, eu ainda não poderia sequer conceber pudessem existir para além do mundo objetivo.

Mas o homem se impressiona, certamente, uma vez sentindo-se rodear por circunstâncias que, na sua ignorância de leigo, considera mistério. Arrepios sutis assomavam, uma vez por outra, pelo meu corpo, alongando-se pela espinha dorsal. Evitei, algo chocado, deixar o

---

[85] N.E.: O éter, ou fluido cósmico universal, que envolve toda a Criação.

Ressurreição e vida

aposento escolhido para passar a noite, fechei-me nele, acendi o samovar que encontrei sobre a estufa, disposto a fazer o chá, cujas folhas ali também se achavam, acondicionadas em caprichoso estojo de porcelana; acendi o candelabro de seis velas e, assim, fartamente iluminado, retirei do meu embrulho de coisas o volume do Novo Testamento, que trouxera do mosteiro, dispondo-me a lê-lo, a fim de apaziguar a impressão chocante de pavor que me invadira, ao me sentir absolutamente só na grande mansão carregada de lendas e suposições.

— Jesus Cristo far-me-á companhia nesta solidão, em que forças desconhecidas da Natureza se parecem impor ao entendimento humano... — pensei comovido e convicto, naquela emergência especial. Aliás, a chuva, pesada e barulhenta a princípio, depois leve e rumorejante, caindo em goteiras sobre o piso do jardim e o copado das árvores, fizera baixar a temperatura ainda mais. Fechei as janelas, gradeadas ao gosto oriental; acendi a estufa e me pus a ler à luz do candelabro, que eu depusera sobre a mesinha, ao pé de mim. Escolhido, ao acaso, nas páginas do Novo Testamento, logo de início encontrei estes versículos de *Mateus*, 11:25: "Disse então Jesus estas palavras: Graças te rendo, meu Pai, Senhor do Céu e da Terra, por haveres ocultado estas coisas aos doutos e aos prudentes, e por as teres revelado aos simples e aos pequeninos".

Li e reli quanto pude, procurando assimilar o ensinamento, que em verdade era sutil e escapava à minha possibilidade de homem que jamais vivera a vida do Espírito, absorvido sempre nas coisas mundanas. E pensava, enquanto relia:

"Certamente, assimilarei mais tarde o ensinamento existente aqui. Perseveremos no estudo."

Avancei depois e encontrei nova lição, que vivamente me emocionou, pois eu nunca me permitira o trabalho de perlustrar as páginas do encantador livro, e agora, lendo esse novo trecho, pensei no perjúrio de minha esposa e entrevi a cena citada desfilando diante dos meus olhos, como se também a tivesse presenciado (*João*, 8:3 a 11):

> Então lhe trouxeram os escribas e os fariseus uma mulher que fora apanhada em adultério e a puseram no meio da praça. E lhe disseram: Mestre, esta mulher foi agora mesmo apanhada em adultério. E Moisés, na lei, manda apedrejar estas tais. Que dizes Tu, logo? — Diziam pois isto os judeus, tentando-o, para o poderem acusar. Porém, Jesus, abaixando-se, pôs-se a escrever com o dedo na terra. E como eles perseverassem em fazer-lhe perguntas, ergueu-se Jesus e disse-lhes: O que de vós outros está sem pecado, seja o primeiro que a apedreje. E tornando a abaixar-se, escrevia na terra. Mas eles, ouvindo-o, foram saindo um a um, sendo os mais velhos os primeiros; e ficaram sós Jesus e a mulher, que estava no meio, em pé. Então, erguendo-se, Jesus lhe disse:
>
> — Mulher, onde estão os teus acusadores? Ninguém te condenou?
>
> Respondeu ela:
>
> — Ninguém, Senhor.
>
> Então, disse Jesus:
>
> — Nem Eu tampouco te condenarei. Vai, e não peques mais.

Dormi tranquilamente aquela noite, e pela manhã seguinte despertei reconfortado e bem-disposto, como desde muito não me sentia. Nesse segundo dia, percorri a casa toda, examinei suas dependências suntuosas, seus utensílios e riquezas, percorri livros da biblioteca, admirei quadros dispostos pelos salões e câmaras, sentei-me em todas as cadeiras e sofás, para experimentar-lhes o conforto, como o fazem as crianças ao visitarem domicílios estranhos; visitei a cozinha e a despensa, desci às adegas, escolhi conservas e vinhos reconfortantes, almocei fartamente, investiguei minuciosamente as redondezas, e para lá da colina descobri *deciatines* preparadas para as semeaduras e *mujiks* entretidos no trabalho;

banhei-me no regato de águas frescas e até modulei, em assovios alegres, antigas canções regionais que me acudiram à lembrança. Enervava-me, porém, o não ter com quem falar, não ouvir o som da minha voz ou da voz de outrem. Pus-me, então, a cantar em voz alta. Mas o eco se apresentava tão longo que me perturbei e preferi calar, compreendendo que aquela região parecia sagrada demais para ser profanada com vozerio banal.

Três dias assim decorreram e eu ainda não compreendera a razão pela qual o superior do mosteiro sugerira a minha visita àquela antiga habitação. Tudo parecia, e com efeito era, normal e simples. O único criado que eu vira à chegada desaparecera, embora já tivesse constatado que ele residia numa isbá ao fundo do parque, pois entrevira-o conduzindo o cavalo para o banho e depois para o pasto. Eu mesmo lavava a louça de que me servia e ajeitava o quarto, alimentando-me de conservas, doces, mel, frutas e leite, que sempre encontrava na cozinha, além das iguarias que eu mesmo retirava das adegas. Na noite do quarto dia, entretanto, tudo se transformou. Comecei, então, a compreender não só porque o superior me sugerira a visita como também a razão pela qual os enfermos e os tristes saíam dali curados do corpo e das ruins paixões adquiridas no contato com o mundo, assim como porque o nome do príncipe Viazemsky era ainda pronunciado com veneração, não obstante ter vivido nos tempos de Pedro III e de Catarina II.

V

Eu despertara pela madrugada, quando ainda nem vislumbres de aurora se descortinavam no horizonte. Dentro do silêncio absoluto da região, onde nem o cântico dos galos manifestava a vida, surpreendeu-me o som mavioso de uma flauta, tocando certa melodia[86] que se me afigurou um minueto de Mozart. Ergui a cabeça de sob os cobertores para

---

[86] N.E.: Fenômeno dos mais belos e raros, mas conhecido de muitos médiuns modernos, durante o transe parcial.

ouvir melhor, e os sons continuaram os mesmos, suaves, doces, encantadores quais poemas celestes que se desdobrassem em haustos piedosos para a Terra. Às vezes, dir-se-ia que o artista se colocava sob minhas janelas a fim de me homenagear com a sua música, oferecendo-me a serenata. De outras, afastava-se como debandando para o outro extremo do parque. Levantei-me cautelosamente e, pelas frestas das persianas, olhei para fora. Nada logrei enxergar, devido à espessura das folhagens das árvores e da profusão de arbustos, que a primavera revivescera. Eu sabia ser voz corrente que a alma do príncipe Viazemsky costumava voltar dos páramos espirituais para trazer benefícios aos sofredores da região, e que, em tais ocasiões, se fazia ouvir à flauta tal como nos seus antigos tempos de homem terrestre. Todavia, nunca dera muito crédito a tais versões, permanecendo sempre em expectativas desconfiadas. Nessa noite, pois, ainda sonolento, voltei ao leito sem saber ao certo o que pensar, mas também sem qualquer sentimento de pavor. Preferi supor que o criado existente na mansão seria músico e, insone, distraía-se tocando flauta enquanto passeava pelo jardim, apesar do frio que fazia. Todavia, observei que a partitura somente seria executada por um artista de grande mérito, e que um pobre criado de mosteiro ou de mansão não conheceria a divina arte tão profundamente para assim se revelar. Como eu conhecera no próprio mosteiro príncipes, condes, altas patentes militares voluntariamente reduzidos aos trabalhos mais humildes da comunidade, para expiação de erros pretéritos, deduzi que o criado seria algum artista famoso que a tudo renunciara pela abnegação dos serviços a Deus e ao próximo. Adormeci novamente, portanto, satisfeito com a explicação fornecida pela associação de ideias elaborada pelo meu endurecimento, ouvindo sempre, enternecido e feliz, a melodia encantadora que predispunha minha alma a um bem-estar quase celeste. Ao deitar-me, porém, deixara a janela entreaberta, a fim de ouvir melhor os sons da flauta... e pela manhã, despertando com a claridade do sol inundando o quarto, ouvi com tanta precisão a melodia que, assustado, saltei do leito e me pus de pé no meio do quarto, pois dir-se-ia que o flautista agora penetrara o próprio aposento em que eu me achava e gentilmente me despertava com a sua música.

Ressurreição e vida

Olhei a pêndula sobre a estufa. Marcava 9h10... enquanto o músico parecia descer as escadarias, para continuar o mimoso concerto no salão de espera, onde o belo retrato a óleo de Serguei Sokolof parecia sorrir aos hóspedes.

Vesti-me às pressas, emocionado, e saí para banhar-me no regato, impressionado com o que se passava. Meu primeiro impulso foi procurar o criado, a fim de interrogá-lo sobre o ocorrido. Mas detive-me, temendo o ridículo de ser interpretado como supersticioso e poltrão, que se deixava atemorizar pela solidão da casa considerada mal-assombrada. Entretanto, ao descer e ganhar a porta lateral, que conduziria ao caminho mais curto para o regato, nada mais ouvia. A música cessara e, vinte minutos depois, eu me convencera de que não ouvira música nenhuma e que tudo não passara de um agradável sonho de primavera...

* * *

Passou-se parte do dia sem qualquer outro incidente. Detive-me longo tempo na biblioteca e ali descobri importantes obras sobre ocultismo, faquirismo indiano, magia, magnetismo e instruções sobre a possibilidade de comunicar-se o homem com as almas dos mortos, vê-las, falar-lhes, entendê-las. Embora atraente, tal leitura chocou-me, porquanto eu jamais consultara qualquer compêndio a respeito de tão melindrosas cogitações. Enervava-me, ademais, o fato de haver já quatro dias que ali me encontrava sem ouvir o som da minha própria voz, ou da voz de outrem, e, tomando do volume do Novo Testamento, leitura que, desde meu ingresso no mosteiro, sobre todas me atraía, dadas as consolações e esperanças que difundia, dirigi-me ao vestíbulo, onde me sentei sobre um banco de mármore, e me pus a ler em voz alta o Sermão da Montanha, deliciado com o perfume das rosas e dos lírios, dos pinheiros e dos lilases, que a chuva da véspera avivara.

Passados alguns minutos, no entanto, assaltou-me a sensação de estar rodeado de ouvintes atentos, os quais se sentavam pelos degraus da escada, ao pé de mim, sobre os canteiros de relva e os bancos mais próximos. Como a insólita sensação nada alterasse na excelente disposição que me animava, prossegui na leitura vagarosamente, avançando pela descrição das parábolas, das curas dos cegos, dos paralíticos, dos leprosos.

Não obstante estivessem meus olhos baixados sobre as páginas do livro, eu observava que o número de ouvintes aumentava, que olhares atentos se fixavam em mim, sequiosos das palavras que me caíam dos lábios, e que aqueles olhares resplandeciam esperanças, desejos de que a sedutora figura do Nazareno, com mais profundidade e clareza, lhes fosse apresentada por meio das próprias ações deste sobre os sofredores. Então, eu folheava o livro, procurava trechos em que a palavra do Senhor fosse mais concludente e persuasiva e recitava os versículos, entusiasmando-me, também eu, pelos ensinamentos grandiosos que colhia, sem, todavia, me dar verdadeira explicação do que acontecia, sem prestar a devida atenção ao transcendente e belo fenômeno que se verificava, alheio ao fato, por assim dizer, embora percebendo pelas funções da consciência, por me encontrar num estado intermediário (transe parcial), durante o qual o homem poderá viver apercebendo-se dos acontecimentos próprios dos dois mundos em que, na verdade, se agita — o terreno e o espiritual.[87]

Subitamente, os sons da flauta se fizeram ouvir numa alameda de lilases, mais distante. Ergui, então, os olhos num gesto maquinal, certo de que alguém muito concretizado ali exibia os próprios pendores artísticos... e notifiquei, com efeito, entre a penumbra dos arvoredos, um vulto masculino, regulando de 35 a 40 anos, belo, de tez amorenada e mãos finíssimas, cujos suaves detalhes eu poderia entrever, a despeito da distância. Tocava flauta e media a alameda dos lilases a passos lentos. Trajava

---

[87] N.E.: Fenômeno comum aos médiuns, quando concentrados nas leituras doutrinárias. Eles se tornam, então, como que explicadores, ou doutrinadores, de entidades invisíveis sedentas de consolo e justiça, as quais se abeiram deles em tais ocasiões, conduzidas pelos protetores espirituais, e aproveitam dos ensinamentos consultados. Dessa forma, um médium bastante desenvolvido e bem assistido poderá encaminhar muitas almas sofredoras para o progresso, e frequentemente o faz.

túnica de seda verde-folha, a qual lhe descia quase à altura dos joelhos, abotoada ao lado esquerdo, desde o colarinho alto à bainha, orlada de um galão vermelho e amarelo, que se ajustava à cintura por cinto com fivela dourada. As mangas eram amplas e franzidas nos punhos, ornadas pelo mesmo galão vermelho e amarelo. Calças claras, ao estilo oriental, isto é, fartas, parecendo de tecido de lã; e botas finas e baixas como as usadas para o hipismo. À cabeça, um barrete branco, dando a impressão de turbante hindu, o que ao vulto emprestava um acento positivo de oriental. Mas não trazia barba, conquanto deixasse ver um bigode fino e algo descaído para os cantos da boca, tão do gosto dos russos-asiáticos.

Observando tais detalhes ao primeiro golpe de vista, julguei tratar-se de um homem que ali estivesse. Levantei-me, procurando aproximar-me dele, mas se me aproximava, tão logo ele se transportava para a alameda paralela. Se eu avançava novamente, voltava-se ele sobre os canteiros e atingia o vestíbulo, sempre tocando a sua flauta, de olhos baixos. Compreendi, então, que algo anormal se passava. Excitado, decidi procurar o criado a fim de interrogá-lo a respeito. Depois de algum tempo à sua procura, encontrei-o profundamente adormecido, a ressonar sobre um banco de mármore, debaixo de uma latada de rosas.[88] Como eu já não via o moço flautista nem ouvia sua melodia, preferi não despertá-lo, para não me expor ao ridículo de fazê-lo julgar que me sentia assombrado pelo temor de me ver só numa casa rodeada de lendas e tradições.

Entrementes, caía a tarde e eu, após um repasto frugal, feito à meia obscuridade do salão de jantar, sozinho com as minhas elucubrações, dirigi-me à biblioteca disposto a ler os tratados de ocultismo e aparições de almas do outro mundo, a ver se encontraria explicações satisfatórias para o que se passava em torno de mim. Sentei-me em cômoda poltrona, à beira da lareira que eu acendera, saboreei a minha chávena de chá, que eu mesmo preparara antes, e me entreguei à leitura de antigo livro sobre doutrinas egípcias, sobre aparições das almas dos mortos e seus

---

[88] N.E.: Para materializações assim visíveis, positivas, será necessário, com efeito, o concurso de um médium caído em transe profundo. Muitas de tais materializações têm sido realizadas à luz do dia.

entendimentos supranormais com os homens. Não consegui terminar sequer o exame da primeira página. Sono poderoso e invencível pesou-me sobre as pálpebras e entrei a cabecear, prestes a dormir, ao passo que o livro se me escapava das mãos e a encantadora melodia da flauta ressoava, agora, atrás de mim, como se o flautista estivesse comigo na biblioteca, indo e vindo silenciosamente sobre os tapetes, disposto a homenagear-me ainda uma vez.

Não me sendo possível resistir ao sono, deixei a cabeça apoiar-se naturalmente no espaldar da poltrona e adormeci pesadamente, de um sono singular, que antes se diria o simulacro da morte.

VI

O tema que passarei a desenvolver agora é positivamente espírita e não o desenvolvo, certamente, para os adeptos da importante Ciência, mas para os leigos e para os descrentes que desejem algo encontrar de melhor que a sua superstição religiosa ou o seu ceticismo materialista, e também para os simples de boa vontade, com os quais mantenho antigo compromisso. Este exórdio assentaria bem melhor em um apêndice do presente capítulo. Todavia, desejando que o leitor o conheça antes de iniciada a leitura, coloco-o em local forçado, embora reconhecendo a dissonância que tal disposição causará na harmonia do conjunto. Tratarei, pois, de assuntos tipicamente espíritas, de revelações e lições já estabelecidas e difundidas pelos códigos do Espiritismo, em particular referindo-me à sensacional descoberta, pelos investigadores e cientistas espiritistas, da existência do chamado *perispírito* em a natureza humana.

O estudo do *perispírito*, esse "corpo astral" sempre mais ou menos indicado pela sabedoria dos antigos filósofos e mestres de doutrinas secretas cultivadas nas academias de povos como os do Egito, da Índia, da Grécia, da Caldeia e da Babilônia, e popularizado nos tempos modernos pela Revelação Espírita, é dos mais belos e dignos de exame da Ciência Transcendental. Seu conhecimento permitirá ao observador inteirar-se da verdade acerca de muitos problemas que preocupam o homem, a este levando ao culto de princípios imortais conducentes a Deus e explicando fatos absolutamente inexplicáveis sem a sua intervenção, ou seja, sem a intervenção do citado *perispírito*. Seria de profunda utilidade que os homens em geral se decidissem a esse estudo e às observações daí consequentes, destituídos, porém, da animosidade dos preconceitos, visto que se trata de uma faceta da Verdade eterna que a Ciência descobriu, e não de um dogma filosófico, científico ou religioso.

No presente trabalho, tentando sucintas referências a tão grandioso assunto, valemo-nos do critério já exposto pela Revelação Espírita, e assim o fazemos pelas seguintes razões:

1 – É o mais adiantado critério, sobre o assunto, que a Inspiração Divina já revelou ao mundo;

2 – Não saberíamos nem poderíamos criar melhor critério sobre a questão do *perispírito* do que o já exposto pela Revelação Espírita;

3 – Fazemos o presente trabalho sob os auspícios da mesma Revelação, única credenciada, na Terra, para o intercâmbio científico, assaz positivo, com a Espiritualidade;

4 – Escolas antigas, de Ciência e Filosofia, que também revelaram a existência de um "corpo astral" acompanhando o homem com o seu corpo carnal e a sua alma imortal, conquanto veneráveis nos esforços empregados pela sua época, foram ultrapassadas pela Revelação Espírita, que atingiu, no momento, o máximo dos ensinamentos transcendentes possíveis à assimilação da mente humana atual. Não poderemos, pois, usar os ensinamentos daquelas nem abandonar os desta, se quisermos permanecer, como realmente queremos, absolutamente impessoais na trilha das Verdades eternas.

Referindo-nos ao *perispírito*, necessariamente atingiremos a alma e seus atributos. Para tanto, valemo-nos, outrossim, do que os Espíritos celestes programaram para a Revelação, uma vez que trabalhamos sob sua orientação e em torno das necessidades mais urgentes dos mesmos homens. Dito isto, retomaremos o fio da nossa exposição romântica.

* * *

Eu não poderia responder, a alguém que mo interrogasse, quanto tempo perdurei imerso naquele sono que melhor se definiria por um colapso total das funções físicas e psíquicas, ou seja — inconsciência absoluta!

No entanto, sei que despertei lentamente, e que, desejando levantar-me, foi com penoso esforço que consegui desprender-me da poltrona. Parecia que sólidas cadeias de ferro me prendiam, impossibilitando-me independência de movimentos, ou que o achaque de súbita paralisia ameaçasse anular minha desenvoltura costumeira. Finalmente, levantei-me... e, ao me voltar para alcançar a porta e deixar a biblioteca, deparei com a simpática figura do príncipe Viazemsky à minha frente, sorridente e amável, com a inseparável flauta nas mãos, em atitude de quem se preparasse para recomeçar o concerto.

Reconheci-o imediatamente, agora que o distinguia frente a frente. No salão de espera havia o seu retrato a óleo em tamanho natural, e, vendo-o agora, lembrei-me desse fato, julgando reconhecê-lo apenas pelo retrato. Forte emoção alvoroçava o meu ser, avisando-me de que eu o reconheceria mesmo sem que houvesse o retrato, visto que laços ignotos dir-se-iam ligar poderosamente as nossas almas, impressão esta que se me impôs desde o primeiro instante. Senti-me, todavia, confuso em sua presença. Sensação incomodativa, de respeito, de pavor e de vergonha, tolheu-me a ação. Esqueci-me de cumprimentá-lo e pedir-lhe escusas pela minha intromissão em sua casa, explicando-lhe que ali me encontrava sob intervenção do Superior do mosteiro. Esqueci-me também de que esse mesmo Serguei Sokolof, príncipe Viazemsky, agora frente a frente comigo, não mais pertencia ao mundo dos vivos, pois morrera antes mesmo do século XIX em que estávamos. Voltei-me, pois, confuso, pretendendo afastar-me por uma daquelas portas laterais que os reposteiros cobriam, a fim de me furtar à sua presença. Ao tentá-lo, tropecei na poltrona em que estivera sentado e, tomado de estupefação, vi-me, a mim mesmo, ainda sentado ali, dormindo profundamente, ressonando alto como qualquer burguês depois de lauto almoço, por entre suspiros longos e grotescamente repetidos. Contemplei-me aturdido, e confesso que aquele feio e pesado corpo de 35 anos me repugnou. Em seguida, examinei o meu outro eu, esse que não dormia e que contemplava o que dormia, e considerei-o agradável e muito grato a mim mesmo. Passei as mãos desse meu ser, o pensante, que velava, pelo rosto do que estava recostado na poltrona, entregue ao sono. Alisei-lhe os cabelos, sem conseguir remover de sobre a testa a madeixa que se desprendera e parecia incomodar os olhos. Toquei-lhe as mãos, as vestes, e auscultei-lhe o coração. No entanto, parecia que o fazia a uma outra personalidade estranha a mim, tão independente dele eu me sentia, não obstante reconhecê-lo como coisa que me pertencia, como o outro *eu* que integrava a minha personalidade humana. Mais confuso ainda, sem compreender o que se passava, voltei-me para o príncipe, que continuava sorrindo, e que, finalmente, talvez compadecido de minhas incertezas, me tomou suavemente pelo braço, atraindo-me para o vestíbulo.

— Sê bem-vindo, meu caro Wladimir! — disse docemente, em tom caricioso como a melodia da sua flauta, mas em que se perceberia um acento de melancolia. — Sê bem-vindo! Deus é testemunha de como a tua presença aqui alegra o meu coração e como anos a fio orei ao Criador, suplicando que aqui viesses ter. Minha perseverança telepática foi bem--sucedida, pois aqui estás.

Nada respondi, limitando-me a fitá-lo com surpresa, julgando-me contornado por sonho singular, e ele prosseguiu:

— Não, não estás sonhando, Wladimir! O que no momento se passa contigo é um fato tão natural como os demais fatos que se associam à vida do homem... e com o qual não te deverás surpreender. Para que te habilites na ciência de ti mesmo, conhecendo por que vives e pensas, por que sofres e trabalhas, por que deves ser bom em vez de seres mau, explicar-te-ei o que careces aprender, visto que aqui vieste ter a fim de curar tua alma enferma, instruindo-te na ciência do Espírito. As lições que receberás fazem parte da terapêutica de que necessitas.

Fez-me sentar no mesmo banco em que horas antes eu me absorvera na leitura do Novo Testamento, deixou-se ficar de pé, qual o egrégio catedrático durante aula clássica e disse-me o seguinte, enquanto os sons da sua flauta flutuaram pelo ar, entoando ainda a doce serenata, embora no momento ele não a tocasse, mas tal se as vibrações que redundaram na melodia continuassem retidas no ambiente, pelas atrações do éter.

— O homem — disse ele — é o venturoso possuidor de uma natureza tríplice estabelecida pelo Criador supremo, a qual justamente é o que lhe fornece a personalidade integral e independente, que o caracteriza. E essa trindade augusta da sua natureza está assim classificada:

1 – A *alma* ou *essência*, parcela do Poder Absoluto, e, como este, eterna, imortal; sede de potências máximas, ou faculdades, que exatamente denunciam a sua origem, funções tais como a *inteligência*, a *consciência*, o *pensamento*, a *memória*, a *vontade*, o *sentimento*, e demais atributos que sobrevivem através da eternidade e que da criatura humana fazem a *imagem* e a *semelhança* do seu Criador, pois Deus, o Ser Absoluto, possui estes mesmos atributos (além de muitos outros que ainda ignoramos), em grau supremo, enquanto que a criatura os possui em grau relativo, visto que é essência sua, sendo, portanto, a *alma*, sede de tais atributos, o verdadeiro ser!

2 – O *corpo astral,* ou *corpo celeste,*[89] de que tratam as Escrituras sem contudo explicá-lo, assim como muitos sábios e filósofos da Antiguidade,

---

[89] N.E.: O perispírito, de que o Espiritismo trata com tanta eficiência.

é a sede das sensações e das impressões que afetam a mente, é também o servo, o instrumento de que se serve a *alma*, essência divina, para se manifestar e agir onde quer que a levem as suas múltiplas e inconcebíveis operosidades; exatamente este, com que nós ambos nos falamos neste momento, corpo que nos permite cumprir as ordenações da nossa *alma*, da nossa vontade, e que nos torna visíveis uns aos outros na vida espiritual e até mesmo aos homens, em determinadas circunstâncias. Ora, esse *corpo astral*, delicado e sutil a tal ponto que em suas fibras luminosas se decalcam todos os nossos pensamentos, impressões, atos e realizações, tão sutil que é invisível na Terra, e só em determinadas circunstâncias será visível, é composto, por sua vez, de três elementos indestrutíveis, embora imponderáveis em relação à matéria terrena, magníficos elementos, esses, que justamente o tornam eterno como a própria *alma*, pois ele não se corromperá jamais, jamais desaparecerá! e é ainda, por natureza, invisível como a luz, e só se alterará através da evolução, atingindo maiores possibilidades para a irradiação plena da *alma*, ou seja, da transmissão dos pensamentos, das vontades e dos sentimentos desta. Tais elementos são:

a – O fluido magnético;

b – A eletricidade;

c – O fluido cósmico universal (quinta-essência da matéria, de onde se origina toda a Criação, matéria dotada de vida e possibilidades inconcebíveis à mente humana atual).

3 – O *corpo carnal*, ou *corpo material terreno*, o único a constituir passageira ilusão, pois é mortal e putrescível, uma vez que se origina de elementos exclusivamente terrenos. Esse corpo, mortal e putrescível, eu, príncipe Viazemsky, não o possuo mais, ao menos por enquanto. Entretanto, como vês, vivo, penso e ajo, melhor do que quando o possuía e me chamava Serguei Sokolof. Mas tu o possuis ainda, pois acolá o vemos, adormecido sobre aquela poltrona, porque a minha vontade de Espírito

livre, superior à tua, se impôs para que o deixasses por alguns momentos, em situação lúcida, e me atendesses para o que necessito falar-te, a fim de te ajudar a vencer a etapa crítica por que passas.

Uma vez reunidos, os três elementos expostos acima — *essência, fluido* e *matéria* — originam o homem pensante, inteligente, ágil, capaz de um dinamismo heroico, se souber equilibrar os próprios atributos em sentido superior, habilitado para um serviço majestoso de evolução, digno da sua descendência divina. Para viver sobre a Terra, tratando da própria evolução — lei natural a que estão subordinados todos os seres animados da Criação, até mesmo os vegetais e os minerais —, a criatura necessita desse corpo carnal. E, assim sendo, receberá das leis imutáveis, que regem os destinos da vida universal, muitas vezes esse corpo, em etapas variadas de existências terrenas — ou encarnação e reencarnações. Será homem, portanto, uma centena de vezes, porque morrerá num corpo e reencarnará em outro, mais tarde, quantas vezes houver necessidade de que o seja, pois a evolução da criatura para a glória da plenitude do Ser divino que nela existe é lenta, é longa e trabalhosa, dura milênios, através de escaladas sucessivas.

Quando um homem morre, a sua *alma* — gérmen, essência do Poder Absoluto — e o intermediário, ou seja, o envoltório fluídico, que participa do fluido cósmico universal — quinta-essência da própria matéria — sobreviverão na vida do Além, como me vês aqui, eu, que fui homem no tempo de Catarina II, a Grande, e cuja vontade pôde imprimir nesse mesmo envoltório os detalhes das recordações da própria indumentária que me aprazia usar então e o aspecto pessoal da mesma época, pois esse *corpo astral* é sensível e impressionável, e suas propriedades são amoldáveis aos desejos da mente que saiba irradiar com uma vontade criadora.

Ao contrário do que os homens supuseram, a vida em Além-Túmulo nem é vaga e indefinida nem irremediável e indeterminada. É, antes, lógica e submetida a leis rigorosas de equilíbrio e equanimidade, é vida normal do ser racional e pensante, pois a terrena decorre como estágios

Ressurreição e vida

preparatórios, na jornada multimilenar da evolução, daquele ser iniciado na insignificância, mas dotado de poderes latentes para se elevar por meio de labor ininterrupto, para engrandecer-se e depurar-se até a harmonização com Aquele que lhe forneceu o ser... tal como a criança, que, já no berço, retém os poderes futuros ainda adormecidos nos arcanos da personalidade, à espera do desenvolvimento normal.

Sendo um estágio preparatório, na jornada da evolução, a existência terrena, com pequenas exceções, verifica-se obrigatoriamente, para cada ser, como agente de progresso. Dependerá do ser encarnado, no entanto, fazer dessa existência o motivo heroico da sua glória perante as Leis do Criador, ou razão para uma série longa de novas existências de provações, segundo soube, ou deixou de saber, orientar os próprios passos no critério do dever e da justiça. Uma sequência longa de reencarnações expiatórias só se verifica se o Espírito infringe regulamentos delicados da Lei da Criação. O ser pensante, porém, poderá não estar jungido apenas às expiações terrestres... visto que a evolução também se verificará em outros mundos planetários que, como a Terra, são apropriados para receberem humanidades em progresso, sendo que esses mundos poderão até mesmo ser mais bem-dotados do que este em que temos vivido, e nos quais nosso progresso se fará sob forma bem mais suave do que a que conhecemos. Wladimir, caro irmão! O Universo é infinito! Vivemos todos no Infinito, homens e Espíritos! A vida contém aspectos múltiplos, que conviria ao homem desvendar para se poder alçar aos páramos sublimes da Verdade![90]

— Mas... — advim eu, recalcitrante e aturdido — como pudestes descobrir todas essas interessantes exposições?

— Esqueces, porventura, que sou um Espírito livre, que já pôde penetrar certos segredos da Criação e que, portanto, meu dever é comunicar aos homens o que por minha vez aprendo na vida espiritual? Aliás,

---
[90] Nota do autor espiritual: Resumo do ensino fornecido, a respeito, pelos Espíritos superiores, que revelaram a Doutrina Espírita a Allan Kardec.

tais ensinamentos têm sido revelados aos humanos desde tempos muito remotos. Somente o homem moderno ignora tais princípios, meu caro Wladimir, porque as exorbitâncias da Idade Média, acendendo paixões cruéis no coração humano, arredaram das academias e dos templos a possibilidade da harmonização do pensamento com as inteligências celestes, para o intercâmbio fácil que alimentava tais revelações. Entretanto, não tardará o momento em que elas, as revelações supranormais, serão revividas na sociedade terrena, por um novo surto de intercâmbio entre as inteligências espirituais e o homem, com tendências para uma reforma geral[91] nos corações e nos caracteres humanos, tal como se deu com o advento do Cristianismo.

Nada opus a essas estranhas falas, e, embora considerasse-as atraentes, calei-me, aturdido ante a profundidade da exposição e atemorizado com a vertigem do desconhecido, que começava a se desvendar diante de mim. Sem me conceder vagar para qualquer outro raciocínio, o príncipe Viazemsky, tomando-me novamente pelo braço, arrastou-me consigo pelo ar, fazendo-me flutuar com ele na atmosfera, como se ambos fôssemos como aquelas folhas do arvoredo que os ventos do outono arrancam dos galhos para as fazerem volutear pelo espaço, em caprichosos bailados. Após subir até certa altura, sempre me prendendo pelo braço, com aquela bela mão que eu já notara, começou a girar por sobre a região toda, e eu então me lembrei das estrelas cadentes, que muitas vezes havia observado no seio da amplidão, e nos comparei a elas. Era, porém, noite fechada e a Lua clareava a solidão do panorama triste, e à sua claridade sugestiva pude rever as aldeolas silenciosas, as ravinas e os prados cobertos de relva, as *deciatines* já plantadas, o mosteiro, erguido no alto da colina, com seus campanários acolhedores, suas muralhas e seus arvoredos protetores, e, mais além, o volume impressionante dos Urais, evocando não sei que sugestões alucinantes. Confesso que, diante desse panorama, contemplado por forma tão singular, acometeu-me significativo terror, vendo-me assim presa dessa estranha aventura do meu ser espiritual, inteiramente à mercê

---

[91] N.E.: Referências ao advento da Revelação Espírita, que deveria chegar com a publicação de *O livro dos espíritos*, em 1857.

Ressurreição e vida

daquela alma de príncipe filósofo, a quem três gerações bendiziam por entre preces e histórias docemente narradas a seu respeito, nas quais a sabedoria de que era portador e o amor por ele dedicado aos humildes e sofredores se destacavam como o maior atributo da sua nobreza moral.

— Por que assim voejamos, senhor? — atrevi-me a indagar.

— É para tonificar teu envoltório astral nas ondas do éter e no magnetismo sideral, a fim de que resistas, sem grande dispêndio de energias psíquicas, ao que se vai passar, visto que és ainda uma alma jungida à matéria terrena, que muito embrutece, ou enfraquece, as vibrações do ser espiritual... — respondeu com a mansidão que deixava visível.

A nada mais me atrevi, atendo-me a uma expectativa serena. Dali a minutos regressamos à mansão e pousamos lentamente no terraço mais alto e solitário do grande edifício, e o Príncipe, então, convidou-me a sentar num dos bancos que se viam junto dos balcões.

— Wladimir! Leio em teu coração a revolta contra o destino, que te apresentou a taça de amarguras incompreensíveis, culminando com a figura de uma mulher a quem amaste e cuja traição aos deveres para contigo, a sociedade e as Leis de Deus, malbaratou a tua vida, talvez para sempre — disse ele, após alguns instantes do nosso ingresso no terraço.

Fitei-o tristemente, sem ânimo para responder qualquer coisa, mas sentindo a angústia dilatar-se em meu coração a cada palavra que ouvia. Continuou, no entanto, com profundo acento de melancolia, que antes já eu notara em seus modos.

— Quando tais fatos sucedem na vida de um homem, ou quando provações imprevistas e irremediáveis o assaltam no carreiro da existência, é que sua evolução moral se processa por meio da dor, uma vez que foi rebelde às advertências da lei do bem, durante etapas pretéritas... e não por meio do amor e do trabalho, como rezam os dispositivos divinos.

— Como assim?... — ousei interrogar, não compreendendo o ensinamento.

— Se sofremos de forma irremediável, sob circunstâncias que desafiam todos os nossos esforços para a estas remediar, é que a causa da anormalidade se assenta no pretérito de nossas existências planetárias, havidas aqui mesmo, na Terra, ou em outros planetas habitados por almas irmãs nossas, pois que, fica sabendo, as estrelas que cintilam nesse espaço que aí contemplas são mundos planetários, solidários uns com os outros; e que as almas, filhas de Deus, poderão expiar aqui na Terra, por exemplo, erros praticados em outras sociedades do Infinito... ao passo que crimes praticados sobre a Terra igualmente poderão ser expiados e reparados em outros mundos. Nas tuas horas de solidão, quando tua alma sente a necessidade de confabular com o Pai e Criador, nunca pensaste em teu passado espiritual? Nunca desejaste investigar, dentro do teu ser moral, a razão por que vives e sofres, o que eras antes do teu nascimento, o que fizeste para assim te sentires punido por uma sorte adversa, de onde vieste carregando os patrimônios sublimes da tua inteligência, os teus sentimentos e aspirações, a tua dor? Nunca desejaste saber por que nos recessos da tua individualidade existe o incorruptível farol da consciência?... Pois, meu amigo, no teu próprio passado espiritual, que ignoras no teu estado de vigília física, no recesso da tua consciência, que pretendes abafar por uma vida de paixões, residem as causas da insatisfação que agita a tua existência. Vês quantas criaturas contundidas se abrigam em nosso asilo acolhedor, para o qual invoquei, desde o primeiro dia, a tutela maternal de Maria, mãe de Jesus?... Umas são loucas, outras enfermas, muitas têm o coração amortalhado pelos desenganos, e todas são grandes sofredoras, a quem somente o amor de Deus e a prática do bem poderão salvar do desespero... pois todas elas tiveram existências planetárias criminosas, num passado afastado. Foram rés de crimes graves contra as leis da fraternidade e do amor ao próximo, porque, dentro da Criação Divina, nenhum de nós sofreria arbitrariamente, sem que houvesse feito jus à anormalidade da situação. E todos esses, que aqui vivem abrigados, somente se resignaram aos dramas da própria existência depois que os levei a reverem o terrível panorama do passado, cujas consequências foram as expiações do presente, e cujo epílogo aqui mesmo se verifica entre o trabalho, a meditação, a prática do bem e o amor a Deus. Para teu próprio benefício, portanto, irás examinar o teu passado espiritual, que muito ligado ao meu está. Fica atento, Wladimir, e confia em mim.

Segunda Parte

O Príncipe filósofo

I

Quando, diante de mim, no terraço da mansão, a alma livre de Serguei Sokolof disse: "Confia em mim, Wladimir!" — senti que insólita sensação de terror penetrava o meu ser, comunicando-me que o véu que ao meu entendimento encobrira a realidade da alma humana, até ali, acabara de ser rompido por aquelas breves palavras. Um colapso abateu-me, mas refiz-me naturalmente, subordinado à lei psíquica do desdobramento da memória profunda. No entanto, a minha personalidade de conde Wladimir Kupreyanof, oficial das forças do Tzar da Rússia em 1840, não mais existia em minha consciência! Graças a certo processo comum no mundo espiritual, retornei mentalmente ao pretérito de existências antigas e me senti outra personalidade, a qual vivera pela época de Pedro III e de Catarina II, a Grande. Não mais era, absolutamente, o conde Kupreyanof. Deste não me recordava sequer, exatamente porque, no estado de mentalização do passado que eu atingira, ainda não fora ele! Era, sim, uma galharda personagem ligada a Catarina II por sólidos laços de gratidão e servilismo, a quem trataremos por Alexei Kamerovitch, um moscovita de raça francesa.

Eis, no entanto, o que se elevou das minhas recordações de Espírito que, embora ainda aprisionado numa encarnação, adquirira lucidez bastante para examinar os arquivos da consciência e daí retirar o pretérito, sob a benévola injunção daquela alma do príncipe, que tanto parecia interessar-se pelo meu destino.

***

Regressando à Rússia após dez anos de ausência, o príncipe Viazemsky despira voluntariamente o seu hábito de pretendente ao clero ortodoxo. Era, agora, somente um filósofo, um crente fervoroso nos poderes divinos, coração simples, cujo ideal era amar a Deus na pessoa do próximo, servir à causa de Jesus, por cuja Doutrina se apaixonara de sincera veneração, servindo àqueles pobres e pequeninos a quem Ele recomendara aos corações sensíveis. E era também um cientista, que todo se consagrava a profundas pesquisas a respeito da alma humana e de seus destinos, cogitando de auxiliar as que fossem menos evoluídas do que a dele a se reeducarem, com vistas ao progresso em busca da Alma Divina.

Durante o estágio entre os ascetas tibetanos, havia estudado profundamente a Filosofia e a Ciência transcendentais. E suas faculdades psíquicas se desenvolveram tanto, graças aos exercícios mentais que fora obrigado a praticar, que seus conhecimentos transcendentes atingiram mesmo os reinos mineral, vegetal e animal, aos quais, por isso mesmo, rendia um preito tão significativo de admiração e respeito que se diria hausto de amor fraterno envolvendo, também, as inferiores camadas da Criação. Costumava dizer aos amigos e discípulos, que mais tarde fizera, que o fluido criador divino, que fazia a pedra crescer através dos milênios, a água marulhar e as gemas preciosas se desenvolverem nos arcanos subterrâneos; que o mesmo fluido que animava os vegetais a germinarem, crescerem, viverem, reproduzirem, florescendo na primavera e frutescendo no outono; o mesmo divino hausto que animava os animais, tornando-os em famílias distintas, nas quais se perceberia já o gérmen de humanidades futuras — era o mesmo que alimentava a sua própria mente e fazia pulsar seu coração. E, por isso, afirmava que se sentia ligado por laços de origem tanto ao verme como às estrelas; tanto ao miosótis dos canteiros como àquelas imensas montanhas do Ural; tanto às florestas de carvalho, que frondejavam à frente da sua ermida, como aos lagartos dos pântanos; e às feras como aos anjos que percorriam o Infinito, a serviço do Absoluto. E acrescentava:

— O panorama da Natureza é o poema de louvor ao Criador, a mais insofismável prova da sua existência e do seu amor para conosco. Não compreendo como possam existir descrentes e ateus, quando tudo nos fala de Deus e testemunha sua paternidade na Criação. Vivemos eternamente em atmosfera divina, gozando de vibrações expandidas pelo Amor Divino, participando de dons da própria Divindade, pois que, criados por Ela, somos essência sua e, portanto, divinos também!

E, por isso, esse príncipe filósofo falava às plantas do seu jardim, falava às roseiras e aos carvalheiros por ele mesmo plantados entre preces e expressões de amor ao Universo; murmurava canções delicadas às abelhas da sua colmeia, concitando-as a coparticiparem do concerto divino da Criação, fornecendo com abundância o mel ao homem, de quem eram irmãs, uma vez que o homem o não sabia produzir e dele necessitava para alimento e até para medicar-se, em determinadas circunstâncias. Falava às borboletas, agradecendo-lhes por enfeitarem a vida do homem com a sua gentileza de flores aladas; e aos pássaros pelas melodias suaves ou arrebatadoras com que sabiam louvar a Criação e enternecer o coração das criaturas, e oferecia-lhes, em troca da suavidade com que se conduziam no mundo, a alimentação diária, com pequenos grãos e migalhas que cuidadosamente retirava à mesa do seu almoço. E também ao gado que trabalhava nas eiras, aos cavalos que labutavam no campo, aos quais agradecia, acariciando-os bondosamente pelo auxílio que emprestavam a ele mesmo e aos seus *mujiks*, quer ao arado, no amanho da terra para o plantio, quer nas viagens e nos transportes das mercadorias, e jamais consentia que em suas terras fosse menosprezado o trato que lhes era devido, uma vez que os considerava filhos do mesmo Deus e, portanto, seus irmãos, não obstante ainda colocados em planos primitivos. Falava às estrelas, aos ventos, à própria Terra, que cultivava com desvelado carinho:

— Se Deus é o Pai das almas, vós, minha amada, sois a mãe dos homens, a grande nutriz que lhes fornece o corpo de que tanto carecem para a marcha da evolução, alimentando-o para as grandiosas tarefas que é chamado a realizar no planeta, em obediência às leis eternas! Bendita sede, ó Terra, pelo inestimável favor que prestais ao gênero humano!

E tudo isso dizia murmurante e cariciosamente, em voz dulcíssima, como em prece, às vezes por versos puríssimos, castos, que ele próprio compunha em improvisos felizes, visto ser inspirado poeta. Seus criados diziam que costumava beijar as rosas, as folhas das tílias, os galhos das macieiras, o tronco dos carvalhos e a própria terra; e que os pombos vinham frequentemente pousar em seus ombros e em suas mãos, enquanto ele lhes falava e sorria feliz e enternecido.

Certo dia, um amigo indiscreto, que o observava ocultamente, ouviu-o dizer sozinho:

— Nas escolas do Oriente ensinam a veneração à natureza, o amor à obra da Criação. Quando Francisco de Assis, o santo dos católicos romanos, a alma eleita de discípulo do Messias, viajou pelo Oriente, quem sabe se visitou e algo aprendeu com os mestres do Tibete? Ou traria antes no coração, como patrimônio espiritual, a doce intuição das Verdades eternas, praticando-as sem coisa alguma aprender?

Outro asseverava que o ouvira dizer o seguinte, ao contemplar, pensativo, um pássaro morto:

Ressurreição e vida

— Não, ele não desaparecerá para sempre! Tudo revive e se eterniza, no seio da Divina Criação. Enquanto a essência que forneceu vida a este pássaro regressa ao laboratório divino, para animar novas formas congêneres, na heroica elaboração da futura individualidade integral, suas células, uma vez desagregadas dos tecidos materiais, integrarão outros corpos, perpetuando-se em sublimes metempsicoses. Quem sabe, mesmo, se virão iluminar melhor as pupilas dos meus olhos, ou enaltecer os haustos do meu coração?

Serguei Sokolof era músico, tocando flauta e alaúde com muita precisão. Adquirira o hábito, desde que regressara do Oriente, de dar concertos em homenagem ao seu gado e às suas plantas. Viam-no, então, ir e vir pelas alamedas do parque, ao cair do crepúsculo, pelas noites de luar ou ao alvorecer, tocando sua flauta ou acompanhando-se do alaúde para canções suaves, que cantava à meia-voz, com doçura enternecedora. Entendia que as vibrações da música tonificavam a seiva dos vegetais, reanimando-as para o mistério da germinação e do crescimento. De outras vezes, se as roseiras ou as groselheiras, as macieiras ou os lírios se conduziam frágeis, apresentando tons indecisos na sua clorofila, sentava-se no chão, ao lado, com as pernas cruzadas, como os magos e os faquires que conhecera no Oriente, e tocava melodias ternas ou vivazes, ou cantava à meia-voz, convencido de que as plantas se beneficiariam com as vibrações da sua música amorável. E quando o trigo, o centeio, as batatas ou a aveia despontavam da terra, tenros e delicados, ei-lo indo e vindo pelas valetas dos campos, tocando a sua flauta, certo de que assim reanimaria as forças vitais dos mesmos para crescerem e produzirem messes abundantes em seus domínios.

Jamais o viram irritado com o que quer que fosse. De seu coração somente evolavam bênçãos para tudo o que o rodeasse, e de seus lábios só ouviam palavras afetivas, sérias e conselheiras. Seus modos, seus atos e sua vida eram poemas que enalteciam quantos se aproximavam dele, os quais, se de boa vontade, com ele aprendiam o sublime segredo de ser feliz em Deus, criando o Reino do Céu dentro de si mesmos com o desenvolvimento das boas qualidades do caráter e do coração. Nem seus amigos nem seus criados (não possuía escravos) o criticavam ou ridiculizavam por se conduzir assim. Respeitavam antes tais hábitos, que consideravam belos, sem, todavia, entendê-los. Havia quem o considerasse místico, um santo em corpo humano, anjo em trajes masculinos. Outros acreditavam-no mago, faquir, feiticeiro, louco. Mas Serguei nada disso era, senão um homem virtuoso, um filósofo apaixonado por assuntos transcendentes, alma delicada de artista, coração generoso de poeta e idealista. O certo era que todos o amavam, pois a bondade que o viam praticar com as plantas e os animais estendia-a ele, em maiores proporções, aos homens que o cercavam.

Porém, esse homem singular, anjo em miniatura, filósofo na realidade, santo na opinião daqueles que o amavam, místico e cientista, pois que profundamente reverente a Deus e sua Criação, a par de ser um médico; essa alma boa exilada na Terra, que parecia entender as vibrações das plantas e a inteligência dos animais, pelos quais era também amado, e que com sua música dulcíssima auxiliava a frutificação das macieiras, os trigais a espigarem melhor e a ascender com mais intensidade os perfumes das rosas e das violetas; essa inteligência iluminada pela Ciência imortal, essa mente educada, que confabulava com a Natureza derramando lágrimas jubilosas por encontrar em seus arcanos respostas às indagações superiores do próprio pensamento, esse homem, um dia, cometeu um erro grave, erro que teria trazido consequências desastrosas para ele mesmo, detendo-o estacionário na escalada do progresso geral, se acima de tudo ele não fosse caráter equilibrado, preparado para todos os embates próprios da condição humana.

Esse homem, um dia, amou uma mulher!

Amou-a como só poderia e saberia amar um coração em suas condições.

Ressurreição e vida

E essa mulher chamava-se Olga Nadja Andreevna Kivostikov, e era condessa.

II

Incompatibilizado com a sociedade, graças às avançadas ideias que comungava sobre moral e justiça, e até com a ortodoxia religiosa, na qual não encontrara as verdadeiras expressões do ideal cristão, o príncipe Viazemsky, regressando à Rússia, refugiou-se na sua mansão do Ural, disposto a levar vida singela e benemérita, consagrada ao amor de Deus e do próximo e à prática do Cristianismo simples dos primeiros discípulos do Nazareno. A mansão, por esse tempo, era apenas a residência rural dos Viazemsky, que possuíam também residências em Moscou e São Petersburgo, como todo nobre russo. Graças a partilhas de herdeiros, coubera a Serguei esse domínio e ele o recebera satisfeitíssimo, não obstante o mau estado de conservação do imóvel. Ao recebê-lo, desfez-se das duas residências que possuía em Moscou e São Petersburgo, vendeu outras terras, que também eram suas, restaurou a mansão com um pronunciado acento oriental e instalou-se nela.

— Farei desta casa o meu santuário de estudos, meditações e práticas de Psiquismo — dizia a si mesmo, enquanto presidia à reconstrução, visto que, guiado por seus dotes artísticos, confiava-se também à Arquitetura. Remodelou o parque, dividiu as *deciatines*, contratou *mujiks*... e bem depressa as colheitas encheram os celeiros e a criação inundou de alacridade os estábulos e os aviários. Metido no seu *bechmet* bordado, de seda verde-malva, com suas calças de lã branca, o barrete de peles e as botas curtas, era belo vê-lo entre seus *mujiks*, conversando e ensinando, e entre as ovelhas mansas e confiantes, que aceitavam de suas mãos os tabletes de açúcar que cuidadosamente lhes reservava. E, uma vez tudo preparado e sendo riquíssimo, compreendeu que deveria realizar algo de útil a favor do próximo. Dos terraços da mansão lobrigava-se, ao longe, a pequena ermida da Virgem Mãe, já ameaçada de ruínas, onde apenas três *popes* viviam miseravelmente, em sacrifícios estéreis. Resgatou-a generosamente, convidou os *popes* a colaborarem com ele, transformou-a num reformatório para pecadores que se arrependessem, reconheceu-se capacitado para o espinhoso ministério de educador e conselheiro, à base da reforma individual pela evangelização cristã, pois não ignorava que muitos delinquentes chegam ao extremo do suicídio pela ausência de uma casa acolhedora que os socorra na hora dramática em que até eles próprios se execram, e iniciou seu importante ministério. Para tal desiderato, voltou à sociedade e durante alguns meses frequentou cidades, aldeias e vilarejos, visitando ainda antigos amigos e conhecidos, a fim de participar-lhes sobre a instituição que acabara de criar, rogando-lhes que o procurassem se acaso, algum dia, se sentissem desgraçados ou perseguidos pela sociedade, o que, pela época em apreço, era comum acontecer, particularmente entre aristocratas. Visitou igualmente alguns *popes*, antigos companheiros de vida religiosa, com quem melhor se afinara no mosteiro onde se iniciara, para avisá-los de que, se um dia seus corações ou seus raciocínios aspirassem a algo mais profundo do que o dogmatismo ortodoxo e as vantagens pessoais por este propiciadas; se um dia desejassem, com efeito, servir ao Cristo de Deus, esforçando-se na prática do Evangelho tal como o Messias o expusera, que o procurassem na ermida do Ural. Acabara de criar uma ordem independente, a exemplo de algumas que conhecera no Oriente, particularmente baseada no Evangelho cristão, o qual seria praticado em sua simplicidade primitiva, sem dogmas nem imposições de caráter ortodoxo, e que à sua sombra seria abrigado quem quer que amasse a Deus, respeitasse suas leis e desejasse seguir as pegadas do seu Messias. Mas, aos amigos e personalidades que estivessem à altura de compreender a grande expressão da sua obra, explicava ele o seguinte:

— Que, apesar de independente, ofícios religiosos da ortodoxia seriam admitidos na ermida, a fim de desviar possíveis perseguições do totalitarismo teocrático, sempre pronto a intervir em organizações verdadeiramente laicas, e, também, atendendo à necessidade das ideias ainda rudes dos abrigados que não chegassem a compreender, pudesse

Ressurreição e vida

Deus ser amado em Espírito e verdade e Jesus cultuado na pessoa do próximo. Em verdade, a ermida seria um santuário, ou escola de iniciação nos mistérios da vida universal, ou seja, das Verdades eternas; escola onde o discípulo aprenderia a conhecer-se a si próprio, como homem e alma divina que também é, além do intercâmbio de relações entre as sociedades da Terra e do Invisível, com os cursos de Filosofia e ciências transcendentes e também da Medicina Psíquica, indispensável àqueles que se dedicam ao devassamento do Psiquismo, pois, para que os homens se reformem das próprias paixões, ingressando em caminhos honrosos, seria indispensável a reeducação por meio do estudo e da franca dedicação a princípios superiores, que lhes faltaram e cuja ausência de suas vidas motivara, exatamente, as quedas em que se aviltaram.

Regressando à ermida após essa breve estada na sociedade, Serguei Sokolof levava consigo quatro homens, da mais fina nobreza russa, dois monges, que se desligaram dos antigos compromissos com os respectivos mosteiros, embora continuassem religiosos, e quatro damas, votadas ao bem, para quem o mundo não mais oferecia atrações, as quais seriam as primeiras governantas da importante instituição. Iniciou-se, então, a vida de trabalhos e intelectualidade que entrevimos para trás. De reformatório que era, a casa desdobrou-se e anexou um hospital e um asilo para os desprotegidos da sociedade, mendigos, *mujiks* desamparados etc. Todavia, ainda ali não eram recebidos os loucos, não obstante o príncipe já haver tratado alguns com os métodos da Medicina aprendida entre os tibetanos, obtendo então os melhores resultados.

A aldeia estendia-se à frente da ermida, agora transformada em casa de beneficência. Era pequena, mas pitoresca e aprazível com as suas quinze casas residenciais inteligentemente dispostas em semicírculo, o chafariz de pedra e ferro no meio da pequena praça, os seus jardins e pomares fiscalizados pelo próprio Príncipe, que se diria o patriarca da região, e a alegria constante daquelas famílias unidas, em boas relações umas com as outras, as quais beijavam a mão de Viazemsky todos os dias, chamando-lhe paizinho.

III

Dissemos que Serguei Sokolof era médico.

Cursara Medicina entre os mestres tibetanos, em cujas academias, ou santuários, a Ciência em geral era base para estudos sobre doutrinas secretas ali ensinadas, a par da Filosofia e do culto ao Absoluto, ou moral religiosa. O curso assim efetivado, porém, não era propriamente aquele dessa Medicina oficializada pelas universidades de todas as nações da Terra, mas uma outra Medicina, transcendente, que se especializava em casos psíquicos, a qual, para curar enfermos, não dependeria da farmacopeia terrena, tratando antes de resolver com as faculdades anímicas do próprio homem, postas em ação e cautelosamente cultivadas (os *dons espirituais*, de que falam os evangelhos; a *mediunidade*, como os trata o Espiritismo), muitos males que, aparentemente, só os compostos químicos poderiam arredar do sofredor. A tais faculdades não eram estranhas as forças psíquicas hoje denominadas *magnetismo*, *hipnotismo* e *sonambulismo*, forças naturais na individualidade humana, que igualmente poderão operar verdadeiros milagres sobre o enfermo, uma vez acionadas por caracteres idôneos, abnegados, tal como as vemos praticadas à época de Jesus, por Ele próprio e seus colaboradores, e mais tarde por figuras de grande projeção na história do Cristianismo, e também pelos magos e filósofos da Índia.

As enfermidades assim curáveis eram as seguintes (ainda o são, dependendo a eficiência da cura da vontade educada do operante): o raquitismo infantil e, em geral, todas as enfermidades que flagelam as crianças; a hipocondria; a neurastenia; o nervosismo e anormalidades sexuais; o traumatismo, moral ou físico; a alucinação; a histeria, no homem ou na mulher; a epilepsia (enfermidade sediada no *perispírito*, por excelência); a embriaguez (não hereditária); e, finalmente, a loucura que, por aqueles eruditos tibetanos, era classificada em três espécies diferentes:

1ª – a loucura puramente físico-material, localizada em distúrbios cerebrais, sexuais, sifilíticos e alcoólicos (dificilmente curável pelo Psiquismo);

2ª – a loucura psíquica intrínseca, advinda de estados depressivos do sistema nervoso, da mente esgotada, dos caracteres emotivos e supersentimentais (curáveis pelo Psiquismo, se implicar a reeducação moral do paciente);

3ª – a loucura psíquica extrínseca ou *obsessão*, advinda de causas estranhas ao paciente, ou seja, produzida pela presença, ou ação, de individualidades extraterrenas (Espíritos), cuja mente inferior ou odiosa subjuga a vontade do paciente, infundindo em sua mente estados complexos, antinaturais, que variam de muitos graus, cada um destes passível de criar estudos e observações especiais (facilmente curável pelo Psiquismo, quando não implicar expiação consequente de desajustes conscienciais do próprio paciente),

O curso feito pelo príncipe Viazemsky seria, por isso mesmo, de Medicina transcendental, curso aprofundado, próprio de mentalidades e caracteres superiores, muito adaptável ao coração do sincero crente em Deus, cuja alma se deverá elevar aos domínios da abnegação, e não do interesse imediato, e cujas aspirações se afinarão com as coisas divinas como com as disposições sublimes do amor ao próximo.

Era, pois, exercendo o sacerdócio em torno da Medicina transcendente que Serguei Sokolof tratava e curava, gratuitamente, os doentes que o procuravam, enquanto com a Filosofia evangélica recuperava os corações dos mesmos enfermos para o amor e o respeito a Deus.[92]

* * *

---

[92] N.E.: Esses atributos da alma, ou dons espirituais, poderão exercer suas atividades também sem nenhum curso especializado, uma vez que se trata de faculdades naturais na espécie humana, bastando apenas o cultivo das virtudes e do amor a Deus e ao próximo. A história do Cristianismo é fértil nesses exemplos. Todavia, é fora de dúvida que o estudo, a meditação etc., levarão a finalidades superiores as mesmas faculdades.

Em certa noite de inverno, cessara o vento, mas a neve continuava caindo, estendendo pela vastidão do panorama o sudário branco, que se ia rapidamente avolumando. A floresta de pinheiros, que se erguia a algumas poucas sajenes da última isbá da aldeia, dir-se-ia agora gigantesca muralha de mármore estriado de verde-escuro, tão sobrecarregados se encontravam os velhos arvoredos pelo gelo acumulado pelas constantes nevascas. Era cedo ainda, pois na ermida via-se luz numa e noutra janela, indicando que enfermeiros velavam à cabeceira de doentes e que o Príncipe e seus discípulos se aplicavam, até aquela hora, a estudos profundos, como era habitual.

Subitamente, a sineta do portão fez ressoar o alarme pela região desolada. Um cão ladrou no interior do pátio, desencorajado de se arrojar contra o adversário que presumia no incômodo visitante, tanto era o frio que fazia. Com o mau tempo, não havia porteiro, à noite, no abrigo do portão. E, por isso, vendo que demorava a ser atendido, o visitante, que não desejava permanecer sob a neve, tratava de agitar novamente a corda pendente do lado de fora do portão, enquanto a sineta repetia o alarme impressionante.

Passados alguns instantes, ouviram-se passos apressados pela neve, no lado de dentro, algumas palavras trocadas em voz baixa entre dois homens que se aproximavam, e, em seguida, a portinhola abriu-se e a voz do velho porteiro, que acorrera, interrogou:

— Quem vem da parte de Deus, a tais horas e com este tempo?

— Paizinho, sou eu, Micha[93] Nikolaievitch, que necessita ver imediatamente nosso amado paizinho Viazemsky. Um doente espera por ele em estado grave, em minha isbá.

O portão abriu-se apressadamente, não sem dificuldades, devido à neve que lhe opunha entraves, e Micha entrou apressado. Os três

---

[93] N.E.: Diminutivo de Mikail (Miguel).

Ressurreição e vida

homens traziam, cada um, a sua lanterna e, somadas aquelas luzes, o carreiro até a entrada da ermida aclarou-se prodigamente e eles penetraram no edifício central.

Serguei encontrava-se na sala de estudos, com efeito, rodeado de alguns discípulos que o ouviam em respeitoso silêncio, e recebeu o visitante imediatamente e com afabilidade, como era habitual. Este chegou-se a ele, depois de ter deixado no vestíbulo as botas molhadas pela neve, caminhando apenas sobre as meias de lã; curvou-se respeitosamente diante do Príncipe, que se levantara, beijou-lhe a destra, que fora estendida para ele, e falou comovido pelo gesto amigável que recebera, pois Serguei não exigia de seus subalternos que esperassem ordem a fim de dirigir-lhe a palavra:

— Paizinho, Maria Alexandrovna, minha mãe, roga-vos uma visita para a sua hóspede, que chegou hoje, à tarde, e se encontra gravemente enferma. Não faz outra coisa senão chorar desde que chegou e já teve três crises de alucinação, que nos estarreceram. Parece que está louca. Tirita em febre, diz coisas desconexas.

A um gesto de Serguei, um serviçal retirou-se, a fim de ir buscar o seu casaco de peles, as botas, o regalo, as luvas e o barrete, também de peles; e enquanto esperava e se preparava, também interrogava ele a Micha, quase distraidamente:

— Não sabia que havia forasteiros em nossa aldeia. De quem se trata?

— É uma linda jovem, paizinho, e foi minha irmã de leite, apesar da distância social que nos separa. Disseram que lhe ocorreu uma desgraça... Bem... Trata-se da condessa Kivostikov, Olga Nadja Andreevna.

— Ah! sim — respondeu surpreso, Viazemsky. — Conheci seu pai em Moscou... Mas a ela não, não a conheci... Devia ser, então, uma criança... Que teria a condessinha vindo fazer aqui, nesta solidão do Ural?

— Pois, meu paizinho, aí é que se encontra a desgraça que a atingiu. O Sr. conde, seu pai, morreu subitamente, agora... Bem... Macha Alexandrovna, minha mãe, de certo vos porá ao corrente dos fatos.

Empunhando lanternas e resistentes cajados para se defenderem dos lobos, sempre possíveis na região, puseram-se a caminho os dois homens, acompanhados de mais dois internos da ermida, em demanda da residência de Maria Alexandrovna. Serguei fora o único que rejeitara a arma para se defender dos lobos. E porque lhe oferecessem um cajado com ponta de aço aguda, arma perigosa, certamente mortal, ele respondeu:

— Obrigado! Mas... Não, não há necessidade. Os lobos são mansos. Costumo sair por aí, à noite, para aspirar o ar puro da floresta... e jamais encontrei animais perigosos.

IV

Serguei Sokolof só deixou a casa de Maria Alexandrovna ao amanhecer. A neve cessara. Cessara o vento. O dia apresentava-se tão sombrio como se fosse anoitecer, e o ar se conservava pesado, prenunciando novas tempestades de gelo para o decorrer da tarde.

— Nada mais sucederá, Macha, esteja descansada... A doente entrará em convalescença hoje mesmo. Só pela madrugada despertará. Encontra-se sob a ação de pesado sono[94] por mim provocado, o qual lhe há de restaurar o equilíbrio nervoso. E, quando despertar, estarei aqui novamente.

— Que Deus o recompense, paizinho, sois o bom anjo do Ural. Que seria desta pobre criança, que eu criei nos meus peitos, se não fosse o vosso bom coração?

---

[94] N.E.: A Medicina oficial, moderna, usa o mesmo processo para curas rápidas, designando-o por Sonoterapia, e provocando o estado letárgico com medicamentação adequada, o que também se poderá fazer com o Magnetismo, sem necessidade de drogas.

Ressurreição e vida

Maria Alexandrovna chorava, enxugando as lágrimas com o avental que lhe protegia as saias, e Serguei falava e ouvia-a, detendo-se no umbral do aposento onde a doente repousava sobre um leito bem aquecido, ao lado de uma lareira acesa.

Ao chegar à ermida, o príncipe filósofo mostrava-se distraído e pensativo. Tomara o seu chá fumegante, acompanhado de pequenos pastéis açucarados, manteiga, ovos e queijo, e se retirara para a sua cela, onde — afirmava — deveria repousar de uma noite insone à cabeceira de um doente. Em verdade, porém, deixara-se cair sobre o leito, no qual se sentara; baixara a fronte, a fim de meditar e orar melhor, e assim permanecera grande parte do dia, em sublimes trabalhos de invocações e irradiações psíquico-magnéticas em favor da nova cliente. À noite, retornara à casa de Alexandrovna, aguardando o despertar da jovem enferma, que, segundo seus cálculos, só pela madrugada voltaria a si do pesado torpor provocado pela terapêutica psíquica que houvera por bem aplicar-lhe.

* * *

A isbá de Maria Alexandrovna, não obstante modesta, era das mais abastadas da aldeia, graças aos esforços de seu filho Mikail Nikolaievitch, o qual, apesar de muito jovem, pois contava apenas 18 anos, era funcionário da ermida, enquanto ela própria se dava ao trabalho com ardor, vivendo despreocupada quanto aos meios de se manterem. Sua hóspede do momento chegara, efetivamente, na véspera, acompanhada de dois servos da casa Kivostikov, os quais à boa Macha pareceram, logo de início, investidos de missão suspeita, algo criminosa. Enquanto esperavam pelo despertar da enferma, Maria narrara ao Príncipe os acontecimentos a respeito da jovem, a quem muito estimava:

— Pois, é como vos afirmo, paizinho! Como ninguém ignora em São Petersburgo, Olga Nadja Andreevna é filha natural, mas legitimada, do conde André Andreievitch Kivostikov e de uma cigana tártara, que se suicidou ao se ver abandonada por seu senhor e amante, e destituída da filha, mal esta atingira os 2 anos, época em que a criança parece que reúne todos os encantos para redobrar a adoração que suas mães lhe votam. Educada num mosteiro de religiosas às expensas do pai, que a queria com muito fervor, esperava ela a maioridade para se apresentar à sociedade, ingressar na aristocracia, a cujo respeito tinha direitos pela legitimação com que a amparara o conde, seu pai, e escolher marido entre os muitos jovens que não desprezariam nem a sua beleza, porque era realmente linda, nem a sua fortuna, pois era riquíssima e proprietária de uns domínios em Tula. Seu pai, que a amava muito, prometera que ela viveria junto dele até que se casasse, e que a apresentaria à Corte na melhor oportunidade, obtendo para ela o título de dama da nossa mãezinha Catarina II, visto que tal pretensão ser-lhe-ia de fácil realização, uma vez que era um dos favoritos da Tzarina, que já lhe confiara mais de uma missão espinhosa, até mesmo no estrangeiro.

Desde o seu nascimento, quando o conde a retirara dos braços de sua infeliz mãe, duas vezes repudiada — por ele próprio e por sua tribo —, fui contratada para criá-la junto dele, e, até os 12 anos da mesma, fui eu que a tratei e acompanhei. Porém, o conde casara-se com uma senhora muito respeitável, mas também muito orgulhosa, a qual todos os dias afirmava não poder tolerar de boa mente a presença, em sua casa, daquela criança, cujo nascimento era atestado vergonhoso da conduta libertina de seu marido enquanto solteiro, não obstante havê-la o pai legitimado, como se tal acontecimento não fosse tão comum entre as famílias da nossa "Santa Rússia" e do mundo inteiro... e sem querer compreender que a pobre criança é que não poderia ser responsável pelos desatinos dos pais. E tanto se infernou a nova condessa, tantas altercações e ameaças graves começaram a surgir entre o casal, em virtude da presença da menina no domicílio paterno, tantas injustiças passou a criança a sofrer de sua orgulhosa madrasta, que, desesperado, o conde decidiu confiá-la aos cuidados das monjas de Kiev, para tratarem da sua educação até a maioridade, após lavrar testamento deixando-a como sua principal herdeira. Separei-me dela nessa ocasião e decidi, então, residir em Perm, onde nasci e onde ainda possuía alguns parentes, e depois vim para esta aldeia que o paizinho levantou, onde sua bondade se apiedou de minhas dificuldades e me favoreceu meios de obter recursos para viver acompanhada de meu filho. O conde Kivostikov, porém, faleceu agora subitamente, vítima de um acidente durante uma caçada em que se envolvera com alguns amigos, sem haver nomeado tutor para a filha. Uma vez ciente de que Olga Nadja Andreevna era a maior herdeira de seu pai, a viúva Kivostikov entendeu-se com os demais parentes, os quais, por sua vez, sempre preferiram avistar na órfã a intrusa de sangue cigano, que lhes arrebataria uma herança respeitável, e resolveram todos retirar a menina do convento e exilá-la para minha casa, com recursos tão diminutos para viver que terá de trabalhar, como qualquer camponesa, se não conseguir possibilidades de aproximar-se de nossa mãezinha imperatriz, para pedir-lhe justiça. E isso fizeram para se apossarem da fortuna, fazendo constar que a menina está desaparecida, com a cumplicidade de seus afins ciganos, ou que não mais existe... e o paizinho sabe que não faltarão funcionários desonestos, capazes de se acumpliciarem com o mal a troco de uma boa propina. Olga Nadja conta 18 anos, é uma criança desamparada, como vemos, pois os seus dois irmãos, ainda que fossem seus amigos, nada poderiam tentar a seu favor, por serem ainda mais jovens do que ela. Ao chegar aqui, trazida à força, como num rapto, por dois fiéis da condessa, tentou matar-se, pois sente horror pelo futuro que a aguarda. Teve crises nervosas indescritíveis, como o paizinho chegou a presenciar, e, se não fossem tantos cuidados que lhe dispensamos, não sei o que teria sido dela a estas horas.

A boa mulher narrava o drama de Olga, desfeita em prantos. Viazemsky não emitira um só monossílabo. No entanto, ao compreender que Macha terminara a triste exposição, interrogou, e sua voz era ainda mais grave que habitualmente:

— Sabe se estão em seu poder os papéis de legitimação e títulos de fortuna deixados pelo pai?

— Sim, estão com ela, *barine*. Não sei como pôde defendê-los da ambição dos inimigos familiares, mas o certo é que se acham em seu poder. A seu mandado, retirei-os do forro da saia que usava ao chegar aqui, onde estavam ocultos.

O príncipe recebeu-os das mãos prestativas da ama, examinando-os com lentidão e, depois, dobrando-os cautelosamente e devolvendo-os a Maria Alexandrovna, observou em tom discreto:

— Sim, estão regulares. Se estimas essa jovem e lhe desejas algum bem, não comente com quem quer que seja que ela os possui e ajuda-a a conservar tais documentos com a máxima cautela. Por enquanto, será preferível que ela se conserve aqui exilada, até que a esqueçam... mais tarde, com eles poderá requerer os direitos que lhe cabem como filha e herdeira de um fiel servidor de nossa imperatriz. Em casos tais, como não existe um tutor nomeado pelo pai, caberá à Tzarina indicar um, ou assumir o encargo, já que o conde foi amigo do governo e pessoa da sua confiança. Mais tarde veremos o que será possível tentar em seu benefício.

V

Bem depressa Olga restabelecera-se. Os cuidados clínicos-psíquicos de Viazemsky, que não poupara esforços no sentido de lhe corrigir os distúrbios nervosos, o afeto maternal da antiga ama, que a rodeava de atenções, o respeito e a solidariedade dos habitantes da aldeia e dos internos da ermida, que acorreram em visitas e gentilezas, presenteando-a de todas as formas, o repouso e os bons ares do campo, tudo contribuía para o seu restabelecimento. Chegada que fora a primavera, estava completamente restabelecida, e as cores vivas das suas faces e os risos constantes dos seus lábios indicavam que o desgosto sofrido, se não fora de todo expurgado, pelo menos estaria consideravelmente arrefecido por uma vontade forte de viver e ser feliz.

Ressurreição e vida

Olga Nadja Andreevna era formosa, e sua perfeição física tão impressionante que cativava os corações logo ao primeiro contato. Afável e gentil, sabia também naturalmente encantar, pois mostrava-se expansiva e álacre na convivência com os seus semelhantes. Para se permitir o prazer de uma conversação, não escolheria interlocutores: príncipes ou lacaios, *mujiks* ou *popes*, todos lhe mereciam atenção e acatamento, pois sabia rir e divertir-se com todos, sem menosprezar as classes desfavorecidas. Não o fazia, porém, atendendo a princípios de fraternidade cristã para com o próximo, como acontecia a Viazemsky, mas traindo o seu caráter expansivo por excelência, remanescência do sangue cigano que corria em suas veias a par do sangue aristocrata e da esmerada educação que vinha recebendo. Sentindo-se em liberdade, agora, não mais contornada pela coação de velhos preconceitos próprios da sociedade, dir-se-ia que o eco do caráter de seus ancestrais tártaros repercutiram em suas atitudes: cavalgava em galopadas com seu irmão colaço Mikail Nikolaievitch, improvisava caçadas com os filhos dos aldeães, às ocultas de Viazemsky, que proibira caçadas em suas terras e em terras da ermida, banhava-se nos regatos, tal qual as ciganas, passava dias inteiros em passeios pelos bosques e os campos, crestando-se ao sol para assistir ao trabalho dos *mujiks* ou dos operários. Aos domingos, organizava reuniões festivas no pátio da ermida e oferecia números de Arte aos internos e aos camponeses, os quais acorriam a vê-la, encantados por sua graça cativante; cantava canções tártaras e orientais, cujos dialetos conhecia, acompanhando-se de instrumentos nostálgicos que encontrasse; dançava bailados ciganos, ora vibrantes e sensuais, ora rumorosos e doces como a carícia das brisas, e sempre esfuziante de graça, beleza e sedução.

Serguei Sokolof, que era, como todo caráter superior, um artista de escol, passou a acompanhar aquelas canções aos sons da sua flauta ou do alaúde, o que sublimizava as festividades, e, no prosseguimento desses dias álacres, em que todos eram felizes, passou também a acompanhá-la nas danças, pois, não obstante ser um filósofo, um místico, era também russo-oriental; e qual o russo, oriental ou não, que ainda hoje desdenharia as suas canções nativas e as danças do seu rincão?

No fim de dois meses, esses números de Arte tomaram feição típica da região e o pátio enchia-se de músicos e dançarinos, que, cantando ou dançando, se permitiam o prazer de imitar a bela condessa e aquele paizinho amoroso, que se enchia de júbilo ao contemplar seus protegidos felizes, na expansão de inocentes alegrias. A aldeia, assim, adquiriu um padrão especial de atividades, pois cada vez mais ditosos e confiantes, graças à bondade do príncipe e à alacridade da condessa, seus habitantes se uniam no desejo do trabalho para o progresso e o bem da coletividade, e não se permitiam ensejos para desditas, porque o prazer de um para com todos e de todos para o que lhes estivesse próximo era servir, fraternizar e prosseguir no bem de cada dia, tal como esclarecia aquele a quem tanto amavam e respeitavam, ou seja, Viazemsky.

Entrementes, no coração desse príncipe filósofo grande transformação se operara, no curto prazo de alguns meses. A convivência diária com a jovem cliente, a quem os internos da ermida e os camponeses haviam apelidado "a bela Olga", influenciara poderosamente na sensibilidade do seu grande coração, predisposto aos maiores graus de afetividade. E, certa noite, em que não conseguia conciliar o sono, foi obrigado a confessar a si mesmo que amava Olga Nadja Andreevna com toda a ternura do seu coração e com todas as forças da sua alma, sentimento meio paternal, por vê-la sozinha e infeliz na orfandade, meio passional e encantador, que transportava seu coração.

Encontrava-se, então, na sua humilde cela, inteiramente idêntica às demais, e já se aproximava a madrugada quando a certeza de tal sentimento irradiou do íntimo do seu ser. O alarme que se seguiu, conflito da razão contra o coração, foi tão violento, que ele se desfez em lágrimas, e prostrado de joelhos nas tábuas nuas da cela, esta oração, que ele soube extrair do coração, repercutiu pelo infinito, em vibrações ansiosas, mas puras e santas:

Tem misericórdia do teu servo, Senhor! Sei que não ingressei neste mundo para me dar a satisfação do amor humano, mas tão só para exercer o cargo de distribuidor de auxílios teus às almas sofredoras que me cercarem! No entanto, amo uma mulher! Retira, Senhor, do meu coração este afeto que me tortura! Faze-me transformá-lo em proteção fraterna, em piedade paternal! Mas se desejas antes provar teu pobre servo, dá que eu me permita sublimizar tanto esse amor que ele se revele ao mundo como padrão da tua lei, para aqueles que dele tiverem notícia!...

Dessa data em diante, viam-no preocupado e pensativo como jamais o fora. Não se animava a confessar à bela Olga a veneração que lhe consagrava. E se ela o não amasse e o repelisse?... — dizia consigo mesmo, em confabulações torturantes. — Isolei-me da sociedade, aboli as alegrias do mundo, conto duas vezes a sua idade... Poderá ela amar-me, ainda assim?

Confessara-lhe ela o desejo de ingressar na Corte, como seu pai tencionava a seu respeito, requerer os direitos que lhe eram de justiça, como filha e herdeira do conde André Andreievitch Kivostikov, frequentar a mais alta sociedade de São Petersburgo, ofuscar seus cruéis inimigos, vingar-se deles pelo mal que lhe haviam causado, e, para isso, pediu-lhe auxílio. Mas, pacientemente, ele, Viazemsky, vinha aconselhando-a a perdoar e esquecer as ofensas recebidas, porque nenhuma outra vingança lançará maior confusão na alma do inimigo do que o perdão bem aplicado, em oposição ao mal recebido. E sofria, retirando-se para intermináveis passeios pelas orlas dos bosques ou pelos prados úmidos do orvalho das noites ainda frias, enquanto mil pensamentos ansiosos deslizavam pela sua mente nobre, consagrada ao bem, mas agora empolgada pelas aspirações do amor passional:

Oh! ele quisera educá-la, erguendo seu coração para as aspirações sublimes do espírito, em oposição aos desejos mundanos que a inquietavam, fazendo-a preocupar-se pela posse de posições efêmeras na Corte de uma soberana descrente e pervertida.

Quisera conduzi-la àqueles estudos profundos da Filosofia e da Ciência que a ele mesmo transfiguravam, auxiliando-o a descobrir Deus no recesso da própria alma, a reconhecer-se como parcela do Absoluto, por ela ainda desconhecido; e com ela travar debates fecundos sobre a alma humana, suas possibilidades, seus destinos, sua epopeia evolutiva, suas glórias através dos milênios, seus triunfos na plenitude da vida eterna. Quisera discipliná-la, dominá-la com os princípios rígidos da iniciação, como fazia com os seus discípulos, dela fazer um repositório de virtudes, um escrínio de preciosas faculdades anímicas, e, talvez, uma sacerdotisa do Cristo,[95] como aqueles a quem conhecera no segredo dos santuários[96] do Tibete.

Quisera vê-la amando o próximo até a renúncia, velando à cabeceira dos doentes, como ele próprio fazia, pensando chagas, ensinando o ignorante, protegendo os fracos, consolando corações despedaçados, dominando loucos pela assistência irresistível do amor, tecendo meias e mantos para o inverno dos pobres, protegendo o órfão, o velho e o escravo, amando o Evangelho do Messias de Deus com a doce humildade daquele que renasceu para o bem.

Mas... para que ele a guiasse nesse radioso caminho de ressurreições seria necessário que ela lhe devesse obediência... e só o matrimônio a levaria a obedecer-lhe assim.

Quisera passear com ela, vagando pelos prados atapetados de ervas umedecidas pela geada, na calada das noites de luar, ensinando-a a compreender a Natureza, e, a sós com ele, vibrar no mesmo hausto de glorificação ao Criador supremo, assimilando a harmonia das coisas na própria fluidez do ar, no pipilar dos insetos, no cântico dos rouxinóis, no perfume da flor, na vitalidade dos bosques, no uivar dos lobos, no cascatear das águas. E, enlaçando-a de encontro ao coração, beijando seus lindos olhos meigos e castos como os olhos de um anjo, enleando-a na doçura das mil carícias que o seu amor lhe saberia conceder, falar-lhe da amplidão do Infinito e da existência de outros mundos e outras humanidades irmãs, que palpitavam

---

[95] N.E.: Médium evangelizado, que se sujeita aos princípios doutrinários e disciplinas daí consequentes.
[96] N.E.: Templos, academias.

naquele turbilhão de estrelas faiscantes, que enxameavam pelo Universo sideral, acrescentando-lhe que, um dia, também eles, juntos e felizes, alcançariam uma daquelas estâncias venturosas, onde o amor e o bem eram a verdadeira norma, e onde prosseguiriam na ascese do aperfeiçoamento.

Mas... para que a pudesse conduzir até as orlas dos bosques de pinheiros, pelo silêncio das noites de luar, lecionando-lhe essa Filosofia imortal que iluminava seu próprio coração e sua razão; para que a enlaçasse nos braços, bendizendo a Deus por meio do amor que lhe consagrava, seria necessário que ela fosse sua esposa.

E quisera subir com ela ao cimo de uma daquelas montanhas, que da ermida se avistavam, para ali esperarem o alvorecer do dia, contemplando o panorama arrebatador da região sob as carícias dos primeiros raios do sol da primavera. E, sob essa bênção heroica da Natureza, ali, a sós com ela e em presença de Deus, detê-la docemente em seu regaço e afagá-la como a um bem supremo que o Céu lhe houvesse concedido, renovando protestos de amor, enquanto a levasse a louvar a Deus pela felicidade do sentimento que os unia, por aquele Sol, que despontava festivo no horizonte, por aquele orvalho que vitalizava a terra, por aquelas florestas e aqueles bosques pujantes de vida, que além se avistavam, por aquele panorama esplendoroso, expressão do próprio amor de Deus, que nada cria senão o que é belo, precioso e útil às suas criaturas.

Mas... para que tudo isso se transformasse em encantadora realidade, seria necessário que ele a desposasse. E que a desposasse sem demora, antes que ela se arrojasse à duvidosa aventura de partir em busca da Tzarina, porque a verdade era que ele a amava loucamente, que sofria, que necessitava do seu amparo moral, a fim de prosseguir na missão benemerente que se impusera por amor ao Evangelho, e que, certamente, não mais lhe seria possível compreender a vida sem ela.

No fim de mais alguns dias, dominado pelas mesmas impressões, encheu-se de coragem, confessou-lhe seu amor e pediu-a em casamento.

Deslumbrada, Olga Nadja Andreevna não conseguiu responder uma só palavra. Mas tomou da mão generosa daquele Serguei paternal, com reconhecimento e fervor, e beijou-a com humildade, pondo-se a chorar sem constrangimentos, presa em seus braços.

Um mês depois, realizava-se o casamento em São Petersburgo, na antiga residência de Olga, uma vez que Serguei já se desfizera das residências que ali possuía, e isso para que a sociedade, sempre predisposta à maledicência, se inteirasse, com absoluta certeza, de que o príncipe Viazemsky desposara Olga Nadja Andreevna, obedecendo a todas as exigências da lei em vigor e com o consentimento da Tzarina, visto ser a jovem órfã e seu pai não haver nomeado tutor para ela antes de morrer. Todavia, antes desse acontecimento, procurara reconciliar Olga com a família, generosamente escurecendo o incidente havido contra a jovem, não logrando ser recebido, porém, na casa Kivostikov, em nenhuma das vezes que pretendeu visitá-la.

Terceira Parte
Olga Nadja Andreevna

I

O novo casal fizera da Mansão Viazemsky a sua residência. Bem depressa, entretanto, os aldeães da região, que estimavam Olga por suas maneiras graciosas, por sua beleza, pela voz suave com que sabia cantar para diverti-los e a languidez e destreza nos bailados ciganos que tanto agradavam, bem depressa esses aldeães cognominaram aquela residência de "A Mansão da bela Olga".

Ressurreição e vida

Residindo aí e atendendo a deveres imperiosos na ermida, Serguei compreendeu que as tarefas a realizar exigiam dele maiores esforços e mesmo sacrifícios, e dedicava-se, então, a elas com o ardor que era o seu característico. Viagens diárias eram feitas, geralmente a cavalo, mas de vez em quando em trenós e *troikas*, se Olga o acompanhava. Sentia-se imensamente ditoso ao lado da jovem esposa, amando-a com ternura superior à que dedicava a tudo mais que amara até então, sentimento ideal, porque inspirado nos próprios preceitos evangélicos. Aliava-a aos seus estudos e afazeres, iniciava-a, com efeito, como tanto o desejara, na Filosofia que o empolgava, reeducava-a carinhosamente à luz do Evangelho e exigia sua cooperação a seu lado, na casa de beneficência que passou a ser a ermida. Olga submetia-se a tudo passivamente, sentindo-se profundamente amada e reconhecendo no marido não apenas o companheiro de sua vida, mas também o mestre respeitável, de quem desejava ser discípula devotada. Não obstante, essa jovem ardorosa, que trazia nas veias o irrequieto sangue tártaro, aborrecia-se na solidão que a cercava e frequentemente dizia a si mesma:

— Não! Não poderei suportar este gênero de vida por muito tempo mais. Que me adiantam os dois títulos de nobreza que trago, se hei de sufocá-los entre camponeses, mendigos e doentes? Amo Serguei, sim! Amo-o do fundo de minha alma! Mas amá-lo-ia ainda mais se ele acedesse aos meus rogos para residirmos em São Petersburgo, ao contato da sociedade brilhante a que temos direito pelo nascimento. Oh! Serguei não se deveria ter casado... e principalmente comigo! É demasiadamente bom e santo para poder ser um companheiro amável, como esposo.

E um dia rogou-lhe:

— Peço-te, Serguei! Deixemos esta solidão. A ermida ficará sob cuidados dos teus auxiliares e nós iremos para São Petersburgo... para Moscou... Entre os homens, no seio da sociedade, também se exercerá o bem e praticar-se-ão ensinamentos cristãos. Saiamos daqui, que isto me enlouquece. Sou muito jovem, ainda não tenho 20 anos... e desejo viver intensamente, sentir o contato do mundo civilizado. Que mal haveria nisso?...

Ele, porém, em vez de atendê-la, redobrara para com ela não apenas as solicitudes de que a cercava, mas ainda procurava conceder-lhe ensinamentos novos, fortalecendo-a para superiores aspirações, certo de que, uma vez conhecedora dos sublimes segredos da vida, que tentava ministrar-lhe, novos ideais adviriam, sufocando os impulsos mundanos que a tentavam. Aconselhava-a então, explicando que a Corte de Catarina II era corrupta e absorvente, não oferecendo garantias honestas a quem quer que no seu torvelinho se arrojasse; e que ele próprio, Viazemsky, se se furtara ao contato social aos 20 anos, voltando-se para Deus, fora porque ali deparara todas as nuanças da ignomínia, capazes de deformarem o caráter do cortesão.

— Apenas sei que meu pai amava a imperatriz, respeitava-a e recomendara-me a ela, para que tratasse do meu futuro.

— Mas, hoje és a esposa de um príncipe... e porventura não cuidarei do teu futuro?

A nuvem fora passageira e dissolvera-se entre afagos e sorrisos. Olga não mais se queixara e Serguei não repetira as razões já expostas.

Talvez que, se desse matrimônio moral, intelectual e espiritualmente desigual, adviesse o fruto normal dos matrimônios, ou seja, um filho, logo no primeiro ano dos esponsais, a felicidade do casal estivesse defendida contra possíveis incompreensões futuras. Porém, essa bênção protetora do lar recém-formado não se apresentou no primeiro ano. Também não se apresentou no segundo. E o terceiro iniciou-se sob perspectivas angustiosas, que pareciam difundidas pela atmosfera conjugal, sem, todavia, se revelarem francamente.

No entanto, Serguei Sokolof, esse homem singular, cuja sensibilidade superior penetrava a alma das coisas, levando-o a descobrir harmonias celestes no próprio ar que o cercava, no perfume da flora ou na cintilação das estrelas, e daí transportá-las em música para a sua flauta ou em versos para o seu estro; essa alma de poeta e filósofo, que se identificava com as vibrações das plantas[97] do seu jardim, ou com as dos trigais que cresciam sob seu olhar amorável; esse caráter elevado, cujo sentido íntimo, aguçado pelas longas meditações, dilatado pelo fervor das preces com que se dirigia a Deus e o desejo sincero do bem, ia ao extremo de se entreter em colóquios frequentes com almas habitantes do Além, não poderia perceber que sua esposa, embora amando-o, entediava-se a seu lado, abrigando desejos imoderados, capazes de destroçar a felicidade que ele tão generosamente se esforçava por manter em torno de ambos?

Serguei sabia-o. E compreendendo-a portadora de caráter frágil e impressionável, predisposta a distúrbios patológicos, desejava a todo custo afastá-la de motivos que viessem a precipitá-la em quedas irreparáveis, ou seja, afastá-la dos bulícios e perigos dos meios sociais corrompidos, que ele bem conhecia, e para isso esforçava-se por elevá-la a um nível moral que lhe fornecesse base para o desfrute de uma serena e perene paz conjugal. E talvez o conseguisse, realmente, se um fato inesperado não adviesse, contrapondo-se aos seus benéficos propósitos.

II

Chegara à mansão um nobre, amigo da família Kivostikov, jovem de 26 primaveras, a quem Olga conhecera superficialmente em casa de seu pai, durante as vezes que o visitava, desde que fora internada no educandário de freiras. Esse jovem era nem mais e nem menos do que o conde Alexei Kamerovitch, isto é, eu próprio, pois que nessa nova personagem, apresentada ao meu exame espiritual pela autoridade irresistível da alma livre do príncipe Viazemsky, reconheci-me a mim mesmo, porém, em antiga etapa reencarnatória, sendo presa, então, de surpresa apavorante e violenta emoção.

---

[97] N.E.: Médium psicométrico.

Eu era, pois, naquela época, amigo íntimo da condessa viúva Kivostikov, seu confidente particular, e fora a Perm procurar a bela jovem por insinuações dela, a fim de estabelecer entendimentos amistosos sobre os bens deixados por seu pai, o conde Kivostikov. A viúva deste, que se debatia com aflitivas dificuldades financeiras, incumbira-me de obter de Olga a partilha dos bens com os seus dois irmãos menores, visto que estes, muito menos contemplados, haviam ficado quase paupérrimos, enquanto Olga nem sequer se dignara ainda requerer os bens que lhe pertenciam e tampouco tomar posse dos domínios rurais que lhe cabiam, além de se ter tornado riquíssima também com o casamento. O caso do rapto, ou antes, a imposição da família, fazendo-a exilar-se para a casa da ama, no coração do longínquo Ural, entrava nos planos concebidos pela mesma, que, como sabemos, imaginara valer-se da sua ausência para dá-la como desaparecida e apossar-se da fortuna. Os notários, todavia, requereram documentações que não se achavam em poder da viúva, nem de quaisquer outros membros da família, mas que deveriam existir em poder da principal herdeira, considerada desaparecida. Os interessados, então, apelaram para a Tzarina. Mas a Tzarina, se por um lado era caráter reconhecidamente corrompido, sem escrúpulos em variadas circunstâncias, por outro era grande governante, e bastantes vezes soube decidir, com acerto, problemas delicados que implicavam justiça entre as pessoas dos seus súditos. Acresce a circunstância de que o pranteado conde Kivostikov fora fiel servidor seu, em quem muito havia confiado para negócios particulares, não obstante escusos; que, por isso ou por aquilo, estimava-o; que, muitas vezes, lhe dissera ele que sua filha Olga Nadja Andreevna seria dedicada a ela, Tzarina, quando atingisse a maioridade; que esta prometera interessar-se pela menina e admiti-la entre suas damas, mormente se fosse mulher bela e sagaz, sempre tão útil para a política secreta; e que, apesar da morte do seu amigo, recordava-se das promessas feitas e tencionava cumpri-las, o que seria fato realmente singular. A condessa viúva, no entanto, ignorava tais pormenores. Reconhecendo-a inimiga da enteada, o conde ocultava-lhe os passos em favor do futuro da filha querida. E porque se empenhasse pela posse da fortuna de Olga para os seus três filhos, a pretexto de que esta desaparecera voluntariamente, após a morte do pai, sem requerer o que lhe pertencia, a Tzarina, para quem haviam apelado juízes e herdeiros, decidira que os filhos das segundas núpcias do conde André Andreievitch Kivostikov somente teriam direito aos bens de Olga por morte desta, ou por uma desistência voluntária da mesma, coisa que, em verdade, a Imperatriz não admitia viesse a dar-se.

— Se desapareceu, que seja procurada! — respondeu a imperatriz aos delegados da família Kivostikov, que tratavam do assunto. — Mandaremos procurá-la em toda a Rússia! Esse é o nosso dever!

E, com efeito, cumpriria esse dever, visto que era caprichosa e jamais admitia que suas ordens fossem negligenciadas. Mas Viazemsky aparecera alguns dias depois, acompanhado da formosa Olga, suplicando-lhe licença para o casamento. Catarina não só concedeu a licença como até demonstrou satisfação pelo acontecimento. Não reclamou a presença de Olga para os seus serviços, como fora desejo do falecido conde, e ainda menos lhe exigiu a partilha da fortuna com os demais representantes da família.

Alarmada com os fatos, que poderiam comprometê-la, se Serguei generosamente não obtivesse de Olga o silêncio sobre as verdadeiras razões por que fora parar na ermida do Ural, a condessa viúva retraiu-se, calando despeitos para viver como lhe fosse possível. Dois anos mais tarde, no entanto, incumbiu-me de procurar Olga e o príncipe, para convencê-los a se reconciliarem com ela e a família e a concederem algo de suas riquezas aos irmãos paupérrimos, pois sabia Viazemsky riquíssimo, e somente vantagens julgava advirem, para ela, da conciliação com aquela a quem, em nefasta hora, desejara prejudicar.

Além dessa missão junto à rica herdeira Kivostikov, porém, outra levava-me ao Ural, como até mesmo a muitas outras localidades da nossa "Santa Rússia".

III

Eu, Alexei Kamerovitch, vivia na Corte de Catarina II desde a adolescência, por assim dizer. Ingressara ali acompanhado por minha mãe, então já viúva de um nobre russo, apesar da sua origem francesa. Muito cedo, portanto, eu me corrompera, uma vez que ninguém viveria na Corte dessa ilustre governante e se conservaria honesto, discreto, temperante. A Corte de Catarina, a Grande, seria sinônimo de dissolução generalizada, de desregramento moral. Posto a seu serviço, servi-a bem e com fidelidade, abolindo escrúpulos e amordaçando a consciência, a fim de cair em suas boas graças e fazer fortuna. Consegui-o... e dentro de pouco tempo reconheci-me não só rodeado de atenções por muitas figuras destacadas, como, acima de tudo, benquisto pela Tzarina, que muitas missões me confiava, principalmente missões secretas, que dissessem respeito aos seus interesses particulares. Eu era, em verdade, um agente seu para serviços escusos, cuja natureza me faria corar de vergonha se fora possível a um homem como eu, naquela época, corar de vergonha por servir a sua soberana, ainda que as tarefas de que se visse investido primassem pela desonestidade e o impudor...

Catarina não era totalmente má, como o foram muitos outros soberanos da época ou anteriores a ela. Contou, também, os seus dias de beneficência e mesmo de justiça para com muitos dos seus súditos, embora tais beneficências e justiças pudessem prejudicar a outrem. Seria, hoje, amiga deste e daquele, e cumulava-os de favores. Mas se se desgostasse deles, poderia desgraçá-los ou mesmo matá-los, amanhã ou mais tarde. Era uma governante volúvel, paradoxal, empreendedora, inteligente, enérgica, progressista. Corrompida, impudica, prestando-se a situações vexatórias no campo da moral, descendo a ignomínias que se tornaram célebres, essa mulher, que antes deveria ter nascido homem, porque nessa qualidade se vinha arrastando pelas reencarnações desde Roma, essa mulher, a quem a posteridade não chegaria a amar, mas a quem também não poderia odiar, protegeu a muitos com o seu grande e movimentado governo, serviu a necessitados e recebeu ingratidões. Em verdade, usou de represálias atrozes, muitas vezes, talvez por não ser devidamente compreendida. Todavia, não faríamos justiça se a tratássemos com cores tão somente negras e detestáveis.

* * *

Um dos serviços de que por vezes me incumbia, serviço secreto, que bem poucos conheceram, era o de arregimentar jovens belas e inteligentes para os serviços de espionagem. Não viviam estas propriamente em palácio, mas frequentavam-no como atrizes e dançarinas, divertindo a Corte em ocasiões oportunas, durante os espetáculos teatrais que ali comumente se verificavam. A Imperatriz, então, usando subterfúgios muito a seu gosto, apontava-lhes os vultos que deveriam seduzir para espionar, nacionais e estrangeiros, políticos ou não, e era fiel e amorosamente obedecida. A Tzarina comprazia-se, também, em tomar conhecimento de grandes escândalos sociais promovidos por seus súditos, de frivolidades e noticiários galantes, pois era mulher expansiva, gostando de se divertir ininterruptamente. Diziam, mesmo, que se embriagava frequentemente. As ditas jovens seriam, então, boletins vivos de um noticiário indiscreto e especioso, que muito divertia a ilustre imperatriz de todas as Rússias. Para que não abusassem da situação vantajosa que desfrutavam, era breve a permanência nos ofícios que lhes cabiam. Outras substituíam as antigas, para o que seria necessário uma busca constante em todo o território russo, para se encontrarem tais beldades.

Ora, minha viagem ao Ural prendia-se a essa particularidade também, ou seja, escolher algumas jovens dançarinas capazes de se prestarem àquelas atribuições. E como essa região do Império tornara-se famosa pelo encanto das suas danças de gosto oriental, as quais tão admiradas eram pela época, pus-me à procura de algumas jovens, a fim de satisfazer os desejos da minha soberana, enquanto atendia os rogos da condessa Kivostikov a respeito de sua enteada.

Na região da ermida não existiam albergues nem hospedarias. Os costumes continuavam patriarcais e os raros viajantes que se aventurassem por aquelas imediações hospedavam-se, de preferência, na própria ermida, onde existiam também abrigos para forasteiros; hospedavam-se ainda na Mansão Viazemsky, que os acolhia graciosamente, ou em qualquer isbá de camponeses, a estes gratificando por gentileza e como recordação da própria passagem por ali, porquanto os hospedeiros se negavam a receber pagas pelo favor prestado, aceitando, no entanto, um presente, uma oferta amistosa. Tendo-me hospedado na isbá de Maria Alexandrovna no primeiro dia, já no imediato passei para a mansão do casal Viazemsky, que me recebeu com as honras habituais entre aristocratas e, também, por ser eu amigo da casa Kivostikov. Serguei Sokolof nutria preferência pelos hábitos orientais. A hospedagem oriental era superior, em distinções, à europeia. Aturdido, pois, entre as honrarias de que me reconheci alvo durante a hospedagem, confessei-me igualmente encantado com o alto nível de educação do dono da casa e nele apreciei o homem mais estranho, porque mais evolvido e virtuoso de toda a "Santa Rússia".

Nos três primeiros dias, nada de singular acontecera. Eu não me animara ainda a externar o motivo da missão que me trazia à presença dos meus hospedeiros, porque a respeitabilidade do príncipe atemorizava meus propósitos pouco honrosos. Também não fora possível contratar nenhuma dançarina, dado que a região toda, influenciada pela ascendência moral do príncipe filósofo, não abrigava mulheres que se não dirigissem por um padrão muito apreciável de boas qualidades morais. Nenhuma das que encontrei seria capaz de espionagem ou de dançar num teatro, como profissional. Não obstante, deixei-me ali ficar, seduzido pelo padrão de vida tão pura que observei e pela obra benemérita que Serguei Sokolof dirigia.

No primeiro domingo que ali passei, entretanto, havia festividades na ermida, em regozijo da abundante colheita de cereais, que naquele ano excedera às melhores previsões técnicas. De 20 verstas em redor viriam visitantes a tomar parte nos festejos, e as aldeias do príncipe engalanavam-se desde cedo, em franco entusiasmo para a reunião, que se realizaria no amplo terraço de mármore, como sempre. Instado a comparecer, uma vez que na mansão não ficaria nem mesmo um só *mujik*,

Ressurreição e vida

parti na carruagem com Olga, pois desde muito cedo Serguei para lá se retirara, presidindo os preparativos. O dia estivera fresco, mas agradável, e o céu, de tom azul esgazeado, mantinha-se iluminado por um sol brilhante, que faiscava sobre as folhagens do parque e das florestas próximas, emprestando-lhes mil reflexos dourados, de encanto arrebatador. E, enquanto a excelente trinca de cavalos brancos de Viazemsky puxava galhardamente a carruagem, eu pensava comigo mesmo:

"Será fácil encontrar, hoje, o que procuro. Essas festas de colheitas jamais passam sem danças. Certamente, conhecerei hoje algumas jovens que, não influenciadas pela austeridade do príncipe, porque residentes noutros domínios, desejarão exibir as próprias seduções na Corte de nossa mãezinha Catarina."

A voz suave de Olga Nadja Andreevna despertou-me dos devaneios a que me entregava:

— Tereis hoje grande surpresa, conde Alexei — disse ela, morosamente, como falando por mero convencionalismo social. — Haveis de ver dançar, como qualquer bailadeira tártara profissional, alguém que desejaria intensamente seguir-vos a São Petersburgo e Moscou, se deveres imperiosos o não retivessem aqui.

Não compreendi onde a minha formosa anfitriã pretendia chegar, e supliquei-lhe que repetisse o fraseado, que aos meus ouvidos soara com o tom melancólico de um queixume incontido, ou uma confidência. Fitei-a com interesse insólito, pela primeira vez, e afirmei a mim mesmo:

— É encantadora! A mulher mais bela que já vi! Quando menina, não pensei que chegasse a ficar tão linda ao se tornar mulher! Dominaria não só os salões de Catarina, mas de toda parte onde aparecesse...

Pareceu-me, todavia, constrangida e triste. Nossos olhos, talvez por acaso, ou talvez devido ao ambiente romântico em que nos agitávamos, se encontraram, pela primeira vez, mergulhados nas ondas uns dos outros, e de nosso seio imperceptível suspiro dilatou-se, um ao outro demonstrando que nos sentíamos comovidos por algo indefinível, que de nós se irradiava para cruzar-se em harmoniosos entrelaçamentos, no estreito âmbito do carro, que corria ao som do cântico monótono do cocheiro e do estalar do chicote que voluteava no ar, animando os ágeis cavalos.

— Acreditai, conde Kamerovitch! — prosseguiu ela. — Eu iria de bom grado para São Petersburgo, até mesmo como dançarina profissional, pois sei dançar, se não fora o egoísmo de meu marido, que me obriga a permanecer nesta solidão...

— Talvez não seja exatamente egoísmo, minha senhora... mas o desejo, muito louvável, de conservá-la afastada das perniciosas influências dos grandes centros sociais. Seu marido é um caráter superior, que necessitaria ser devidamente compreendido pelos que o cercam... — respondi contrafeito ante aquela expansão extemporânea, visto que admirava sinceramente o príncipe filósofo.

— Sabeis, porventura, que meu pai me destinava aos serviços da Tzarina? — prosseguiu, sem parecer ouvir-me. — Mas exilada para aqui, pela maldade de minha madrasta, casei-me imediatamente com esse príncipe magnânimo, e hoje sou uma mulher sobrecarregada de deveres tão austeros, tão santos, que impossível se me tornou realizar o grande sonho de minha vida: viver na Corte! No entanto, eu sei que meu destino me arrasta para lá... e mais dia menos dia ver-me-ei conduzida para essa finalidade.

Uma nuvem singular, de surpresa ou emoção, obscureceu-me os sentidos, ouvindo-a falar. Meu coração precipitou-se e suposições insensatas se entrelaçaram em meu cérebro! Voltei-me vivamente e perguntei com certa afoiteza:

— Pois, não amais então vosso esposo? Vosso casamento seria, portanto, ato tão impensado, ou calculado, do qual vos arrependeis agora?

— Oh, não! Não! Amo Serguei com toda a minha alma, não obstante contar ele o dobro da minha idade. Somente não me adapto à solidão do campo e me sinto exasperada, às vezes. Demais, tenho para com ele uma dívida de gratidão: amou-me pelo que sofri, repudiada por minha família... e, desposando-me, libertou-me de uma situação insustentável, dramática.

Seguiu-se incomodativo silêncio. Eu desejara, e até esperara, que ela afirmasse que não amava Serguei, e por isso quase me sentia envergonhado, ante a impertinência da pergunta feita. Ao monótono rumor da carruagem, que esmagava torrões e pequenas pedras, o silêncio tornava-se penoso. Singulares pensamentos fervilhavam em meu cérebro, habituado à malícia dos ambientes sociais. Terrível excitação nervosa impelia-me a ousadias temerosas, diante daquela formosa mulher sentada a meu lado. E de súbito volvi, tocando ternamente sua mão, que ela não retirou de sob a minha:

— Quisera então viver em Moscou, mãezinha, ou em São Petersburgo?

— Sim, quisera! — confessou resoluta.

— Trago possibilidades para que esse desejo se realize. Diante da incumbência que aqui me traz, não será difícil vosso esposo concordar com uma transferência para São Petersburgo. A condessa Kivostikov solicita, por meu intermédio, o reatamento das relações de amizade entre ambas, e vossa presença na capital, para regularização da herança deixada por vosso pai. Precisaríeis ir a São Petersburgo, apresentar vossos títulos, para que se inicie a partilha dos bens... pois vossos irmãos, muito menos contemplados do que vós, se encontram às portas da miséria. Sou, portanto, um procurador da condessa Kivostikov, um intermediário. Aqui está a carta que ela me confiou para entregar-vos.

Narrei então o que se passava: a situação precária dos seus irmãos, o desejo manifestado por Ingrid, sua madrasta, de tê-la agora a seu lado, como amiga, o arrependimento por se ter indisposto com ela, reconhecendo o mal praticado e disposta a remediá-lo. Mas Olga Nadja, sem se interessar pela carta, fitava os caminhos por onde passávamos, olhava os campos, as colinas, sem me interromper sequer com uma exclamação, fria, indiferente. Quando silenciei, respondeu somente, e o tom de sua voz era rude, bastante expressivo para confundir meu entusiasmo conciliatório:

— Nada tenho a ver com a viúva do conde Kivostikov, meu pai, e seus filhos. Nossas fortunas são independentes. Antes de morrer, meu pai teve o cuidado de distribuí-las segundo seu modo de parecer. O que possuo é meu, somente meu!

— Mas... Sois riquíssima, senhora princesa. Casastes com um homem generoso e tão rico que a herança deixada por vosso pai poderia... Acredito que ele não se oporia se, porventura...

— Não há partilhas a fazer... a não ser que eu desejasse fazê-las. Pois bem, não quero! Não haverá partilhas!

Nesse somenos, havíamos chegado. O príncipe esperava a esposa no sopé da colina. Beijou-lhe galantemente a mão, cumprimentou-me à oriental e subimos todos para o pátio, que já abrigava uma pequena multidão alegre, ávida de distrações.

E os festejos prosseguiram até o anoitecer, quando, então, foram celebrados ofícios religiosos, como encerramento.

IV

A festa pareceu-me singular. Jamais assistira a coisa idêntica. Deixou-me impressões tão profundas que, nessa mesma tarde, compreendi que meu destino se transformaria, graças a suas influências. Impossível descrever a alacridade dos convivas, a exótica beleza das aldeãs que acorreram a se divertir, enfeitadas nos seus trajes característicos, e a fascinação exercida em toda a assembleia por aquela jovem princesa, que se revelava também a melhor bailadeira típica de quantas ali se apresentaram. Nenhuma delas mais ágil e mais leve nos compassos vivos das danças ciganas, nenhuma outra mais firme e graciosa nas evoluções caprichosas das danças tártaras, nem mais veloz num rodopio atordoante. Olga revelou-se criatura mui diversa da que eu conhecera até então. Irradiando sedução e vida, mostrava-se tão encantadora durante os festejos, que eu lastimava, contemplando-a, não ser possível levá-la comigo, ao meu regresso, para exibi-la pelo mundo como a mais completa artista que a Rússia possuía. Suas canções foram ouvidas em religioso silêncio pela multidão. Sua beleza, então exposta à luz suave da tarde, sugeria a presença de um anjo bom, amigo dos camponeses, que viera para reconciliá-los com Deus, por seu canto arrebatador. Muitos murmuraram, aqui e ali, que parecia, com efeito, um anjo; outros encontravam nela semelhanças com a Virgem Santa. E enquanto ela dançava ou cantava, e o poviléu se embevecia, meu coração se comprimia e eu exclamava despeitado para mim mesmo:

— Por que não poderei levar comigo, para São Petersburgo, essa encantadora mulher?...

Pois, levei-a, com efeito!

Olga Nadja cedeu ao cerco sedutor que desenvolvi desde aquele dia em torno dela, não porque aborrecesse o marido, pois amava-o, mas por preferir, à vida simples e virtuosa que ele lhe oferecia, o tumulto da sociedade, os prazeres da Corte, que ela desconhecia, que desejava experimentar, mas que de forma alguma poderia supor fossem, em verdade, corrompidos e ultrajantes como realmente eram. Quanto a mim, sentia-me sinceramente apaixonado por seus encantos. Mas tivera a cautela de conter impulsos ardorosos, a fim de seduzi-la de preferência pelo seu lado vulnerável, isto é, animando-a para a mudança definitiva para a capital, afirmando-lhe minha certeza de que o príncipe não resistiria à sua ausência e bem cedo a imitaria, deixando a outrem os encargos da ermida.

— Vamos sim, condessa. Nossa mãezinha Catarina receber-vos-á de braços abertos. Brilhareis entre as mais belas. Sereis a segunda imperatriz, que ofuscará a primeira pela beleza e as mil atrações de que é portadora... — segredava-lhe eu, durante nossos românticos passeios pelas aleias das tílias ou das groselheiras, certo de que, no ambiente vicioso da Corte, conquistá-la-ia definitivamente para os meus braços...

Todavia, Olga preferiu ouvir antes o marido, confiando em que, vendo sua resolução irrevogável de partir, ele se decidisse a partir com ela.

Informado da minha missão relativamente às pretensões de Ingrid Korsunskaia, ou antes, da viúva Kivostikov, foi de opinião que a esposa renunciasse aos bens deixados pelo pai a favor da madrasta e dos irmãos, que lutavam contra a pobreza:

— Deverás retribuir as ofensas praticando o bem em favor daqueles que te ofenderam, minha querida. São teus irmãos e necessitam do legado paterno para conquistarem um futuro condigno. Aliás, não são responsáveis pelas ações maternas. Quanto a ti, não necessitas da fortuna de teu pai. Sou rico bastante para prover o de que careces e desejas. Renuncia, pois. Sinto que, se o não fizeres, o legado de teu pai ocasionará dissabores quiçá irremediáveis, quer para ti mesma, quer para eles. Nenhuma fortuna será mais grata, minha Olga, do que os bens morais que adquirimos para ornamentação do nosso caráter. Somente essa, acredita, mãezinha, proporcionará felicidade ao nosso coração.

E prontificou-se, particularmente, a auxiliar a viúva Kivostikov no que estivesse ao seu alcance.

Se essa advertência tão prudente fosse acatada, o destino de Olga Nadja Andreevna talvez se tornasse bem diferente do que realmente foi, porque influenciado pela voz do bem, que conduz a estâncias amenas do Espírito. O segredo da felicidade humana reside na habilidade de saber renunciar na ocasião precisa. E aquele que sabe renunciar viverá em paz, enamorado sempre dos ideais superiores, inspirados no amor divino. Mas Olga não aceitou as razões do esposo. Não ouviu suas advertências conselheiras nem mesmo quando, vendo-a resistir à renúncia definitiva, lembrou que a carta da madrasta rogava-lhe apenas partilhas iguais. E, como se negasse ele a transferir a residência para São Petersburgo, expondo-lhe os sagrados deveres que o prendiam à ermida, desagradável discussão seguiu-se. Serguei, todavia, mantivera-se amorável e sereno, como habitualmente, sem mesmo elevar uma só vez o tom da voz em que se expressava. Olga, entretanto, arrebatou-se, declarando-o fanático e egoísta, preferindo, a ela, os mendigos e criminosos, a quem pretendia redimir, parodiando o Messias.

Serguei calou-se a essa altura. Tomou a chávena de chá serenamente, conversando comigo, muito naturalmente, sobre outros assuntos. Levantou-se depois e começou a passear pelo parque, executando enternecida ária em sua flauta. Aturdido, eu, que me sentia causador do incidente, pelo cerco de sedução desenvolvido em torno da bela Olga, retirei-me para o meu quarto, enquanto os sons de flauta continuavam docemente, dentro da melancolia do crepúsculo. E quanto a Olga, retirara-se arrebatadamente da sala ao ver sair o marido, subira as escadas desfeita em lágrimas e se fechara em seus aposentos, sem mais dar sinal de vida. A flauta, no entanto, continuara seu doce concerto até pela madrugada.

Dois dias depois, na ausência do nobre príncipe Viazemsky, que se detinha, como sempre, junto dos seus caros enfermos, regressei a São Petersburgo. Olga Nadja Andreevna partiu comigo, abandonando o esposo.

V

Olga deixara uma carta para Serguei, despedindo-se, suplicando-lhe perdão, por abandoná-lo, e afirmando os propósitos de se conduzir nobremente no contato com a sociedade, à altura da honradez do nome paterno e do nome dele próprio, Viazemsky. Fora ao cair do crepúsculo que, regressando ao lar, ansioso de revê-la, estranhando que nesse dia ela não se apresentasse na ermida para o desempenho das suas competências, encontrara a carta com a notícia de que a senhora partira com o jovem hóspede, com destino a São Petersburgo.

Viazemsky, a quem, voluntariamente, os criados vieram narrar o acontecimento, nada comentara. Lera a carta em silêncio, serenamente sentado em sua poltrona predileta, junto da lareira. Geralmente, ceava ao regressar da ermida, acompanhado da esposa. No entanto, nessa noite, não ceou, embora observasse que a mesa fora preparada com os dois talheres costumeiros, ou seja, o seu e o de Olga. Também não se deitara e nem mesmo tocara a sua flauta. Permanecera na poltrona, fitando a lareira apagada, pois decorriam agradáveis dias de verão. Nem mesmo lera ou escrevera, preparando alguns versos ou teses para as suas aulas com os discípulos, como era habitual. Ficara ali, com a carta na mão, silencioso, meditando, sofredor, mas discreto. Ao alvorecer do dia seguinte de uma noite de vigília, partiu para a ermida, onde pôs em ordem muitas particularidades, nomeou um diretor substituto, confabulou com vários auxiliares, visitou os doentes um por um e recomendou-lhes, mil vezes, não sei quantas ordens e tarefas. Examinou despensas, visitou os camponeses, rogando-lhes que se ativessem benevolamente em sua ausência, pois ia viajar, e dois dias depois, pelo alvorecer, mandou selar dois cavalos para si próprio e dois outros para o seu criado particular, e partiu para a capital, com escassa bagagem. Não alterara as vestes que usualmente trazia, isto é, seus sugestivos trajes orientais. Fora buscar a esposa!

Depois de uma viagem exaustiva, com pequenas paradas em estalagens desconfortáveis, a fim de descansar os cavalos e refazer as próprias forças, chegou ao Palácio Kivostikov, propriedade de sua mulher.

Corria a noite desde muito e chovia torrencialmente. Todas as famílias nobres de São Petersburgo acabavam de se levantar da mesa da ceia. Serguei entrou sem se fazer anunciar, encontrando a esposa rodeada de

Ressurreição e vida

amigos e conhecidos que acorreram a visitá-la pelo seu regresso, admirados todos com a notícia de que voltara desacompanhada do marido, o qual, segundo a versão dela própria, preferira continuar vida solitária no Ural, dedicando-se a obras pias.

— Parece um monge! — explicava ela às visitas, durante o jantar, minutos antes da inesperada aparição de Serguei, meio contrafeita por sua ausência, que no íntimo deplorava, mas risonha e amável para com os convidados. — Parece um monge, tão austero e virtuoso se conduz. E, realmente, outra coisa não é senão um monge, não obstante a independência em que se mantém, não se ligando a nenhuma seita religiosa. É um santo, reconheço-o e afirmo-o. Pai da pobreza, que o adora, defensor dos oprimidos. Jamais se agasta com quem quer que seja, ainda que o ofendam. Em verdade, ninguém o ofende, porque ele não enseja razões para tal... E isso, às vezes, me irritava... pois eu o queria mais humano, menos santo. Sinto, mesmo, que o não mereci por esposo. Deveria ser antes o meu pai, o meu irmão mais velho. Respeitava-o muito, como a um ser muito superior a mim... e eu, em verdade, desejaria para marido um companheiro alegre e condescendente, com quem me pudesse divertir, desfrutando os melhores gozos que nossa posição social permitisse. Creio que Serguei Sokolof pretende transformar-se em reformador religioso, aqui, em nossa já tão santa Rússia. Seu sonho não é propriamente criar uma religião a mais, porém, reviver o Evangelho do Senhor, o qual julga obliterado pelos interesses temporais dos seus depositários na Terra. Seu sonho é evangelizar as classes pobres, a quem chama — os simples — e encaminhá-las para Deus, por meio da prática das boas obras e do cultivo da decência dos hábitos em geral.

— E tivestes coragem de abandonar um esposo assim? (Permiti que vos critique, princesa.) Tivestes coragem de abandonar um esposo de tal dignidade, quando ele representaria o ideal que aspiramos a encontrar, em nossos sonhos de juventude? — indagou interessada uma amiga, dama de pele muito alva e olhos românticos, que se abanava distraidamente à mesa, com um grande leque de plumas brancas, esquecendo-se de comer.

— Eu ainda não evoluí bastante para nutrir aspirações tão altas... e prefiro viver como qualquer ser humano, ou seja, sem tarefas messiânicas às minhas costas... — replicou a anfitriã, não reparando na displicência com que se referia ao marido.

— O príncipe não se deveria ter casado... — aventou um cavalheiro de cerca de 60 anos, cuja cabeleira empoada escondia habilmente a calvície que lhe afeava o aspecto. — Os deveres do matrimônio, o prosaísmo daí consequente perturbam a consecução dos altos ideais do Espírito. Ou bem seremos homens, ou bem seremos missionários ou ascetas. Creio que o fato de se matrimoniar foi o único erro cometido pelo nosso príncipe.

Retiraram-se da mesa. Passaram ao salão. Acomodaram-se tranquilamente em confortáveis poltronas. E a conversa continuou, mantendo o mesmo assunto e o mesmo diapasão:

— Sois também filósofo, general? — perguntou Olga, muito séria, num tom de quem estava muito habituada aos tais, ainda constrangida, como se a ausência do amorável esposo continuasse a feri-la.

— Não, princesa, não sou. Não possuo valores para tanto, mas aprecio muito sinceramente os filósofos, e, dentre alguns do meu conhecimento pessoal, destaco o príncipe Viazemsky pela capacidade de a tudo renunciar, quando tudo possuía do que o mundo pode conceder, para se dedicar a Deus, na pessoa do próximo. Homens assim, mesmo sem o desejarem, convertem pecadores aos seus princípios.

— Pois eu seria a mulher mais feliz deste mundo se o meu Serguei consentisse em retornar à sociedade para vivermos normalmente, como os outros aristocratas vivem.

— Mas se o amais, princesa, por que então o abandonais na longitude do Ural?... — adveio uma dama algo excêntrica, com uma cabeleira muito bem empoada e o penteado, em estilo francês, tão alto que fazia

Ressurreição e vida

a admiração dos circunstantes, que não compreendiam como seu frágil pescocinho rosado conseguia forças para carregar a cabeleira e o penteado sem vacilar no equilíbrio, pois, além de tudo, a dita cabeleira e o respectivo penteado eram ornamentados com grandes laços de fitas de seda e um pássaro, como se se tratasse antes de um chapéu. — Eu daria tudo — continuou ela — para viver com o meu Stepan fora deste mundo ocioso, em qualquer recanto de aldeia. Ao menos, assim estaria certa de que o teria só para mim... sem festivais, sem jogos, sem bebidas, sem caçadas, sem bailes, sem outras mulheres...

— Pois, minha querida condessa Alexandra — sorriu Olga, respondendo —, creio que o mundo vive às avessas. Eu quisera para o meu Serguei tudo quanto não desejais para o vosso Stepan. E vim para São Petersburgo na esperança de atraí-lo para aqui e levá-lo a adaptar-se a essas coisas, que abominais em vosso marido. Sei que ele virá buscar-me, pois me ama profundamente... e, então, será fácil convencê-lo a ficar.

— Foi, portanto, uma tática de guerra, a vossa fuga do Ural? — volveu o homem de 60 anos e calvície oculta pela cabeleira empoada, cortesão de Catarina II.

— Foi uma tática de guerra, Excelência, nem mais, nem menos. Meu pai era militar guerreiro e eu herdei muitos pendores do seu caráter.

Serguei Sokolof entrou a essa altura da conversação, tal a aparição do herói no momento exato da melhor cena de um drama. A surpresa fez calar os circunstantes. Ele cumprimentou polidamente os hóspedes de sua mulher, sem parecer notar particularmente a minha presença. Levantavam-se todos, ainda não refeitos da surpresa, enquanto a anfitriã os apresentava rapidamente e corria para ele, risonha, visivelmente satisfeita com a sua presença, que para ela valia por uma vitória. Abraçaram-se ternamente e pôde-se notar no semblante grave de Viazemsky a emoção sutil de alívio por encontrá-la em companhias respeitáveis.

Os convidados de Olga Nadja, porém, retiraram-se discretamente, sem que ela os procurasse deter. Serguei dir-se-ia hóspede de cerimônia em casa da esposa. Conservava-se de pé, porque, no ardor da surpresa, ela o não convidara a sentar-se. Despeitado, eu fora o último convidado a retirar-se, pois, a essa altura dos acontecimentos, eu já me sentia verdadeiramente enamorado da bela Olga, e a importuna aparição do marido vinha derrotar os projetos audaciosos que me cresciam na imaginação. Esperei que esse extraordinário homem me pedisse satisfações pela fuga da esposa em minha companhia. Esperei que me provocasse de alguma forma, para desforra a espada ou florete, pois, se eu me sentia agilíssimo no florete, sabia-o invencível na espada, embora a tivesse deposto pelo Evangelho, desde alguns anos. Retirando-me, fitei-o propositadamente, com acinte e desdém, e parti sem cumprimentá-lo. Mas Serguei Sokolof parecia desprezar os costumes sociais e desconhecer a insolência humana. Com as mãos juntas atrás das costas, o seu barrete de sempre, a sua túnica de seda verde, bordada com galões amarelos e vermelhos, e o seu porte esbelto e altivo, dir-se-ia um ser verdadeiramente superior, que não desceria jamais à inferioridade de se considerar ofendido por alguém. Serguei não me olhou. Não percebeu o rancor com que o fitei. Não reconheceu o acinte. Creio, mesmo, que não notou a minha presença. Isso confundiu-me, humilhou-me, atemorizou-me. Retirei-me vagarosamente, sem ser acompanhado até o vestíbulo pelos donos da casa. O reposteiro tornava a cair à minha passagem, deixando os esposos a sós, enquanto o criado me apresentava polidamente a capa, o chapéu e o bastão com cabo de ouro, então muito em voga.[98] Na minha despeitada situação, porém, pude ouvir a doce voz de Olga, que dizia ao esposo, radiante de satisfação:

— Ó paizinho! Como estou contente por teres vindo! Eu sabia que virias, atendendo minhas súplicas...

---

[98] N.E.: Pela época, as indumentárias femininas e masculinas usadas na Rússia, em grande parte, obedeciam aos figurinos franceses, isto é, o estilo Luís XV e Luís XVI, quando não obedeciam às modas orientais.

Ressurreição e vida

Ele, então, expandiu-se. Sentou-se e fez a esposa sentar-se sobre seus joelhos. Abraçou-se a ela com efusão. Beijou-lhe as faces, os olhos, os cabelos e as mãos. E chorou com a face encostada à dela.

— Ouve, meu amor! — sussurrou-lhe. — Amo-te profundamente! E preciso de ti, do teu amor, da tua presença, para me ajudarem a cumprir a tarefa para que nasci. Venho buscar-te. Volta comigo, que sou teu esposo, teu melhor amigo e protetor perante Deus e os homens. Não me troques pelos falsos amigos que voluteiam em torno da tua posição, da tua beleza e da tua mocidade, apenas. Suplico-te, Olga! Não me abandones naquela solidão! Seria cruel, minha querida, viver sem ti! Amemos a Deus juntos e juntos sirvamos o Evangelho de Jesus Cristo! Tem compaixão dos meus sofrimentos! Pois eu também sofro! Compreende, minha querida, a severidade e a importância da tarefa que me impus entre os que sofrem e os que precisam progredir para Deus. É uma cruz pesada... e necessito de todas as minhas forças para conduzi-la. Ajuda-me a carregá-la, por quem és... Tu bem podes ajudar-me. Ajuda-me, pois, amando-me também um pouco e tendo paciência comigo.

— Mas... És egoísta, Serguei?!... Queres, então, obrigar-me a uma renúncia que me repugna?

— Quero que me ames também um pouco.

— Pois se me amas assim, por que não satisfazes meu desejo, tão justo, voltando a viver entre nossos iguais, desfrutando a civilização da sociedade a que temos direito? Não vês que viver sepultado naquela horrível ermida é coisa superior às forças humanas normais? Amar-te-ia tal como desejas, mas aqui.

— A renúncia ao mundo pelo ser amado é sempre doce a um coração leal. Não podes, pois, trocar o mundo pelo meu amor, já que nem o trocas pelo amor de Deus?

— E nem podes tu trocar os teus mendigos e teus doentes pelo meu amor, eu, tua esposa perante Deus e os homens?

— Mãezinha da minha alma! Procura compreender que se trata de um compromisso sagrado com as Leis Divinas do amor e da fraternidade. Prometi a Jesus segui-lo, observando seus exemplos e ensinamentos tanto quanto possível, junto dos sofredores e deserdados deste mundo. Como abandoná-los, faltando a tais compromissos? Se me amas, por que não segues Jesus comigo? Que será daquela instituição, para a qual tenho suplicado a sua bênção, sem a minha experiência, quando ainda nem preparei um substituto? E aplaudirias em mim uma pusilanimidade de tal vulto, para dar-me aos prazeres do mundo, ao teu lado? Renunciar a ela, Olga, pelo teu capricho, seria renunciar ao Amor de Deus, ao Evangelho, aos solenes compromissos com a própria consciência... E isso não poderei fazer, apesar do muito que te amo.

— Preferes, pois, a ermida, os mendigos, os pecadores, os doentes a mim?

Ele tomou-lhe a cabeça entre as mãos e fitou-a com ansiedade, durante alguns segundos. Dir-se-ia decepcionado. E, de súbito, arredando-a dos seus joelhos e levantando-se, respondeu:

— Minha querida, estás enganada! Não é aos pecadores que prefiro a ti. É a Jesus, é à sua Doutrina de amor e proteção aos pequeninos! A Ele, Jesus, sim, prefiro! No entanto, reitero minhas súplicas e advertências pela última vez: volta comigo para o Ural, Olga! Volta, porque a sociedade que te seduz e pela qual me abandonas e rejeitas o Evangelho, fará a tua desgraça! A ermida e o meu amor são o teu grande ensejo. Vamos... Porque, se não fores, eu voltarei para ela, mesmo sem ti.

— Já não será possível o meu retorno. Comprometi-me com a imperatriz, que me admitiu hoje ao seu serviço. Festejava o acontecimento, quando chegaste.

— Falarei à nossa Tzarina, expor-lhe-ei tudo. Ela não poderá consentir que me abandones.

— Incumbiu-me de espinhosas tarefas junto dela própria, tal como prometera a meu pai. Como tu, tenho uma missão a cumprir. E a verdade é que sinto horror à ermida, a todo o Ural.

— Não, não me amas, eis tudo! Enganei-me a teu respeito.

Despediu-se e deixou o domicílio da esposa, sem que esta procurasse detê-lo, pois se ressentira com o desenlace da entrevista.

Entrementes, fiel aos seus direitos de esposo, e temendo pelo destino da mulher amada, no dia imediato pediu uma audiência à grande Catarina e foi amavelmente admitido. O nome do príncipe Viazemsky, sua originalidade, renunciando ao fausto da existência para dedicar-se à pobreza, como autêntico santo ou patriarca, sua grande cultura, que para ele angariara o título de sábio, a par do de príncipe, que trazia, tornavam-no respeitado por toda a parte, e a Tzarina, que o conhecera ainda no tempo do seu imperial marido Pedro III, e também conhecia sua singular conduta, admirava-o como individualidade superior, a quem se deveria consideração. Ouviu-o com atenção, quando ele lhe suplicara que ordenasse o retorno de Olga para sua companhia, e, talvez muito sinceramente, respondeu-lhe ela com prudência:

— Obrigá-la a regressar não seria de bom aviso, príncipe Serguei. Não conseguiríeis harmonia no lar, e ela vos abandonaria novamente. A condessa Kivostikov é um caráter voluntarioso, que herdou o espírito de independência do pai, ao mesmo tempo que poderosamente atraiçoa a origem indomável da tribo tártara de que descende. O pai amava-a e educou-a com desmedidas condescendências, as quais o Convento não logrou corrigir... e assim educou-a talvez desejando recompensá-la por havê-la retirado muito cedo dos braços maternos. A hostilidade da madrasta, exilando-a da casa paterna, revoltou-a até o atrevimento. E a vossa extrema bondade para com ela, vosso amor, que ela reconhece fiel e inquebrantável, tornaram-na porventura mais voluntariosa, mesmo orgulhosa. Deixai que ela permaneça a meu lado, servindo-me durante dois ou três meses, pois está morta por isso, visto ser vaidosa. Velarei por ela em vossa ausência. Durante esse espaço de tempo, não a procureis, não lhe dareis notícias. Afianço-vos, príncipe Serguei, que, ao se capacitar das inquietações da vida da Corte, em toda a sua aspereza, voluntariamente retrocederá nas ambições e vos procurará, para nunca mais apartar-se de vós... Aliás, não parece amar-vos bastante. Talvez nem mesmo ainda reconheça os vossos valores pessoais. Retornai, então, à vossa ermida, já que nascestes para missionário, e protegei, como bem entenderdes, os meus súditos, pois sei que estarão em muito boas mãos. Sim! Nascestes para santo... e Olga Nadja Andreevna é simplesmente uma mulher como as outras.

Aturdido, compreendendo que a imperatriz raciocinara com perspicácia, impotente para reagir e levar a esposa à força, humilhado e ferido no seu generoso amor por aquela que teimava em não compreendê-lo, Serguei voltou ao hotel em que se hospedara, pois não aceitara a hospitalidade da esposa e não quisera preocupar, com sua presença, o domicílio dos parentes e amigos. Orou aos Céus, suplicando forças para momento tão crítico da própria existência, e, na manhã seguinte, retomando os cavalos, retornou aos caminhos do Ural, sem mesmo despedir-se de Olga.

Às nove horas da manhã, porém, a jovem princesa foi despertada por uma criada, que lhe entregou uma carta de Viazemsky, trazida por um correio especial. Olga, que esperava rever o marido nessa manhã e persuadi-lo a atender aos seus desejos, leu, surpreendida, o seguinte:

"Regresso à ermida, minha querida, como é meu dever. Se algum dia te lembrares de que sou teu esposo e desejares voltar para minha companhia, receber-te-ei com o amor de sempre, qualquer que seja a tua situação."

Sem poder reprimir um soluço, Olga afundou o rosto entre as mãos e chorou.

Quarta Parte

A lição da vida

I

Nos primeiros meses que se seguiram à entrada da princesa Viazemsky na Corte de São Petersburgo, nada de anormal se passou. Seus desempenhos junto a Catarina eram diminutos, permitindo-lhe oportunidades para entregar-se a um sem-número de diversões, de que a época era tão fértil. Entretanto, devido à sua grande beleza, ao poder de sedução que exercia, aos mil predicados de que era portadora, muito cedo foi rodeada de desafetos perigosos, que espreitavam oportunidades para prejudicá-la, ação do agrado daqueles que se sentem feridos pelo despeito, pela inveja e pelo ciúme. Mas Olga, sedenta dos prazeres da vida social, entregava-se a eles sem constrangimentos, absolutamente despreocupada das consequências que poderiam advir daquele modo de viver, estando ela, ademais, sozinha, em mundo, por assim dizer, desconhecido, sem a defesa de um verdadeiro amigo que lealmente a protegesse.

Dentre os desafetos que a cercavam, alguns eram gratuitos, apenas inspirados no despeito e na inveja. Outros, como a condessa viúva Kivostikov, sua madrasta, e seus irmãos menores, baseavam-se no ódio, por se sentirem prejudicados pela desigualdade da herança do falecido conde André Andreievitch, e eu, pelo ciúme, ao me julgar preterido nas suas preferências por um aristocrata estrangeiro, a quem a imperatriz lhe ordenara seduzir, a fim de espionar. A madrasta insistira na tentativa da reconciliação, visitando-a tão logo soubera, por mim, do seu regresso a São Petersburgo. Mas Olga repelira todas as oportunidades de contato com ela e até com os próprios irmãos, não obstante a digna atitude de Serguei, que àquela procurara, pondo-se a seu dispor para, particularmente, auxiliá-la, não logrando, porém, ver aceitos seus préstimos. Olga não se permitiria nem mesmo recebê-la em sua casa, e jamais concordara na partilha dos bens solicitada pela madrasta. Catarina II, por sua vez, não a obrigava a ceder algo aos irmãos, reconhecendo-a como a única herdeira do conde, cujo testamento, considerado em regra, concedia-lhe os maiores direitos. E, condenada a viver com os dois filhos no campo, levando vida tão modesta como a do verdadeiro aldeão, e sem recursos para educá-los, a pobre mulher enchera-se de ódio e jurara vingar-se, esquecida de que ela própria criara a deplorável situação, no dia em que obrigara o marido a exilar a filha para um convento de religiosas.

Durante esse espaço de tempo, Olga escrevera ao marido mensalmente, fazendo um correio especial à ermida, despendendo grandes quantias para ser atendida no seu desejo de notícias daquele que tanto a amava, mas demonstrando sempre, nas cartas que lhe escrevia, a inabalável resolução de não retornar ao Ural. Serguei respondia amorosamente, suplicava que voltasse, mas afirmando, por sua vez, que seria impossível abandonar a obra beneficente que dirigia, a qual cada vez mais se dilatava com os doentes e sofredores de toda a parte, que acorriam à sua procura. Visitara-a, mesmo, duas vezes, animado pela esperança de que, cansando-se da vida agitada e improdutiva da Corte, a esposa resolvesse regressar para os deveres junto dele.

No sexto mês da separação, no entanto, Serguei Sokolof esperara em vão a costumeira missiva da incompreensiva mulher. Assoberbado pelos graves problemas do seu retiro, e, portanto, sem oportunidade para visitá-la ainda uma vez, conteve-se no desejo de revê-la, embora preocupado e sentindo o coração confranger-se mais, a cada hora que passava. O inverno chegara rigoroso; as tempestades de neve sucedendo-se durante dias seguidos, tornando intransitáveis os caminhos, ele procurou acalmar as próprias incertezas, na suposição de que seria impossível a Olga obter um correio para mandar-lhe as habituais notícias. Mas vencera-se o sétimo mês, e as notícias não apareciam. O inverno continuava com a violência desoladora dos fatos irremediáveis, não permitindo, ainda, qualquer tentativa para uma viagem bem-sucedida. Entretanto, no oitavo mês, prolongando-se o silêncio da esposa, resolveu ir pessoalmente procurá-la, a fim de se inteirar do que em realidade acontecia. Intimamente, Serguei reconhecia, sem sombra de dúvidas, que Olga nada mais desejava senão a própria liberdade, que não o amava, que jamais o amara e que, em verdade, o que cumpriria a ele próprio fazer seria resignar-se à situação, sem mais se preocupar com ela. Mas reconhecia também que, devido a essa disposição imoderada e infiel da esposa, um destino certamente lastimável a aguardava, e, porque a amasse sinceramente, impunha-se o dever sagrado de espreitá-la, para socorrê-la quando viesse a necessitar de proteção, visto ser órfã e não contar com as simpatias da família a que pertencia. Todavia, chegando a São Petersburgo, após uma viagem exaustiva, não a encontrou em sua residência. Os criados que guardavam o domicílio de nada sabiam. Esperavam sua chegada a qualquer momento, havia já dois longos meses, pois talvez estivesse no campo, apesar de ser inverno, talvez em Moscou, apesar de não haver levado bagagem, nem coisa alguma ter notificado a eles próprios. Afirmaram, mesmo, ao príncipe surpreendido, que chegaram a pensar haver a ama regressado ao Ural, embora tal suposição lhes parecesse estranha, dado que, se assim fosse, certamente ela teria avisado os seus fiéis domésticos. Seria possível, todavia, que estivesse retida no Palácio Imperial, a serviço da Tzarina, que, segundo diziam, era caprichosa. Ao certo, entretanto, nada sabiam.

Serguei, então, procurou a viúva Kivostikov. Foi recebido com hostilidade e queixas amargas, e nenhuma notícia obteve. Partiu depois para Moscou, onde ela possuía ainda uma casa de verão. Ali não aparecera jamais, desde que se tornara órfã. Regressou a São Petersburgo e procurou velhas amizades da amada esposa. Algumas das personagens, tidas por amigas, respondiam-lhe com evasivas e desconfianças, como encobrindo algo muito melindroso, que temiam revelar. Apenas uma amiga, exatamente a dama ciumenta do marido, cujo penteado alto era ornado de laços de fitas e de um pássaro, disse o seguinte, sopitando a custo as lágrimas que teimavam em lhe umedecer as faces:

— Senhor! Deveríeis ter obrigado a princesa a regressar ao Ural convosco, tal como lhe era dever. Deveríeis ter-lhe batido e castigado, arrastando-a à força, já que não desejava ir voluntariamente. Deveríeis ter-lhe cassado a fortuna pessoal, usando vossos direitos de marido, para que não tivesse recursos para viver longe de vós. Na vossa extrema bondade, porém, a deixastes demasiadamente à vontade...

— Repugnou-me a violência, minha senhora! Como obrigar uma esposa a amar o seu marido?

— Estou certa de que a pobre Olga foi vítima de inimigos poderosos! Esses inimigos poderei apontá-los, pois sou amiga leal da princesa e muitas vezes ela falou-me confidencialmente: o conde Alexei Kamerovitch, a condessa Ingrid Korsunskaia Kivostikov, sua madrasta... e Catarina II, nossa Imperatriz. Após certos murmúrios havidos por aqui, murmúrios que apontavam a pobre Olga Nadja como infiel aos deveres impostos pela Tzarina, ela desapareceu de um dia para outro, e ninguém sabe o que é feito dela. Acusaram-na de revelar segredos importantes do governo a certa personagem estrangeira, que deixou a Rússia precipitadamente, dizendo-se enferma. Mas a verdade é que o fato era bem outro e isso apenas foi desculpa para encobrir-se a realidade. Nossa mãezinha Catarina sentia ciúmes do seu grande favorito Orloff,[99] que, segundo afirmam, apaixonara-se por Olga e se mantinha distraído em presença de sua imperial amiga, mormente se a princesa estivesse também presente. Onde estará Olga Nadja Andreevna? Somente Deus saberá... Senhor! No Palácio Imperial talvez consigais informações. Catarina admira-vos e talvez até vos respeite. Poderá — quem sabe? — dizer-vos a verdade.

Serguei, porém, não foi recebido pela imperatriz naquele dia, nem no dia seguinte e tampouco nos subsequentes. No palácio, não lograra a mínima notícia da formosa dama. O próprio Orloff, consultado,

---

[99] N.E.: Gregory Ivanovitch Orloff (1734–1783), favorito de Catarina II, tendo contribuído para sua ascensão ao trono. Ambicioso e vaidoso, caiu em desgraça e morreu abandonado e louco.

de coisa alguma sabia, ou não desejara imiscuir-se no perigoso enredo, sentindo, talvez, a consciência intranquila ante o curioso acontecimento. Muitos cortesãos afirmaram que nem mesmo conheceram essa princesa Viazemsky, condessa Kivostikov, Olga Nadja Andreevna. Outros afirmaram que jamais existira ali alguém com esse nome. E ainda outros declararam que a tinham conhecido, mas que ela regressara ao Ural em busca do marido, um santo homem que vivia entregue a obras pias. E quanto a mim, Alexei Kamerovitch, ao ser informado de que o príncipe Viazemsky procurava a esposa e indagava por mim, desejando colher informações, partira apressadamente para o campo, apesar do mau tempo, e me refugiara ali, sem ânimo para encará-lo frente a frente. Em verdade, eu era a única pessoa, em toda a Rússia, que conhecia o fato na sua verdadeira estrutura. A própria imperatriz, que de amiga, que fora, passara a inimiga cruel da filha do seu antigo servidor, não conhecia o que eu conhecia. E a viúva Kivostikov, que me ajudara na trama para a perdição da bela Olga, também ignorava a maior parte.

Desanimado, o príncipe regressara ao Ural, afirmando aos mais íntimos amigos, porém, que tomaria providências para descobrir o paradeiro da infeliz esposa.

II

O que sucedera à princesa Viazemsky, no entanto, fora simples e inevitável. Ela caíra numa hábil cilada por mim preparada, e eu, temendo consequências desagradáveis para mim próprio, silenciara sobre o seu desaparecimento, deixando que as acusações pesassem apenas sobre os poderosos ombros de Catarina II. O móvel da minha ação indigna é que fora complexo: paixão de amor não correspondido; intuito de extorquir a fortuna de Olga, para sua madrasta, de quem eu era aliado por interesses escusos; e desejo de vingar-me das suas preferências por outros cortesãos, pois eu me considerava irresistível numa sedução e credor da sua gratidão, por havê-la trazido para São Petersburgo e encaminhado a Catarina. Desde a morte do conde André Andreievitch Kivostikov, eu me fizera aliado da sua viúva, mulher jovem e sedutora, cujo nome de solteira era Ingrid Korsunskaia. Passara a viver displicentemente em sua companhia, e como, naqueles acidentados tempos, o que havia de mais natural neste mundo seria uma ligação ilícita entre um jovem e uma dama de responsabilidade, fiz-me seu par e passei a cuidar dos seus negócios, interessado tanto quanto ela na imensa fortuna do falecido conde, a qual — pensei — bem poderia passar às minhas mãos. Minha visita ao Ural não tivera outra finalidade que a de seduzir Olga Nadja, para conseguirmos a partilha da fortuna, como foi explicado. Mas quando prometi a Ingrid Korsunskaia obter de sua enteada tal resolução, não contava com a fascinante beleza dessa mulher, cujos encantos me renderam apaixonado a seus pés, e atraiçoei promessas de fidelidade feitas a Ingrid. Já em São Petersburgo, fiz-me fiel servidor da bela Olga, suplicante e devotado, não mais pensando na sua fortuna e somente aspirando às migalhas do seu amor. Fi-la ingressar na Corte, guiei-a e protegi-a sinceramente contra os mil perigos a que estaria exposta, formosa e inconsequente como era, num antro de onde se arredaram as mais comezinhas normas da decência, tal o viveiro de Catarina II. Cerquei-a de todas as atenções que um amante devotado, um servo fiel ou um escravo apaixonado fossem capazes. E tudo fazia animado pela esperança de merecer, dentro em breve, as suas atenções amorosas, pelas quais eu me sentiria disposto a empenhar a própria vida. Olga, porém, afirmava desejar conservar-se fiel ao matrimônio, repetindo, como em estribilho, amar o marido e respeitar seu nome e sua ausência.

— Como, então, o abandonaste tão impiedosamente, desgraçada? — exclamei certo dia, sacudindo-lhe o braço e magoando-a, irritado ante uma resistência que me desesperava e incompreensivo ante aquele caráter desconcertante, paradoxal, que lembraria o sangue cigano, sedento de liberdade, e a dama nobre, ciosa da honra da própria condição. — Como o abandonaste pelo capricho de viver entre as grandezas de uma Corte corrompida?

Ria-se enquanto respondia, sem perceber a gravidade do que proferia:

— Isso não exclui o respeito por mim mesma, pela minha condição social. De outro modo, não vos amo, conde Kamerovitch. Jamais dei a entender, sequer, que nutria simpatias afetuosas por vossa pessoa. Que mulher poderia ainda amar outro homem, depois de ter sido amada por um homem como Viazemsky? Em vossa pessoa distingo um comensal da família Kivostikov, a quem, reconhecida, devo alguns favores. Nada mais... Nada mais...

Nesse dia, perdendo a esperança de ser correspondido por essa mulher desconcertante, prometi vingar-me. Eu não acreditava nas afirmativas dela acerca da fidelidade que desejava guardar para com o marido. Acreditava, sim, que existiria em sua vida um romance de amor pecaminoso, no qual eu não tomava parte. Voltei-me então, novamente, para Ingrid e me aliei ao seu despeitado rancor contra a infeliz princesa, jurando cobrar bem caro o ridículo a que me levara. Por esse tempo, eu julgara descobrir entre ela e Orloff, o reconhecido favorito da Tzarina, inteligências comprometedoras. Não obstante a diferença de idades, pois Olga era tão jovem que se diria filha de Orloff, este se mantinha bastante sedutor, com seu porte altivo, que tanto atraía as mulheres. Enchi-me de ciúmes e o desespero se apoderou do meu raciocínio. Cego pelo despeito, pus-me a investigar o melhor modo de despertar a atenção da Tzarina para o caso. Uma acusação peremptória seria ato arriscado, pois poderia atrair para mim próprio as iras da imperatriz, no caso de as minhas suspeitas serem infundadas, ou as do próprio Orloff, que ainda era poderoso bastante para me aniquilar com uma estocada ou uma prisão secreta. Vali-me, então, da denúncia anônima, covardemente, despertando a atenção da imperatriz para a suspeitosa inteligência existente entre ambos, a qual já se fazia notória entre muitos cortesãos, igualmente invejosos, enquanto, pessoalmente, eu a punha a par de certas intrigas políticas às quais a princesa estaria ligada, de cumplicidade com certa personagem estrangeira em visita à Rússia.

Ora, eu mesmo não chegara a me certificar se Catarina constatara algo a respeito de Olga Nadja e Gregory Orloff. Mas, certa noite, durante um baile na Corte, a bela princesa Viazemsky foi surpreendida, pela própria Tzarina, a sós com o galhardo Orloff, numa câmara solitária, e esta, diante de vários convidados, ordenara à sua dama que se retirasse para os seus aposentos e aguardasse ordens. De outro lado, no dia seguinte constara que a personagem estrangeira partira apressadamente de São Petersburgo, e que houvera devassas no Palácio Kivostikov, residência de Olga, e que seus bens, confiscados, foram entregues a sua madrasta, por ordem da grande soberana, o que fora, realmente, exato.

Não obstante, Orloff continuava na Corte muito alheio aos acontecimentos, e compreendi, então, que nossa boa Tzarina preferira descarregar na parte mais frágil o dissabor de se sentir eclipsada, como se procedesse por ciúmes e mero despeito, tal como eu, mostrando aos seus convivas que nenhuma outra mulher a suplantaria impunemente. Tentei, em seguida, investigar o paradeiro da formosa Kivostikov, já atormentado pelo remorso de haver provocado sua desgraça. Em verdade, eu a amava e somente o desespero por me reconhecer repelido levara-me à prática da ignomínia, de que agora me arrependia. No entanto, ao pretendê-lo, fui advertido pela própria imperatriz, que me ameaçou com o exílio se me atrevesse a investigar seus atos. Pensei, então, em fazer um correio ao Ural, a fim de comunicar o ocorrido a Viazemsky, já que não encontrava coragem para abordar Orloff e interrogá-lo. E assim me agitava, temendo pelo que viesse ainda a acontecer, quando Viazemsky apareceu em São Petersburgo, à procura da esposa, de quem não mais recebia notícias. Catarina, então, chamou-me à sua presença e disse:

— Faze saber ao príncipe Serguei Sokolof que sua esposa atraiçoou a pátria e foi punida, para que não se aflija a procurá-la em vão. Mas não se encontra propriamente encarcerada. Em atenção à velha estima que nos unia ao finado conde Kivostikov, seu pai, e à respeitabilidade dele mesmo, o príncipe, a condessa foi internada num mosteiro de religiosas, para ali cumprir a pena, que será longa.

Ressurreição e vida

Desencorajado de me defrontar com Serguei, pois ocultara-me no campo a fim de evitá-lo, escrevi-lhe uma carta, transmitindo o recado de Catarina, após seu regresso à ermida. Soube mais tarde, no entanto, que o príncipe, inconformado com o segredo que envolvia o paradeiro da esposa, e vendo rejeitado o seu pedido de audiência, servira-se de um delegado para suplicar à despótica soberana a entrega de sua esposa a ele próprio, e notificá-la de que, responsabilizando-se por ela, fá-la-ia cumprir a pena no mosteiro de sua propriedade, garantindo, sob palavra de honra, que jamais a deixaria escapar, sob qualquer pretexto.

O delegado, porém, regressara com a réplica da imperatriz, que advertia o príncipe de que Olga já lhe fugira uma vez, e que, embora ele fosse merecedor da confiança do governo, seria impossível atender à sua solicitação, uma vez que o mosteiro de sua propriedade era leigo, regido por diretrizes diversas das normas oficializadas, e, portanto, não se poderia transformá-lo em prisão de Estado, como conviria a uma prisioneira da categoria da princesa, sua esposa.

Serguei voltou a suplicar, então, permissão para visitar aquela a quem tão santamente amava. Catarina, igualmente, negou o favor, lembrando que Olga atraiçoara a pátria e que aos réprobos dessa espécie eram negadas regalias.

Então, o príncipe filósofo compreendeu que sua amada não mais deveria existir. Que Catarina, certamente, fizera assassiná-la ocultamente, pois conhecia bastante a rudeza do seu despotismo, para acreditar numa clemência dessa ordem, frente a um crime de lesa-pátria. Todavia, não satisfeito ainda, procurou-me insistentemente, mais tarde, em nova visita a São Petersburgo, e, descobrindo-me finalmente em minha residência, sem mostras de rancor suplicou-me delicadamente, dissesse algo sobre a querida ausente, anterior à sua prisão.

Calei-me covardemente quanto à participação que eu próprio tomara no drama, permitindo-me revelar apenas o que já ele mesmo sabia por ouvir dizer, isto é, que Olga Nadja fora suspeitada de inteligências amorosas com Gregory Ivanovitch Orloff e presa, por ordem de Catarina, devido à descoberta de uma conspiração em que tomara parte, como delatora de importante segredo de Estado.

Reconhecendo-se, então, impotente para desvendar o mistério, certo de que forças poderosas se antepunham a seus esforços, Serguei pareceu resignar-se e regressou ao Ural, retomando os beneméritos afazeres da ermida.

III

Entrementes, entregara-se ao trabalho porventura com maior dedicação. Sem deixar perceber a nenhum dos seus colaboradores a preocupação que o martirizava, sem emitir jamais uma palavra de reprovação àquela que tanto o ferira com a incompreensão no cumprimento do dever, era bem verdade, também, que agora, com maior ternura, ele consolava os aflitos que o buscavam; com mais dedicação, desvelava-se à cabeceira dos doentes e mais compassivo era que acariciava os animais que o ajudavam na lavoura, para a manutenção da sua excelente casa de benefícios. Não abandonara a mansão ao se ver sozinho. Continuava ali mesmo residindo, embora passasse a maior parte do tempo na ermida. Conservara intactos os objetos e utensílios de Olga, certo de que um dia ela retornaria ao ninho que abandonara. E a casa, perfeitamente conservada, passou a ser o local propício às suas mais graves meditações, cenáculo onde, de preferência, se abandonava às profundas orações com que elevava a alma a Deus, e aos estudos da Ciência, em geral. E orava, muitas vezes em voz alta, durante os passeios sob o copado das tílias ou dos pinheiros melancólicos.

— Sei que ela não está morta, Senhor! como a princípio supus, porque me seria fácil sabê-lo, vê-la e falar-lhe, se o estivesse! Ajudai-me,

Ressurreição e vida

pois, a encontrá-la, a fim de lhe prestar socorro, porquanto deve ter-se desgraçado! Ajudai-me, Senhor, se na vossa sabedoria entenderdes que assim deva ser!

Três meses depois, após uma dessas súplicas doloridas, ideia súbita aflorou-lhe à mente, e ele monologou surpreso:

— Admira-me como tal ideia somente agora me vem ao pensamento! Trata-se, certamente, de uma inspiração de invisível protetor... Obrigado, Senhor Deus, por virdes em socorro do vosso humilde servo.

* * *

Entre os muitos beneficiados de Serguei, que por ele nutriam a apaixonada veneração própria da raça de que descendiam, destacava-se certo grupo de ciganos, que também queriam profundamente a Olga, sabendo-a ligada à sua raça por descendência materna. Eram valentes, hábeis cavaleiros, dissimulados e inteligentes, fiéis aos compromissos assumidos e prontos à obediência, se reconhecessem superioridade em quem os dirigia. Viazemsky convertera-os ao Evangelho, após dedicação perseverante, e considerava-os amigos, esforçando-se por transmitir-lhes a civilização de que tanto careciam. O grupo compunha-se de quatro homens. Reuniu-os na sala de estudos da ermida, dois dias depois da sua última súplica a favor da inesquecida ausente, e disse-lhes, em seguida a um preâmbulo, em que apelou para os seus sentimentos de amizade e honradez e de solidariedade humana:

— Nossa querida Olga Nadja Kivostikov, vossa princesa Viazemsky, e irmã pela raça tartárica, não morreu, como muitos de vós tendes suposto. Foi vítima de inimigos cruéis, que se valeram da sua inexperiência e boa-fé para ludibriá-la, roubar-lhe a fortuna e desgraçá-la. Sois quatro amigos meus e dela... e Mikail Nikolaievitch, seu irmão colaço, será o quinto. Onde está Olga Nadja Viazemsky? Talvez presa por ordens superiores, talvez recolhida a algum mosteiro, talvez exilada, degredada. Somente Deus saberá o que fizeram dela. Sofremos com sua ausência. Sabemos que ela própria está sofrendo e precisamos encontrá-la, a fim de socorrê-la. Parti, pois, e procurai-a, valendo-vos da inteligência de que sois dotados e dos ardis que entenderdes necessários. Sei que um de vós será guiado pela inspiração celeste, a fim de descobrir seu paradeiro. Não mateis ninguém, entretanto. A esse preço eu não desejaria encontrar nossa princesa, jamais! Não roubeis, porque é feio, é aviltante roubar... e um homem honrado não retirará do próximo sequer um grão de centeio ou uma côdea de pão para mitigar a própria fome. Aviso-vos, no entanto, que nossa mãezinha Catarina II é um dos inimigos contra quem tereis de lutar. E que Gregory Orloff, seu favorito, talvez não seja inimigo. Quando encontrardes vossa princesa — pois estou certo de que a encontrareis —, trazei-ma, ou avisai-me, para que eu mesmo vá buscá-la... pois é ao nosso lado, e não perdida pelo mundo, que deverá viver. Fornecer-vos-ei recursos para a viagem, boas peles e bons cavalos. Ide... E que Deus vos abençoe...

Os quatro homens curvaram-se respeitosos, os olhos esfuziantes de satisfação pela oportunidade de uma aventura arriscada, tão do seu agrado, e de prestarem um serviço àquele a quem tanto deviam. Beijaram a mão de Viazemsky, que fora estendida para eles, e repetiram, cada um por sua vez, cheios de entusiasmo e sinceridade:

— Eu — disse o primeiro — partirei hoje mesmo para o Oriente, onde possuo irmãos de raça capazes de me ajudarem a desvendar o mistério que envolve nossa princesa, ainda que seus inimigos a encerrassem nas profundidades do Hades. Sei que muitos contrabandistas tártaros e mongóis costumam raptar damas formosas da Rússia, para vendê-las como escravas a sultões e magnatas da Turquia, da Pérsia, do Turquestão. Se tal aconteceu à nossa bela Olga (que Deus o não permita!), hei de encontrá-la e trazê-la para os vossos braços.

— Eu — declarou o segundo, irradiando malícia no olhar brejeiro — irei para Moscou e São Petersburgo. Nossa mãezinha Catarina costuma guardar supostos inimigos em masmorras muito inóspitas do seu viveiro...

Ressurreição e vida

as quais não ficariam bem à delicadeza de nossa princesa. Descobrirei tudo... e se a encontrar prisioneira nalguma fortaleza ou nalgum calabouço... não quero ser eu um cigano honrado, se não a reconduzir para junto de vós.

— Eu — afirmou o terceiro, dando-se ares compungidos de santarrão hipócrita — far-me-ei de peregrino da Terra Santa, em missão de visitar mosteiros da Santa Rússia, para ofertar-lhes relíquias trazidas de lá. Se nossa princesa Viazemsky e irmã de raça foi detida, com efeito, para expiar sentenças entre religiosas, ser-me-á tão fácil descobri-la e raptá-la como é fácil ao meu cachimbo expelir fumo quando o levo à boca. Possuo, ademais, certo vinhozinho delicioso, oriundo da Terra Santa, irresistível, que desvendará todos os segredos daquele que o provar. Aplicá-lo-ei nas religiosas dos mosteiros. Sendo eu peregrino que volta da Terra Santa não haverá dúvidas...

— E eu — murmurou concisamente, o cenho carregado, o quarto cigano, Ygor —, eu partirei, ainda hoje, para a Sibéria!

Mikail Nikolaievitch foi o quinto. Lembrou que, como irmão colaço de Olga, teria entrada franca nos domínios da família Kivostikov, e que, uma vez ali, contava obter a chave do enigma.

Dois dias depois, envergando trajes curiosos, de acordo com os disfarces que lhes pareceram melhores, partiam os três primeiros ciganos, enquanto Ygor recebia das mãos do próprio Viazemsky pesadas roupas de peles, botas aquecidas, barretes também de peles, luvas, regalos, mantas etc., e Mikail, muito naturalmente, tomava o rumo de São Petersburgo, levando presentes de doces e pastéis de frutas para os meninos da casa Kivostikov, os quais muito o estimavam pelas suas divertidas brincadeiras e as histórias que sabia contar.

Serguei Sokolof abençoou-os à hora da partida, apondo as mãos sobre suas cabeças e beijando-os no ombro em sinal de estima e humildade, no que foi retribuído, comovidamente, pelos cinco homens.

Depois da partida, e quando viu que os singulares paladinos da sua princesa desapareciam na curva do horizonte, o príncipe filósofo desceu ao pomar e, enquanto seus pupilos trabalhavam no preparo da terra, retirava de sob o *bechmet* a sua flauta e punha-se a tocá-la, sentado sobre um tronco de árvore, observando que os passarinhos esvoaçavam por perto, atraídos pela melodia inefável, pois a primavera chegara e a vida despontava em cada recanto de seus domínios.

IV

O primeiro a regressar foi Mikail Nikolaievitch, depois de seis longos meses de ausência. Desgostoso, com o coração ulcerado pelas deploráveis realidades com que deparara no decurso das investigações que fizera, trazia aspecto profundamente entristecido. Recebido na mesma tarde do regresso à ermida, foi em lágrimas que narrou o seguinte a Serguei muito atento:

— Paizinho, infelizmente não fui bem-sucedido na missão que me levou a visitar as famílias Kivostikov: não consegui desvendar o mistério do desaparecimento de nossa amada *barínia*. Mas descobri, com certeza absoluta, que seus inimigos, os únicos responsáveis por sua desgraça — pois houve desgraça em torno dela — foram, em primeiro lugar, o conde Alexei Kamerovitch, que a desejava para amante, no que foi rejeitado, e também à sua fortuna, a fim de reparar a dele, pois está arruinado. Em segundo lugar, sua madrasta, condessa Ingrid Korsunskaia, que a odeia por haver sido a maior herdeira do conde Kivostikov, e também pela paixão que inspirou ao conde Alexei, em prejuízo seu, pois Alexei e Ingrid eram e são amantes. Em terceiro lugar, algumas damas invejosas da sua beleza e poder de sedução, que viviam a intrigá-la com a imperatriz, despeitadas ante a ascensão que nossa princesa ia realizando no Palácio Imperial. Afianço-vos, paizinho, que nossa Imperatriz agiu por injunções daqueles... E que Gregory Orloff não interferiu no assunto. O que é evidente é que nem Alexei, nem Ingrid e tampouco o príncipe Orloff, e nem ninguém mais, a não ser a nossa mãezinha Catarina, conhece o paradeiro de nossa amada Olga. E, por toda a parte, asseveram que não houve conspiração alguma, que nossa *barínia* Olga Nadja jamais atraiçoou a pátria, e que a versão da conspiração foi invencionice de Alexei, para encobrir o despeito da imperatriz, a qual se enraiveceu com as suspeitas de amores entre nossa mãezinha Olga e Gregory Ivanovitch Orloff.

— E onde ouviste tais comentários?...

— Pois, *barine*, eu os surpreendi no Palácio Kivostikov mesmo, quando a família se reunia para jantares e ceias, já que agora estão todos ricos, porque a fortuna de nossa Olga passou para as mãos deles. As crianças também me disseram muitas coisas, pois são crescidas, já sabendo compreender e raciocinar sobre os fatos. Todos desejavam males à princesa e a acusavam. E, também, soube de muitas coisas mais, quando discutiam os dois amantes, pois eu os espionava e ouvia às portas e às janelas. Os criados me ajudavam e repetiam o que sabiam a respeito, visto que sabem de tudo que se passa. Eles são os únicos que estimam e lamentam a sorte de Olga Nadja, à qual conheceram pequena e carregaram nos braços.

Serguei agradeceu a Mikail com bondade, sem qualquer comentário, e desejou premiar sua dedicação. Mas o honrado *mujik* rejeitou a oferta, afirmando que o que tentara o fizera espontaneamente, e que, ainda que tivesse obtido sucesso, não desejaria recompensas.

O segundo a regressar fora o cigano que se fantasiara de peregrino da Terra Santa, para investigar os mosteiros. Um ano depois de haver partido, fatigado, e deixando transparecer o pungente desgosto do coração, afirmou choroso, diante de Viazemsky, que o ouvia sentado, gravemente, à mesa de estudos, na biblioteca da ermida:

— Paizinho de minha alma! Deveríeis castigar-me, pois sou um inútil, nenhuma boa-nova vos trago! Somente poderei afiançar, diante da desgraça que me atinge (os ciganos são sempre loquazes e dramáticos nas expressões comuns), que possuímos uma Tzarina infiel, capaz de mentir a seus súditos! Creio que nossa amada princesa Viazemsky foi morta há muito tempo, ou segregada deste mundo nos subterrâneos do Kremlin, em Moscou, ou do Palácio Imperial, em São Petersburgo... Porque, nos mosteiros da Santa Rússia é que não está! Não está, paizinho! Investiguei tudo! Sei de tudo quanto se passa neles. Oh, se sei!...

Viazemsky agradeceu com bondade idêntica e despediu o servo. E, exalando profundo suspiro, retomou os estudos com que se preocupava.

O terceiro, que se impusera a missão de procurar a bela Olga nas prisões, e que chegara alguns dias depois do primeiro, asseverou decepcionado e constrangido:

— Senhor! Meu paizinho! Fiz-me de soldado, fui guarda e carcereiro, escalei muros e desci a subterrâneos, como melhor não faria um rato. Rebusquei por toda a parte onde, na Rússia, se aprisionam condenados. Nossa bela princesa encontra-se em liberdade, pois não está prisioneira... pelo menos, nas grandes prisões de Estado. Ou, talvez morresse...

Entretanto, o quarto tardava. Serguei somente morreu aos 60 anos e esse, que partira para o Oriente, jamais tornara à ermida. Talvez tivesse morrido. Ou talvez preferisse fixar-se entre seus irmãos de tribo, que desde muito haviam emigrado para a Turquia e a Pérsia.

Entrementes, os primeiros dias da primavera do segundo ano, desde que os agentes de Viazemsky partiram, iniciavam a época do degelo e as estradas começavam a ficar alagadas pelas correntes de água, que a todo o momento engrossavam mais. Pequenas torrentes se estendiam pelos caminhos do Ural, e, ao longe, as ravinas começavam a rebrilhar, com as suas aglomerações de gelo, que lentamente se liquefaziam, encharcando os prados. Fazia frio, mas o sol brilhava no zênite e o espaço azul era límpido e promissor, animando o giro das aves, que regressavam após a invernada.

Ressurreição e vida

Postado no alto da torre da ermida, Serguei investigava com olhar entristecido os longos caminhos, que se estendiam em ondulações até grandes distâncias, observando se algum cavaleiro se dirigiria à ermida. Esperava ele, já ansioso e disposto a partir em nova visita à imperatriz, no intuito de suplicar o retorno da esposa, os dois agentes que faltavam regressar, isto é, aquele que jamais regressaria, e Ygor, que se destinara à Sibéria, havia mais de um ano.

Subitamente, um vulto vacilante apareceu ao longe, cavalgando em galope, tanto quanto lho permitia o precário estado das estradas, avançando aos gritos e brandindo a arma — um machadinho de dois gumes, no qual um lenço branco fora atado —, quais os bárbaros da Mongólia por ocasião da invasão à Europa, aproximando-se da ermida, rapidamente. Quando percebeu que, realmente, o cavaleiro entrava no carreiro que conduzia à escadaria, ele desceu apressadamente e deixou-se ficar no claustro, que deitava para o pátio onde trabalhavam os internos. Dentro em pouco, a sineta do portão tocou o alarme. A portinhola abriu-se. O velho *pope* deitou para fora a veneranda cabeça e o estribilho, que por vezes demorava um ano para ser repetido, fez-se ouvir em voz suave:

— Quem vem da parte de Deus?

E o cavaleiro respondeu ofegante e como emocionado, como se trouxesse alvíssaras à ermida:

— Abri depressa, paizinho Nikolai... Sou eu, Ygor, com notícias da Sibéria para nosso paizinho Viazemsky.

O grande portão escancarou-se, então, mais bulhento e rápido que habitualmente, fazendo repetir o eco por longo espaço de tempo, e Ygor entrou, curvando-se diante do *pope*, para ser abençoado. Vinha exausto de forças, salpicado de lama, as botas de couro, forradas de feltro, molhadas e igualmente enlameadas, o pelo de suas pesadas roupas siberianas enegrecidos pela neve e pelo desasseio, a barba crescida e maltratada, os cabelos horrivelmente compridos, voltados para cima e presos sob o barrete de peles, que não era retirado da cabeça nem mesmo durante a noite, para o sono; as luvas rotas e também sujas, deixando perceber as terríveis chagas produzidas pelo frio; o nariz avermelhado, já quase violáceo, mostrando a intensidade das caminhadas sob a neve, prenúncio do enregelamento que atrai a gangrena e geralmente conduz à morte, se a parte afetada deixar de sofrer amputação; o aspecto exausto e doentio, emblema comovente do coração dedicado, que vai ao sacrifício para cumprir a palavra empenhada nos serviços de um amigo. Mas seus olhos estão cintilantes, como se conduzissem o triunfo de uma vitória que lhe revigorasse o coração, e seu semblante bronzeado, que a neve e o frio crestaram ainda mais, tornando a pele áspera como a lixa, seu semblante está risonho e resplandece de alegria.

Serguei dirigiu-se ao seu encontro, apenas o viu transpor o portão, o coração palpitante de esperanças. Comovido, estendeu-lhe a mão, que ele beijou, inclinando-se respeitosamente; abraçou-o com efusão paternal, beijando-lhe, em seguida, os dois ombros, enquanto repetiu, observando os terríveis estragos que o clima inclemente da Sibéria produzira em seu corpo, dantes belo e cheio de vigor:

— Pobre amigo! Em que condições retorna! E tudo fez por mim! Deus o abençoe, Ygor!

— Ó *barine*! — exclamou, revelando intensa energia moral e sincera satisfação. — Ó *barine*! Paizinho de nossa alma! Encontrei-a! Ah, mas encontrei-a! O resto não importa! A nossa querida *barínia*, nossa princesa! Não importa nem mesmo que eu morra. Somente não pude trazê-la. Será preciso que partais comigo, imediatamente, a fim de buscá-la. Do contrário...

Como sempre, o príncipe filósofo dominou a profunda emoção que sacudiu sua alma amorosa. Amparou o pobre Ygor, cujas pernas vacilavam. Fê-lo subir ao primeiro andar e encaminhou-o à sua própria cela, que permanecia aquecida, dizendo-lhe:

Ressurreição e vida

— Contém-te... Nada reveles em presença dos demais. Mais tarde, mais tarde conversaremos. Importa socorrer-te primeiro.

Chamou auxiliares, despiu-o, friccionando-lhe o corpo com massagens, ministrou-lhe drogas necessárias no caso, deitou bálsamos poderosos em suas chagas, aplicou-lhe compressas revivificantes da circulação do sangue, apresentou-lhe caldos alimentícios e vinhos restauradores, e fê-lo adormecer sobre um leito improvisado diante da lareira. Sentindo-se assim reconfortado, Ygor adormeceu depois de algum tempo, após tomar ainda um copo de chá fumegante, e descansou durante duas horas. Mas seu sono, muito agitado, entrecortado de gemidos, revelou ao príncipe os sofrimentos que o atingiam, o que a este levou a redobrar de cuidados para com o coração rude que, para servi-lo, não medira sacrifícios.

Ao fim de duas horas, o cigano despertou. Recobrando, rapidamente, a lucidez das coisas, recostou-se nas almofadas e repetiu de mansinho, vendo que Viazemsky se curvava para ele, e que ninguém mais havia por ali:

— Senhor, encontrei-a! Está na Sibéria... entre os deportados...

Visivelmente pálido, Serguei balbuciou para Ygor, o pensamento voltado para o Céu, num voto de agradecimento pela feliz nova:

— Conta-me tudo, agora.

E Ygor explicou simplesmente:

— Tereis de partir já, a fim de socorrê-la, *barine*, pois não poderá resistir por muito tempo mais aos sofrimentos que a torturam. A desgraça de um destino imprevisto condenou-a de forma inclemente. Poderia ter vindo comigo, eu a traria sob escolta dedicada e todo respeito. Isso seria o melhor. Mas negou-se a fazê-lo, dizendo que será impossível apresentar-se diante de vós no miserável estado a que chegou. Ao me reconhecer, caiu em pranto copioso, e não cessou de chorar, naquele dia e na noite que se seguiu. Não está presa, mas apenas exilada, degredada, esquecida pelas autoridades. Sofre crises de desespero impressionantes, parecendo possessa de demônios! Velei por ela quanto pude, desde que a encontrei até o meu regresso. Frequentemente, é presa pelas autoridades e espancada nas prisões, devido aos desatinos que comete durante as crises de loucura que sobrevêm. Ninguém lá sabe que seja uma dama nobre. Suas papeletas dão-na como cigana bailadeira, condenada ao degredo por vadiagem e roubo. É difícil conseguirem-se bebidas alcoólicas por ali. Mas se ela as consegue, embriaga-se. Vós não a reconhecereis, paizinho, tão transformada está! Nossa desgraçada princesa disse-me que falsos amigos atraiçoaram-na com a Tzarina, acusando-a de erros que não cometeu. Que foi submetida a interrogatórios e torturas, a fim de que confessasse quais os segredos de Estado revelados a diplomatas estrangeiros, e quem eram os seus amantes, visto que Catarina suspeitava de uma união secreta entre ela e um dos seus favoritos... e nutria excessivos zelos, não apenas por estes, como pelos demais amigos que viviam dos seus favores. Todavia, porque nada confessasse, uma vez que não conhecia segredos de Estado nem possuía amantes, viu-se arrastada da prisão para seguir com um grupo de deportados para a Sibéria. Houve, então, de marchar com ladrões e assassinos, com ébrios e falsários, com desertores e meretrizes, com dementes e revolucionários... muitos dos quais a molestavam, ambicionando a posse de seus encantos, insistindo para que bebesse e se divertisse com eles, não suspeitando que fosse uma aristocrata. Uma vez na Sibéria, deixada em liberdade, para não morrer de fome e frio, houve de se sujeitar a serviços ínfimos, como servente de prisões, de albergues miseráveis etc. No entanto, nem sempre havendo ali trabalho acolhedor, mesmo ínfimo e árduo, viu-se na desesperadora situação de se abandonar àqueles que a requestavam para companhia fortuita, pois a verdade era que se encontrava na mais absoluta miséria e necessitava de algo que a defendesse da fome e do frio. Conheceu, assim, como companheiros de um dia, ladrões, vagabundos, homens brutais que a espancavam depois que não mais precisavam dela.

Ressurreição e vida

Conheceu ébrios, soldados, cocheiros, aventureiros mongóis, cavaleiros bárbaros e temíveis na sua brutalidade, os quais a faziam dançar no seu acampamento, à luz de fogueiras, acelerando o ritmo de suas pernas com o próprio chicote, o qual era brandido insistentemente, entre vaias e gargalhadas. Também conheceu ciganos... uma imensidão de indivíduos, que a degradaram tanto que a desgraçada, ao que parece, não mais conserva o verdadeiro uso da razão. Pois, meu paizinho, ela parece que está demente. Não deseja voltar porque a vergonha e também o remorso (assim ela mesma o disse) impedem-na de cruzar os umbrais de vossa respeitável casa. A pobre princesa perdeu tudo, senhor, até mesmo a beleza, pois está envelhecida, pálida, escaveirada, quase irreconhecível.

Ygor deteve-se, deixando cair a cabeça sobre os travesseiros, aflito, e de seus olhos lágrimas abundantes corriam. Serguei ofereceu-lhe um reconfortador medicamento, chegou-lhe os cobertores aos ombros, aplicou-lhe novas compressas estimulantes. Em seguida, avivou os tições da estufa e saiu. Nada opinara. Não interrompera Ygor sequer com um monossílabo. Ouvira em silêncio, pálido, olhos e lábios secos, as mãos contraídas, em sinal de emoção forte, sufocada com esforço. Retirando-se do aposento, procurou Mikail Nikolaievitch e falou em voz soturna:

— Miki... Prepara agasalhos e cavalos para a Sibéria. E leva, também, uma carruagem bastante resistente, com o postilhão. Partiremos amanhã, logo após o nascer do Sol.

Mikail compreendeu o que se passava, e correu a executar as ordens do querido amo.

V

Não fora difícil a Serguei encontrar na Sibéria aquela a quem buscava. Instruído pelo noticiário de Ygor, que o informara minuciosamente quanto à localidade em que se encontrava sua esposa, o príncipe filósofo, vencendo todas as dificuldades, conseguiu repatriá-la para a Rússia, não obstante tratar-se de uma exilada. Mas como estava certo de que tanto a condenação como o exílio foram praticados à revelia de qualquer lei, apenas obedecendo ao despotismo da imperatriz, que talvez nem mais se lembrasse do fato, repatriou-a igualmente à revelia de qualquer lei, sem consultas a quaisquer magistrados, e fê-lo naturalmente, singelamente, como quem pudesse fazê-lo.

Entretanto, em vez de se apresentar à esposa, chegando ao local, Viazemsky fizera um portador até a pobre habitação que a abrigava, valendo-se de um nome fictício, a fim de atraí-la. E assim, cheia de curiosidade em atender o chamado, quando Olga penetrou o albergue em que o marido se hospedava, e o reconheceu, deixou escapar um grito de surpresa, misto de horror, e abateu-se num desmaio. Serguei socorreu-a com piedade, e na noite desse mesmo dia afastou-se com ela do local, dizendo-lhe simplesmente, com autoridade irretorquível, mal vira que ela despertara do desmaio:

— Venho buscar-te, minha querida, partirás comigo.

Singular estado de depressão seguiu-se a esse desmaio, que mais parecia um transe letárgico. Olga sentia-se incapaz de qualquer ação. Falar, responder, caminhar voluntariamente, agir em qualquer sentido eram coisas impossíveis, dada a morbidez que a atingira diante do marido. Substituindo uma criada de quarto, que não lembrara trazer, Viazemsky, ele mesmo, preparara-a para a longa viagem de regresso à pátria. Havia levado roupas apropriadas, que Maria Alexandrovna embalara e entregara a Mikail. Lavou-lhe, então, o rosto, banhado das lágrimas que não cessavam de correr de seus olhos; lavou-lhe as mãos e os pés, pacientemente; vestiu-a; penteou-lhe os cabelos dourados, ainda belos; envolveu-a em um casaco de lã; cobriu-a com um longo manto forrado; amarrou-lhe o lenço à cabeça; calçou-lhe as luvas e as meias, ambas de lã; acertou-lhe os botins forrados, pois fazia frio e ela tiritava. Era como o pai que cuida da filha infeliz e muito amada. Nada perguntou a ela. E também não lhe dirigiu uma só palavra de censura. Agia em silêncio. Preferia nada dizer, para não humilhá-la, pois sabia que o som de sua voz, por mais caricioso que parecesse, vergastaria sua consciência duramente. De seus olhos, nem um só vislumbre de irritação se irradiou. Não sentia necessidade de investigar o próprio coração, para saber se lhe perdoara. E não sentia essa necessidade, porque jamais se sentira ofendido por ela. Fora superior àqueles desmandos, que para ela resultaram em desgraça, na perda da felicidade. Seu amor por ela se conservava o mesmo: doce, puro, ideal, encantador, um pouco mais puro e mais santo agora. E enquanto ela, aprofundada na sua estranha apatia, parecia o sonâmbulo que já não é senhor da própria vontade, ele terminava o trabalho de vesti-la para a viagem. E, enquanto o fiel Mikail Nikolaievitch e o cocheiro reorganizavam a pesada caleça para o retorno, pois Viazemsky lembrara trazê-la para não expor a sua princesa ao incômodo de uma jornada a cavalo, ele próprio servia o seu jantar, levando-lhe as iguarias à boca, para que se reconfortasse um pouco mais, como a dedicada mãe o faria ao seu pequerrucho adorado. Não conversava. E a viagem tão longa, que levara tantos dias para atingir o destino, decorreu em silêncio. Ainda assim, ele se sentia feliz. Ali estava ela, a sua amada, o encantamento dos seus olhos! Ele servia-a agora e servi-la-ia sempre! Que mais desejaria ele? Aconchegava-a ao peito para aquecê-la, fazendo-a adormecer sobre o seu coração, com carinhosa atenção. Segurava-lhe as mãos e beijava-as suavemente, ou alisava-lhe os cabelos, acomodando-os para debaixo do lenço que lhe atara à cabeça. E osculava-lhe a fronte. Às vezes, orava em silêncio, enquanto a carruagem rodava barulhenta, aos solavancos, e o cocheiro animava os cavalos a prosseguirem, modulando canções nativas ou brandindo o longo chicote no ar, sem tocar-lhes o dorso. Pelos albergues, durante as muitas paradas a que foram obrigados, Olga recolhia-se e dormia sob seus cuidados. Não saía do quarto. Nenhuma criada a servia, senão o próprio marido, médico e enfermeiro desvelado. E, por vezes, ela ardeu em febre, obrigando-o a longas demoras pelo caminho.

Por sua vez, a pobre Olga Nadja Kivostikov ainda não fitara o semblante plácido do seu senhor, senão no primeiro instante. Sentia-se humilhada, profundamente culpada, e não se atrevia nem mesmo a amá-lo, porque não mais se considerava digna dele. Mas amava-o pelo passado, venerava-o pela sua bondade, pelo amor com que ele a amava, pela compaixão que, sabia-o, em seu coração substituíra o ardor que ele lhe devotara outrora. Preferiria, entretanto, morrer a ver-se assim querida e socorrida, pois, quanto maior se apresentava a grandeza da alma dele, quanto mais significativa a sua generosidade, maiores eram os seus remorsos por havê-lo abandonado, um dia, pelas ilusões passageiras do mundo, maiores a sua humilhação e o seu desgosto reconhecendo que, em verdade, não merecia o amor desse homem singular, que agora avultava no seu entendimento como padrão de qualidades raras, digno, dentre tantos, de ser amado e respeitado. Mas as crises maiores, aqueles ataques nervosos que Serguei constatara desde o primeiro dia em que a conhecera, quando Maria Alexandrovna o chamara a fim de medicá-la, os delírios que a tornavam semilouca, só se apresentaram agora, ao transpor os umbrais, outrora tão felizes, da Mansão Viazemsky. Os dias se sucediam, então, e Olga não recuperava a serenidade para o restabelecimento. Serguei aplicara todos os recursos da Medicina sublime aprendida no Tibete. Maria Alexandrovna, com o seu carinho maternal, fora solicitada para acompanhar a doente, auxiliada por seu filho Mikail, a fim de que a solidão não lhe agravasse o estado, mas a enferma resistia, sem apresentar melhoras, a todos os desvelos, uma vez que o que nela adoecera fora a consciência, que se ferira por si mesma; fora o coração, que se despedaçara ao contemplar a felicidade para sempre perdida, destruída pela avalanche de ignomínia que se interpusera entre ela própria e o futuro, e igualmente a existência, por assim dizer, anulada, arrasada por uma situação irreparável, quando justamente começaram a raiar, para ela, ensejos dignos de serem acatados, porque portadores de possibilidades singularmente belas para a vida moral de um ser humano. Aquela mansão encantadora, com salas artísticas, portas rendilhadas, pintadas a ouro, como um palácio das "Mil e uma noites"; o jardim suntuoso e o parque romântico, traçado de alamedas de tílias e pinheiros, em que os rouxinóis vinham cantar nas noites frias de

Ressurreição e vida

luar; aquelas florestas, ao longe, tão ricas de seivas como de encantos, e as *deciatines* fecundas, onde espigas cresciam para as alegrias de colheitas profusas, eram, para o seu raciocínio traumatizado, como juízes que lhe apontavam severamente, inquirindo:

— Nós te fornecemos tudo, tudo, para que fosses razoável contigo mesma e aqueles que te cercavam, e a ti e a eles tornasses felizes! Possuías amor, respeito, prosperidade, consideração, felicidade! Por que, então, nos abandonaste pelas ruins paixões do mundo? Não sabias que no decurso das paixões, que a sociedade mais brilhante excita, se estiolam as mais puras aspirações da alma, e morrem as possibilidades, ao mais das vezes, de se reviver um pretérito que foi caro ao coração? Eram de rosas as cadeias que te uniam a nós. Tu mesma as destruíste com um ato da tua voluntariedade imprudente. E como retornas agora? Desacreditada no próprio conceito, ultrajada, vilipendiada, ferida por lembranças tão tenebrosas quanto irremediáveis da tua consciência... Não vês que, agora, a paz, a alegria e a ventura serão impossíveis?

Serguei Sokolof, príncipe Viazemsky... esse esposo bom e paternal, que abandonaste na missão sublime a que se devotara, aliviando o sofrimento alheio... a quem abandonaste pela corrupção de uma sociedade que prefere viver sem Deus, sem amor e sem dignidade. Como ainda ousas viver sob seu teto, tu, uma mulher ignóbil, ele, um homem honrado, que preferiu viver sob os auspícios das leis superiores do bem, ao passo que enxovalhavas o seu nome nos braços do prazer impenitente?...

Estas análises, que o seu raciocínio tecia na febre do arrependimento e as vibrações vocais traduziam em palavras, com a longa exposição dos desatinos cometidos, eram feitas aos gritos, por entre estertores, lamentações e lágrimas. Todos sofriam, vendo Olga sofrer. Julgava-se, hoje, prisioneira entre carcereiros hostis. Amanhã, espancada por soldados ébrios, que lhe exigiam os copeques miseravelmente ganhos. E, mais tarde, aterrorizada entre mil cenas vergonhosas que sofrera, e cujas lembranças lhe causticavam o coração e as sensibilidades nervosas, traumatizando-os até o exaspero da alucinação e da loucura.

E assim prosseguia... Até que um dia, exausto de vê-la sofrer tão demorado martírio, o príncipe filósofo disse consigo mesmo:

— Seu mal tornou-se incurável sobre a Terra. É a desarmonia consigo própria, que poderá levá-la ao suicídio. Somente o tempo, as vidas sucessivas, o resgate, a reeducação da mente, o amor a Deus, à verdade e ao próximo corrigirão tais distúrbios. Todavia, a Caridade universal faculta-me o meio de suavizar tão doloroso estado de coisas. E a Ciência Transcendental ensina-me o processo de atingir esse meio.

VI

Descera a noite, e um grande silêncio contornava a Mansão Viazemsky. Serguei resolvera conservar ali a querida enferma, e fazia-o por dois motivos mais que justos: era o seu lar... e a natureza da alucinação da mesma, que, atacada por terrível choque traumático, deixava transbordar dos recessos mentais os próprios pensamentos, revelando os mínimos detalhes de sua vida, em confissões chocantes. Ademais, a ermida não comportaria um doente nas condições de Olga. Levá-la para lá seria expô-la a humilhação desnecessária, permitindo possibilidades de suas desgraças serem propaladas, o que seria desaconselhável. Mantinha-a, portanto, na mansão, esforçando-se em remediar as angústias que a desequilibravam cada vez mais. Somente mais tarde, depois da morte de Olga, fora por ele criada, na ermida, a dependência para alienados, e fora a partir da sua inauguração que a magnânima casa de benefícios se especializara no tratamento de loucos.

A noite, pois, descia docemente. Maria Alexandrovna, única serviçal que assistia Olga Nadja, entretinha-se na cozinha, preparando a ceia para aquele serão e os biscoitos para a manhã seguinte. Mikail Nikolaievitch, após preparar a mesa, retirara-se também para a cozinha, a comentar, desgostoso, os acontecimentos a respeito da irmã colaça, junto à mãe, esperando o momento de participar a seus senhores que já poderiam cear. Ninguém mais residindo na grande habitação, silêncio venerável de santuário convidava o coração às altas meditações espirituais. Agitada, embora no momento não se entregasse a expansões violentas, Olga ia e vinha pelo salão de estar, onde comumente se deixava ficar ao lado do marido, que raramente a deixava só. Seus olhos fulgurantes, os lábios inquietos, as mãos desassossegadas, retorcendo-se, a cada instante, uma de encontro à outra, os dedos crispados, ou sempre em movimento, o deslizar rápido e constante pelo tapete, em passos curtos, aflitos, interrompidos, com frequência, por meia-volta súbita, auguravam para breves minutos novas crises, que deveriam avançar pela madrugada.

Junto à lareira — pois, apesar de a primavera ter entrado, fazia ainda muito frio, e seria necessário aquecer o recinto, porque a doente se queixava insistentemente de enregelamentos, como se a recordação dos sofrimentos experimentados na Sibéria degenerasse na morbidez da autossugestão —, à beira da lareira, serenamente sentado, Serguei lia, enquanto observava as atitudes suspeitas da esposa.

De súbito, ele fecha o livro — compêndio de ciências esotéricas, no qual se abastecia de conhecimentos já adquiridos — e passa a executar suave peça musical em sua flauta. A música terna, melodiosa, leve, como que predispunha a alma do ouvinte a doces meditações. Em poucos minutos, suas vibrações harmoniosas impregnaram de doçuras comunicativas o ambiente, estendendo seus melífluos acordes para além das salas, até os jardins, já floridos, e o parque, onde as avezinhas repousavam dos labores diurnos. Ouvindo os sons da flauta, um rouxinol imitou-os, modulando o seu gorjeio, envolvido em nostalgias. Respondeu-lhe outro... E outro, mais além, falou ainda, na expressão maviosa concedida pela Natureza, ao mesmo tempo que Viazemsky prosseguia na inspiração que se derramava de suas sensibilidades.

Será a música celeste terapêutica para os loucos e os alienados, para os nervosos e neurastênicos?

Sim, certamente, quando inteligentemente aplicada, e se esse louco e esse alucinado amaram ou cultivaram a sublime Arte, nos dias felizes do passado.

Ouvindo a melodia executada pelo esposo, Olga foi, gradualmente, se acalmando. De mansinho, aproximou-se e parou, por instantes, a alguns passos dele, pondo-se a ouvi-lo. Viazemsky prosseguia em novas melodias do mesmo estilo. Olga sentou-se, visivelmente interessada, mais serena, os olhos ainda brilhantes e assustadiços, porém, irradiantes de satisfação. Observando-a, Serguei pensava, enquanto tocava:

— Tinham razão os velhos mestres hindus. A música enternece e domina até mesmo as feras, como até os Espíritos malsinados do Invisível, como até mesmo os loucos...

Quando percebeu que a esposa se encontrava completamente dominada pelas vibrações benéficas da sua música, deteve-se vagarosamente, como quem se preparasse para apresentar novas peças. No entanto, em vez de prosseguir, levantou-se ligeiro, estendeu sobre a cabeça da enferma a mão espalmada e ordenou em tom brando, mas peremptório:

— Olga Nadja Andreevna, condessa Kivostikov, acompanha-me até a biblioteca.

Ela abriu os olhos muito brilhantes, mas, agora, como aprofundados em planos ignotos da vida mental. Levantou-se em silêncio e em passos majestosos seguiu o marido, presa à sua vontade.

Transpuseram os umbrais bordados da biblioteca, e, já no seu interior, Serguei voltou-se para ela, em grande cerimônia, e prosseguiu na ordem que dera, apontando uma poltrona ao lado da lareira:

Ressurreição e vida

— Senta-te, condessa Kivostikov... e fica atenta ao que direi.

Tocou-lhe a fronte com os dedos e acrescentou:

— Agora, dorme...

A bela Olga pousou a loura cabeça no espaldar da poltrona, sem tentar qualquer reação, e, exalando profundo suspiro, arfando o peito com esforço, cerrou as pálpebras e adormeceu, caindo em sono imediato, ou seja, submetendo-se, passivamente, ao sono magnético de que tratam os ocultistas.

Alguns minutos se escoaram, durante os quais o príncipe permaneceu de pé, à frente dela, aprofundando o transe com as descargas magnéticas necessárias, e fitando-a insistentemente na fronte. Ele orava mentalmente, concentrando a própria vontade no intuito de suavizar os sofrimentos da infeliz esposa. Quando compreendeu que o sono atingira o grau conveniente, suspendeu as aplicações magnéticas. Continuando a fitá-la, ainda suspenso ao estado de concentração, falou de mansinho, quase murmurante, certo de que, naquele estado de transe pronunciado, bastaria somente a irradiação do próprio pensamento para que as faculdades dela, assim exteriorizadas, o compreendessem com a precisão do verbo falado, a fim de responder com exatidão. Serguei perguntou docemente:

— Dormes, querida Olga?

— Não, não durmo... Estou desperta... Somente o corpo está inanimado, porque assim o quiseste. Penso, raciocino, vejo-te, falo-te... logo, não estou dormindo.

— Em que pensas?

— Em ti! Ah! É sempre em ti que penso... em ti, a quem amo com todas as forças do coração. E tanto penso em ti que me alucino e desoriento.

— Sim, sofres o grande traumatismo moral, proveniente de grande sofrimento e paixão... Mas não sabes, porventura, que eu te amo também?... Que retribuo teus sentimentos com o máximo de minhas forças e boa vontade?

— Pois eu sei, sim! Neste estado, a que me trouxeste com o teu poder de sábio ocultista, sei que me queres muito. No estado de vigília humana, no entanto, quando temos as percepções espirituais limitadas, duvido e me angustio. Julgo, então, que me desprezas, pois sei que sou muito inferior a ti. Julgo que me acreditas criminosa, quando, em verdade, fui mais desgraçada do que criminosa... e que somente me socorres porque uso o teu nome respeitável, e graças à tua imensa bondade para com o próximo. Tal raciocínio me confunde... leva-me à inconformação, a crises que me assaltam... crises de pesar, de arrependimento, de amargura pela felicidade perdida.

— Mas a verdade é que te enganas, minha querida. Amo-te profundamente. Foi graças ao amor que te consagro que te fiz voltar para a minha companhia. Teu lugar é junto de mim, e em nenhuma outra parte. Sem mim estarás sempre desorientada. Nossas almas estão ligadas pelos milênios. E não te considero criminosa...

— Sim, paizinho, compreendo-o agora, neste momento. Mas no outro estado, sofro tanto...

— Por que sofres?

— Arrependo-me dos erros praticados contra ti e nosso amor. Minha intenção não era ferir-te nem atraiçoar-te... mas, sim, atrair-te para o seio da sociedade. Considero-me indigna do teu apreço. Quisera que o tempo recuasse, voltando ao passado, para não mais te abandonar pelos arrastamentos da vaidade. Eu era tola, vaidosa e caprichosa...

— Então, foste, mesmo, amante de Gregory Ivanovitch Orloff?

Ressurreição e vida

— Oh, não, jamais!... embora ele o tentasse.

— De Alexei Kamerovitch, talvez?

— Não, não! Eu desprezava-o, era indigno!

— E... mantiveste, porventura, outros amantes?

— Não mo perguntes, Serguei, pelo amor de Deus!

— Responde, Olga Nadja Kivostikov! Mantiveste outros amantes? Obrigo-te a que respondas a verdade, só a verdade!

Submersa em transe profundo, Olga, que nesse estado não poderia nada encobrir ou dissimular ao seu inquiridor, debateu-se aflita, recalcitrando contra a ordem, por entre expressões de grandes sofrimentos. Viazemsky renovou a ordem:

— Responde, condessa Kivostikov: não foste amante de Orloff nem de Alexei. Mas conheceste outros amantes?

Então, ela respondeu, de súbito, como se tomasse deliberação suprema, irremediável, e se arrojasse a consequências futuras corajosamente, e fê-lo banhada em lágrimas, estorcendo-se em angústias, cobrindo o rosto com as mãos, fazendo menção de se ajoelhar, no que foi impedida por ele:

— Oh, sim, sim! Sou desgraçada e quisera desaparecer da face de Deus! Na Sibéria, sim! Muitos, muitos amantes, durante cerca de três anos! Mas foi para não morrer de fome ou de frio! Em São Petersburgo, não! Sinto vergonha de ti, de mim mesma, de Deus! Perdoa-me, ó Serguei, perdoa-me, por Deus!

— Não me peças perdão, pois não te acuso. Para mim, não és criminosa. Amo-te, hoje, como te amei outrora. Talvez te ame, hoje, mais do que amei outrora. E lastimo o ponto a que chegaste. De coisa alguma te inculpo. Estás perdoada, descansa... E ordeno-te que, ao despertares, esqueças esse passado e não mais sofras o que vens sofrendo.

— Bendito sejas, Serguei, pela tua bondade. Se me fosse permitido voltar à ternura da nossa passada felicidade conjugal... Ser novamente pura, novamente tua esposa, amada, respeitada, feliz...

— Um dia voltarás aos meus braços, em futuro reencarnatório remoto... e serás novamente feliz... Mas, por enquanto, é impossível! Proíbo-te que conserves tal esperança ao despertares. O amor conjugal, agora, já não nos tornaria felizes. Deveremos sublimizar o sentimento, amando-nos espiritualmente. E, agora, responde.

— Sim, tudo o que quiseres, querido Serguei...

— Traíste a pátria?...

— Oh, não, jamais! Foi calúnia de Alexei Kamerovitch e de minha madrasta. Ameaçaram perder-me no conceito da Tzarina se não concedesse, a ele, o meu amor, e a Ingrid Korsunskaia, os meus bens de fortuna. Porque resistisse a ambos, cumpriram a ameaça...

— Tu os odeias, porventura?...

— Sim, odeio-os e quisera vingar-me!

— Não deves fazê-lo. Deves perdoá-los, a fim de obteres méritos diante das Leis de Deus, que também infringiste. Se não perdoares, não serás jamais feliz. A Lei de Deus se resume no Amor... e amor é também perdão... Não vês que eu, o mais ferido de todos nós, te perdoo?...

— Ajuda-me a perdoá-los, Serguei...

Ressurreição e vida

Serguei Sokolof passou a mão pela fronte, como se tal conversação o aliviasse de penosas preocupações, mas disse ainda:

— Estou satisfeito contigo, minha Olga. Mas, agora, desejo prover o teu futuro.

— Sim, fala, meu bem-amado, tua serva ouve.

— Entendes o processo pelo qual te falo?

— Sei que algo se passa. Sei que te ouço, que me amas, me perdoas. E eu obedeço às tuas ordens e sou feliz...

— Falo ao teu ser psíquico, minha querida, ao teu "eu" superior, à essência divina que trazes em ti. A grande Ciência esotérica, que estabelece o império do Psiquismo, permite-me impor a minha vontade à tua vontade, afastar tua mente, ou o teu ser real, o ser espiritual, da escravidão carnal, durante alguns minutos. Permite-me envolver-te nas atrações magnéticas que de minhas faculdades superiores se irradiam, e, assim, fazer-me entender por ti e entender-te sem as peias da dissimulação própria do ser humano. Neste momento, não vives o teu estado normal terreno, mas sim um estado intermediário especial. Estás exteriorizada do teu próprio corpo carnal, em estado lúcido, provocado pelas forças psíquico-magnéticas em ação. Todavia, para a eficiência do nosso entendimento, para a terapêutica de que necessitas, utilizas o aparelhamento vocal do teu próprio corpo.

— Mas como pode ser isso?

— Teu pensamento, tua vontade, obedecendo à minha vontade, mais poderosa que a tua, irradiam vibrações sobre teus órgãos vocais e me respondem sem possibilidades de fugir às minhas indagações e ordens. É o teu pensamento legítimo, são os teus mais secretos sentimentos que extravasam das comportas da consciência, atraídos pela minha vontade mais forte. Teu cérebro físico não participará desta lide... e, por isso, esquecerás de tudo ao despertares, visto que nele não foram registradas as impressões que te sugiro neste momento. Encontras-te, portanto, em estado transitório de emancipação espiritual, um estado anormal passageiro, *que terá a duração que minha vontade determinar...* porque, o homem, minha querida, é depositário de forças psíquicas poderosas, com as quais poderá investigar o inconcebível universo das coisas invisíveis, imponderáveis...

— Paizinho, és um sábio. Talvez, até mesmo sejas um santo.

— Atende agora ao que direi... e conjuro-te, em nome do Altíssimo, a que me obedeças.

— Obedecer-te-ei sob o nome do Altíssimo.

— Compadeço-me de ti e não desejo nem devo deixar-te sofrer tanto em teu estado humano. Amo-te profundamente... e, por isso, tentarei o máximo, a fim de suavizar teus sofrimentos. O que realizo neste momento somente é admissível, pela Ciência, em casos muito especiais, e para alívio dos que sofrem. Algumas vezes, os próprios mestres da Espiritualidade usam de tais processos em benefício dos homens, para suavização de suas grandes dores: atraem-nos ao mundo invisível, por meio do sono magnético, provocado diretamente, sem intermediários; mantêm-nos assim, durante longas horas, e até dias, durante os quais desviam suas preocupações dos acontecimentos pungentes, sejam estes enfermidades físicas ou morais; dirigem-nos para perspectivas futuras, onde poderão ainda ser felizes; aconselham-nos, sugestionam-nos... e ao despertarem estarão curados...[100] Ordeno-te, pois, Olga Nadja Andreevna, condessa Kivostikov, que esqueças os episódios dolorosos por que acabas de passar na Sibéria! Não foste

---

[100] N.E.: É sabido que a psiquiatria terrestre, diante de uma loucura incurável, muito penosa, costuma desviá-la para outro característico menos desagradável, suavizando suas manifestações. A Ciência Psíquica possui poderes idênticos, que o homem ainda desconhece e à pesquisa dos quais não se dedica.

Ressurreição e vida

para a Sibéria! Não estiveste na Sibéria! Nada sofreste! Não saíste da casa paterna! Não estás enferma, não és alucinada! És uma menina de 10 anos! Brincas, estudas, reeducas-te sob meus cuidados, és risonha e amável, vives feliz ao lado de teu pai.

A poderosa sugestão foi aplicada minuciosamente, várias vezes, com energia e tom afetuoso. A paciente ouvia atentamente, em transe profundo de sonambulismo. Ele, porém, prosseguiu:

— Dize-me agora: que idade tens?

A pobre sofredora relutou durante alguns instantes, como se em sua mente ignotas transformações se operassem, mas, de súbito, com vivacidade e timbre de voz infantil respondeu cheia de convicção:

— 10 anos... conto 10 anos.

— Conheces-me? Sabes quem sou?

— És o meu Serguei muito amado.

— Não! Olga Nadja, minha querida! Não sou o teu Serguei. Sou o teu pai. Serei teu pai deste momento em diante. Sou o teu pai, Olga Nadja! Proteger-te-ei contra todas as peripécias deste mundo! Conserva-te, pois, feliz e confiante! Cercar-te-ei de cuidados paternais! E chamo-me André Andreievitch Kivostikov. Não penses mais em Serguei Sokolof. Ele não existe! Pensa em teu pai, que sou eu, que te falo!

— Meu pai! Meu pai! Sim... Meu pai chama-se André Andreievitch Kivostikov... — balbuciou, como em êxtase, a fisionomia iluminada por suave deslumbramento.

— Sim, eu sou teu pai! — confirmou ele com energia, lançando-lhe a poderosa sugestão. — Sou o teu pai, que muito te quer, para sempre, para sempre! Ao despertares, esquece tudo que sofreste. Mas lembra-te de que contas 10 anos e de que eu sou André Andreievitch, teu pai.

Na harmonia do crepúsculo, que caíra completamente, o príncipe filósofo impôs novamente as mãos sobre a paciente adormecida, procurando despertá-la por meio de contatos magnéticos especiais. Mais alguns minutos, e ela despertou suavemente, reconfortada, como quem se erguesse de pesada letargia. Mostrava-se tranquila, humilde e tímida. Era uma angelical criança de 10 anos. Seu olhar era doce, Seu sorriso era casto, suas atitudes graciosas e ingênuas. Viazemsky contemplou-a enternecido, por alguns instantes, acariciou-lhe a fronte paternalmente e perguntou:

— Que idade tens, minha filha?...

— 10 anos, paizinho. Tenho 10 anos.

— És feliz?

— Sim, muito, muito!

— E por que és feliz?

— Porque és meu pai e eu sou tua filha.

— E... quem sou eu?... Como se chama o teu pai? Qual o meu nome?

— Ó paizinho! És o conde Kivostikov, André Andreievitch...[101]

Mikail Nikolaievitch bateu discretamente à porta, comunicando que a ceia fora servida. Serguei ofereceu o braço à bela Olga, agora

---

[101] Nota da médium: ver obras dos grandes pesquisadores espíritas, dentre outras *A personalidade humana*, do sábio professor de Cambridge, Frederic Myers, *O problema do ser, do destino e da dor*, de Léon Denis, cap. IV, e *Magnetismo espiritual*, de Michaelus, cap. XXII.

mentalmente transformada em sua filha, graças à poderosa sugestão que lhe comunicara, e encaminhou-se com ela para o salão de jantar. Caminhando, porém, ele refletia consigo mesmo, pensativo e emocionado:

— Perdoai-me, Senhor Deus, se algo avancei nas possibilidades que a Ciência permite. Sua cura por outros processos seria impossível. Será obra dos séculos, porque dependente de uma renovação total do seu caráter. Desejei, apenas, suavizar seus grandes sofrimentos e diminuir suas vergonhosas recordações perante os homens. Sua loucura, que era violenta e cheia de opróbrio, passou a ser doce, humilde, suave. Para não vê-la sofrer tanto, humilhada em minha presença, amesquinhada diante de si mesma, ridicularizada, talvez, diante de estranhos, valho-me deste recurso que a Ciência Psíquica me oferece. E, se concedestes ao homem tal poder, é que facultado lhe será, por vossas leis, o exercê-lo para os serviços do bem.

No parque, os rouxinóis cantavam entre os galhos das tílias, enternecidos ante a fluidez do luar, que desapontava.

VII

A partir dessa data a vida de Viazemsky decorreu suavemente, sem mais preocupações, a não ser as advindas do labor acerca da obra que dirigia. Olga, por sua vez, nunca mais se deixara envolver pelas crises nervosas que comumente a venciam, graças ao generoso analgésico psíquico-magnético por ele aplicado em sua vida mental. E, embora desperta, como qualquer outra pessoa em estado normal, como acontece a todo caráter passivo e muito impressionável submetido a tais experiências transcendentes, conservava a sugestão que lhe fora imposta, sugestão que ele tinha o cuidado de renovar semanalmente. Por isso, vivia feliz ao lado do suposto pai e de sua *niania*, isto é, Maria Alexandrovna. Brincava, estudava, cantava canções ciganas que aprendera outrora (o seu magnetizador não ordenara que as esquecesse), saltitava pelos jardins, corria atrás das borboletas e das ovelhas, subia às árvores para colher frutos, passeava pela mão de Viazemsky, julgando tratar-se de seu pai, durante as tardes tépidas ou pelas noites de luar, como ele tanto gostava; ouvia-o tocar a sua flauta, embevecida; acompanhava-o à ermida e lá se demorava dias seguidos, subindo e descendo escadarias como qualquer criança, atirando pedras, do alto das amuradas, no leito do regato que serpeava ao sopé da colina, e adormecia sobre seus joelhos, confiante como a criança que se sente amada e protegida.

Entretanto, se Viazemsky se conservava sereno, efetivo no seu labor, dedicado até a abnegação aos sofredores do corpo e da alma, que o procuravam, os auxiliares que o assistiam notavam que seus olhos eram mais tristes, suas atitudes ainda mais graves, e que o sorriso nunca mais aflorara em seu semblante. Não se festejavam mais as colheitas fartas. Mas os *mujiks*, e os internos em boas condições, tinham liberdade de se divertirem, caso o desejassem. Essa existência plácida, assaz fictícia para Olga, algo triste e penosa para o príncipe, chocante para Maria Alexandrovna, seu filho Mikail e os demais companheiros da aldeia, que julgavam a jovem irremediavelmente louca, prolongou-se por quatro longos anos, sem que Olga recobrasse a plenitude da própria atualidade. Vivia embevecida e feliz, nos 10 anos que lhe foram impostos por sugestão, alheia aos dramas que vivera na maioridade e até mesmo ao seu consórcio com Serguei Sokolof. Não era, portanto, louca, tal como o entendem os homens, embora toda a aldeia e as localidades vizinhas assim a considerassem. Vivia, por assim dizer, num estado de amnésia provocada, que nada mais era que a ação eficiente de uma poderosa sugestão mental, imposta por um sábio psiquista.[102]

---

[102] N.E.: Existem obsessões que não têm senão a mesma origem: o obsessor, que poderá ser encarnado ou desencarnado, sugestiona aquele a quem deseja mal, durante o sono natural ou provocado por ele próprio. Impõe-lhe sua vontade e, ao despertar, o paciente obedece-lhe em tudo, sem forças para se furtar à tenebrosa teia. Tais obsessões são facilmente curáveis pelo Espiritismo, ou por um hábil magnetizador, que agirá com os mesmos processos, anulando a pressão do primeiro sobre o paciente. Muitos crimes de várias naturezas, suicídios, embriaguez etc., têm origem nesse fenômeno psíquico. E será bom que o homem conheça todos esses aspectos da sua própria vida, a fim de se furtar a tais possibilidades, pois, uma vida serena, votada às coisas de Deus, a educação da mente e do caráter são barreiras que interceptam tais ações da parte de entidades inferiores. Os Espíritos Superiores, todavia, só se servem desse poder, natural nos homens como nos Espíritos, para finalidades elevadas ou caritativas.

Ressurreição e vida

No início do inverno do quinto ano, entretanto, quando as primeiras neves alvejaram no copado das árvores, estendendo longas franjas pelas cornijas da mansão, Olga adoeceu gravemente. Serguei Sokolof, que se encontrava ausente, em viagens que habitualmente empreendia em benefício da instituição que dirigia, não pôde medicá-la imediatamente. Cautelosa, Maria Alexandrovna tratou-a como durante a infância, quando advinham os pequenos resfriados sem importância. Deu-lhe a tomar chás de tílias com mel, suadores poderosos, escalda-pés diários, que ainda mais agravavam a situação da enferma, que piorava a olhos vistos. Quando, finalmente, o amado ausente regressou à mansão, era tarde demais para medicá-la com êxito. A pneumonia inclemente ceifava aquela vida, que poderia ter sido útil e feliz, mas que as ambições frívolas e as paixões mundanas haviam impelido a um destino singularmente dramático. Antes que sobreviesse o estado pré-agônico, percebendo que seria impossível curá-la, Viazemsky impôs novamente a ela a sua vontade, obrigando-a a voltar à verdadeira idade que vivia, ao que a paciente obedeceu passivamente, sem sacrifícios. Para ela, agora, os cinco anos vividos com a personalidade da infância não existiram. Ela entendia que regressara da Sibéria havia poucos dias e sofria a recordação atroz do destino forjado pela sua vaidade de mulher bela, que se deseja admirada pela sociedade. Reconheceu Viazemsky e sentiu-se sua esposa. Beijou-lhe muitas vezes as mãos e as faces, implorando perdão. E morreu docemente em seus braços, pela madrugada, bendizendo a generosidade do perdão que ele soubera conceder-lhe.

* * *

Aqui terminara a recapitulação dos acontecimentos que o belo fantasma do príncipe Viazemsky me obrigara a examinar, acontecimentos em que eu próprio tomara parte muito ativa, como destruidor de uma felicidade conjugal, em passada etapa reencarnatória, ocorrida no tempo de Pedro III e início do governo de Catarina, a Grande. Eu, conde Wladimir Kupreyanof, ou o meu "duplo etéreo", como denominam o Espírito humano os senhores investigadores dos segredos psíquicos, desfazia-me em lágrimas, comovido ante o que acabara de se desenrolar às minhas observações espirituais. Eu estava convencido, agora, de que, durante o governo da grande Tzarina, existira na personalidade encarnada do infame conde Alexei Kamerovitch, causador da infelicidade conjugal do nobre Serguei Sokolof e da desgraça da bela Olga, de quem eu próprio ouvira falar na infância, sentindo sempre algo indefinível perturbar-me a alma, ao passo que um misto de terror e curiosidade me acometia ao passar à frente da mansão, em companhia de meus avós, quando nos dirigíamos à cidade pelos festejos do Natal e da Semana Santa, na velha *troika* puxada a três cavalos.

Não sei que estranho sentimento de dor, de vergonha, de arrependimento, humilhação e indignidade abatiam o meu espírito, foragido do corpo adormecido letargicamente, na poltrona da biblioteca da mansão. Não me sentia encorajado a volver os olhos para essa individualidade espiritual que, quando encarnada, fundara e dirigira a importante instituição que agora fraternalmente me abrigava, e para onde eu entrara desnorteado pelas peripécias de uma vida social tumultuosa; que continuava dirigindo-a em Espírito, com a eficiência antiga; que inspirava, agora, seus substitutos terrenos como um século antes orientara os auxiliares de que se cercara; que socorria os doentes e sofredores, os pecadores e criminosos com dedicação, agora, porventura mais eficiente; que os curava, reeducava e salvava, servindo-se dos homens, ou serviçais, que prosseguiram sua obra de beneficência, e que se deixava amavelmente ver e contemplar, condensando o próprio corpo espiritual, falando e agindo para que nos mesmos não pairassem dúvidas quanto à realidade da vida além da morte, e da possibilidade de um maravilhoso intercâmbio cultural e afetivo entre os considerados *mortos* e os considerados *vivos*. E assim, desfeito em lágrimas, no terraço da mansão sugestiva; diante da noite fria e tranquila; diante do espaço límpido, marchetado de astros fulgurantes, e diante do Eterno, que contemplava nossas almas vagando de queda em queda, à procura do carreiro da evolução; diante do fantasma do príncipe filósofo, a quem eu atraiçoara no pretérito e que agora se empenhava em socorrer-me, conduzindo-me a um seguro porto de salvação, pude apenas balbuciar:

— Perdoa, amado Serguei! Perdoa, porque eu ignorava o crime que praticava contra mim mesmo, ao ferir a pessoa do meu próximo!

Sorriu com bondade, descansou a destra sobre o meu ombro e respondeu docemente:

— O perdão que, de minha parte, não precisará existir, porque nunca me senti ofendido por ti, o perdão, simplesmente, não satisfaria a dignidade da tua consciência, meu caro Wladimir! Para a reconciliação desta consigo mesma, será necessário que repares a falta cometida, expiando-a, e que te obrigues a obras meritórias, capazes da cobertura do mal praticado contra nossa amada Olga. Trabalha, pois, em benefício dos pequeninos, filhos do infortúnio. Enxuga as lágrimas do coração do teu próximo, qualquer que seja a sua origem. Ensina o ignorante. Ampara o idealista com o auxílio da tua boa vontade. Protege o fraco e aconselha o tirano a experimentar as atitudes mansas. Defende a mulher da cupidez do homem. Defende-a de si própria, encaminhando-a, desde a infância, ao respeito de si mesma. Cura o enfermo, porque o homem, mesmo sem se fazer médico, possui poderes psíquicos que lhe são naturais, embora desconhecidos, poderes capazes de dominarem e vencerem o mal, mesmo que esse mal se apresente sob o caráter de uma enfermidade. Procura compreender aquele erroneamente denominado *louco*, o qual, o mais das vezes, não é senão uma mentalidade afinada com as trevas psíquicas, e que precisa ser reeducado, a fim de realizar sobre a Terra as tarefas que lhe couberem na epopeia universal da evolução. Procura compreendê-lo e cura-o, porque, amando, o homem se engrandece tanto que se aproxima de Deus, e aproximando-se de Deus quanta coisa sublime poderá realizar? A prova está em Jesus e seus discípulos, que por amor realizaram o que fora considerado impossível. E acima de tudo, Wladimir, ama a

Deus na pessoa do teu próximo, porque este é o segredo da paz e da felicidade, que os homens sempre procuraram desesperadamente, sem jamais encontrá-lo.

Em seguida, arrebatou-me de regresso à biblioteca. Meu fardo humano lá estava, recostado no espaldar da poltrona, adormecido profundamente, ressonando em ânsias profundas. A madeixa dos cabelos, caída sobre a fronte, dava-me a mim mesmo, em Espírito, uma sensação incômoda. Reconheci tudo, de tudo me apercebi. Mas lúcido, voltando para reingressar na vida normal humana, fui surpreendido com a presença da bela Olga, que ali aparecia sem eu saber como. Serguei enlaçava-a ternamente, sorrindo. Sentimento de terror, mais que de surpresa, tolheu-me a ação. Fitei-a, interditados os meus movimentos de retorno ao corpo pela mesma impressão de vergonha, de inferioridade, de desapontamento, que já me assaltara em presença de Serguei, ao regressar da minha digressão ao pretérito espiritual reavivado por ele.

Aquela mulher, bela entre as mais belas que eu conhecera; por quem me apaixonara outrora perdidamente, e por quem, repelido e despeitado, descera à ignomínia do crime; aquele Espírito que fora mulher ao tempo de Catarina, a Grande, surgia então, à minha frente, qual juiz que me viesse pedir satisfações pelos atos infames praticados, ocultamente, contra ela! Sim! Eu a desgraçara, seduzira, levando-a a abandonar o esposo, valendo-me da vaidade que a excitava, como da inexperiência da sua juventude! Eu a caluniara, atraiçoara-a por vingança, arrebatara sua fortuna, para me servir e à minha cúmplice, que a odiava, e a entregara à soberana mais cruel e caprichosa da Europa, despertando nesta o ciúme por um ato que jamais existira! Pela minha infâmia, essa mulher, delicada e sensível, fora atirada, sozinha e sem recursos, para a rude Sibéria e ali sofrera tanto, e tanto se desesperara na ignomínia, que perdera a razão! E eu fitava-a, agora, sem poder desviar da sua imagem os meus olhos assombrados pela vergonha e pelo terror!

Ressurreição e vida

Entretanto, ela se mostrava serena e altiva, mantendo o olhar perdido ao longe e parecendo não perceber minha presença. Achei-a, porventura, ainda mais bela como Espírito alado do que o fora como mulher, ser humano! E lembrei-me, subitamente, de que entre a última vez em que a vira, pelo baile do Palácio Imperial, durante o qual fora detida por ordem da Tzarina, e aquele momento, havia mais de um século de distância! Lembrei-me de que eu morrera naquela época, perdendo, assim, a personalidade de Alexei Kamerovitch, mas o meu ser espiritual retomara, depois, outra vida material e era novamente homem, com a personalidade de Wladimir Kupreyanof, enquanto ela permanecia vivendo a vida espiritual, sem tornar a existir sobre a Terra até aquela data, tal como o próprio Viazemsky. Assim em Espírito, Olga trajava-se de longa túnica, parecendo tecida em cetim branco lucilante, cinto vermelho bordado a ouro, com caracteres egípcios (hieróglifos), subindo em ponta aguda para o busto. Os cabelos longos estavam desnastrados e caíam pelo ombro esquerdo, sobre o peito. E tive a singular intuição de que, durante esse longo século, enquanto eu continuara errando, batido pelos arremessos das paixões, ela se erguera dos escombros morais, a que se abandonara, amparada pelos cuidados que Serguei Sokolof, e se transformara em alma encaminhada a destinos recompensadores.

Enlaçada pelo príncipe, descansava a cabeça sobre seu peito, dando-me a impressão de que o doce idílio iniciado na solidão do Ural prosseguira além do túmulo, porventura com maiores encantos e intensidade. Em dado momento, compreendi que Viazemsky murmurava para ela, como em segredo, referindo-se a mim:

— Estende-lhe a mão, minha querida, e concede-lhe ao menos a esperança do teu perdão. Ele te ama. Amou-te outrora com arrebatamento e desespero, e há um século chora sob o arrependimento do mal que te causou. Lembra-te de que ele somente conseguiu ferir-te porque também erraste... e por isso, comprometida com a Lei Suprema da Criação, tinhas faltas a expiar, lições a receber.

— Não posso, paizinho! Não sinto ainda forças para sinceramente perdoar-lhe. Bem quisera poder fazê-lo, por amor a Deus e a ti. Mas, por enquanto, não me será possível.

— Sofrerás então, minha Olga, deixando de observar esse grande princípio de obediência às Supremas Leis de Deus — prosseguiu ele, estabelecendo interessante diálogo, que eu absorvia como se aspirasse as vibrações de ambos. — Sofrerás... mormente agora, quando és chamada a testemunhar os progressos adquiridos junto dos mestres espirituais do Tibete, que te reeducam, em Espírito, a meu pedido.

— Preparo-me para o perdão. Mas, por enquanto, não seria sincero o que lhe concederia. Não pude, ainda, esquecer totalmente que foi sob suas insinuações que te abandonei na solidão do Ural, sozinho com as tuas preocupações e a dor da saudade que minha ausência promoveu em teu coração.

— Isso passou. Para que reter o passado? E lembra-te, Olga, de que eu, que tanto sofri, perdoei de boa mente não só a ti, mas a ele igualmente. Observa que, com tal procedimento, infringes ensinamentos capitais do Evangelho, que vens aprendendo a respeitar.

— Serguei... Nenhum mau desejo me incita contra ele. Estimarei, até, que a verdadeira felicidade tranquilize seus passos. Se o perdão é isso, eu já lho concedi. Entendo, porém, que o verdadeiro perdão será também nova confiança fraternal, novos elos afetivos... e isso, por enquanto, é impossível. Crê em mim, amado Serguei: de hoje em diante, empregarei todos os esforços para aprender a perdoá-lo, com esse perdão exarado nos evangelhos do Senhor.

Ele osculou-a na fronte, talvez entristecido, mas visivelmente possuído de grande ternura para com ela.

Eu assistia a tal cena como se sonhasse, deslumbrado e apavorado a um mesmo tempo. Roguei, em lágrimas, que ela me estendesse a mão, concedendo-me a estima e a confiança que me coadjuvariam na reabilitação, pois eu amava-a, ainda e sempre, e me arrependia da desesperação que me levara ao crime, em outros tempos. Mas foi em vão, porque Olga Nadja parecia não perceber minhas vibrações. Não me olhou. Não se voltou para mim. Creio, mesmo, que nem se apercebeu de minha presença. E de súbito, osculando respeitosamente a mão de Viazemsky, como o faria a filha afetuosa, retirou-se suavemente, deslizando pelos tapetes qual visão sideral que em verdade era, desaparecendo entre os reposteiros que pendiam da porta de comunicação com a sala de estar.

Conclusão

I

Os passarinhos cantavam no parque, quando despertei dessa longa letargia. O crepúsculo matinal acentuava os detalhes da biblioteca, cujas janelas, apenas fechadas com as vidraças, deixavam penetrar a claridade, e onde, desde a véspera, meu fardo humano entrara em transe provocado pelo fantasma protetor do antigo príncipe filósofo. Despertei lentamente, suavemente, como se coisa alguma houvera acontecido. Parecia-me que aquele drama intenso, que eu próprio vivera e sentira, tivera a duração de longas etapas seculares, quando, em verdade, sua exposição se realizara em algumas horas.

Pungente tristeza levantara-se comigo do mistério encantador que envolvera o meu ser espiritual. Lembrei-me das personagens com as quais acabara de conviver intensamente: Olga Nadja, Serguei Sokolof, Macha Alexandrovna e seu filho Mikail Nikolaievitch, Ingrid Korsunskaia, Catarina, a Grande, Gregory Ivanovitch Orloff, o cigano Ygor, os *mujiks* da mansão da bela Olga, os *popes*, internos e enfermeiros da ermida, os habitantes das aldeias de Viazemsky... e todas essas fisionomias pareceram-me, com efeito, vivamente ligadas ao meu coração, à minha memória. Eram-me queridas; e agora que o véu que delas me separava se levantara, fazendo-me reencontrá-las, eu sentia que novamente tomavam parte em minha vida, hoje como outrora. Julgava ainda perceber a doçura da voz de Serguei, o brilho encantador do olhar de Olga, a constante irritação das atitudes de Ingrid, a bondade humilde de Macha, a dedicação de Mikail, a expressão do olhar perscrutador do cigano Ygor, a perfídia de Catarina, a indiferença de Orloff, a simplicidade dos *mujiks* das aldeias de Viazemsky, a amabilidade dos *popes*, dos internos, dos enfermeiros da ermida...

No entanto, levantei-me e dirigi-me ao parque. Fazia frio, mas eu estava agasalhado e as impressões que me absorviam os pensamentos eram superiores às sensações complexas da matéria. O aroma penetrante das flores, que desabrochavam sob a fecundidade da geada, envolveram minhas impressões, trazendo sutis encantamentos à epopeia singular que eu vivia. Sentei-me, então, num banco e prorrompi em pranto. Eu quisera beijar aqueles caminhos tapetados de folhas, que Olga e Serguei haviam pisado em seus dias venturosos de idílio conjugal. Quisera beijar aquelas árvores, que ofereceram sombras e aromas aos passeios de Olga, aqueles bancos e degraus de mármores, que contemplaram suas lágrimas e ouviram seus cânticos tão ingênuos diante das roseiras que impregnavam a atmosfera de fragrâncias deliciosas. As duas amadas imagens não me deixavam o pensamento. Parecia vê-las a cada instante pelas aleias floridas, debruçadas nos balcões bordados dos alpendres, sentadas nos bancos artísticos do parque. Tudo ali falava delas. A mansão impregnara-se de tal forma da presença daquelas duas almas queridas, que eu adivinhava que as gerações futuras, se por ali perlustrassem, sentiriam, nos âmbitos do coração, as impressões de realidade que eu sentia no momento.

O dia raiara, finalmente, e a orquestração dos pássaros prosseguia na saudação ao astro rei, que não tardava a refletir o cortejo de alegrias que lhe é peculiar. Grupos de camponeses passavam em algaravias, dirigindo-se ao trabalho. Ao longe, ouvia-se o balir das ovelhas, o mugir do gado, o rangido sugestivo dos carroções que transitavam. Esse panorama, grato a qualquer coração sensível, deixou-me indiferente nessa manhã. Nesse dia, muitas vezes me ocultei para chorar, não obstante encontrar-me só. Não atinava, era certo, com a razão por que chorava, mas chorava. Estava, porém, categoricamente certo de que uma grande, sensacional revelação me fora concedida pela magnificência das coisas eternas: vivera outras vidas humanas, em épocas já passadas! Fora homem em diferentes etapas sociais e coparticipara de sociedades do pretérito! Tivera amigos, amara e fora amado por muitos outros corações, os quais viviam ainda e continuavam a me querer, no seu estado de entidades espirituais. Existira sob outros nomes, descendente de famílias diferentes, talvez emigrando, de idade em idade, para a descendência de uma mesma família. Errara, sofrera, tumultuara e infelicitara a minha própria vida de filho de Deus, com atos displicentes. E depois, morrera para ressurgir, em Espírito, dos escombros do túmulo e atingir o triunfo de existir na vida astral, e mais tarde retornar à condição humana por um novo renascimento, testemunhando, assim, a ordem invariável do Plano Divino, na marcha do progresso inevitável da Criação! Essa revelação atraía-me, encantava-me, satisfazia minhas ânsias pelo ideal, mas me apavorava também! Agora, eu compreendia melhor as Leis Eternas. Compreendia a razão por que existiam, sob nossos olhos estarrecidos, a dor e a alegria, o belo e o disforme, o aleijão e a esbelteza, a mediocridade e o gênio, o venturoso e o desgraçado! E, por isso, compreendia e amava melhor a Deus! Amava-o melhor e por isso desejava ser-lhe agradável, servi-lo, tornar-me notado por Ele, como se Ele me desconhecesse, tornar-me assíduo no cumprimento dos meus deveres de filho, que se arrepende da participação no mal, para o advento da obediência aos ditames das ordens paternas. Mas não sabia como agir para ser amável perante o Criador de todas as coisas, em cuja existência agora eu cria com todas as forças da minha razão e do meu coração. Revolução penosa excitava o íntimo do meu ser, deixando-me inquieto, sobressaltado. Naquele dia, mal toquei nos alimentos que, na véspera, eu próprio deixara sobre a mesa, para o almoço. Em compensação, chorei muitas vezes. O *mujik* de guarda à mansão aproximou-se pela primeira vez, surpreendendo-me no parque, desfeito em lágrimas, e disse-me respeitosamente, quando sustinha na mão o cachimbo, que com a outra enchia de tabaco, ao mesmo tempo em que falava:

— Eu compreendo, *barine*... A boa alma de nosso príncipe apareceu esta noite, para conversar... Não se inquiete... Seja qual for o desgosto, que trouxe o *barine* à ermida, começará a desaparecer de hoje em diante... Quando nosso príncipe aparece e fala aos hóspedes da mansão, é sinal de que veio para curá-los.

Nada respondi, mas agradeci ao prestativo homem a simpatia que me dispensou e afastei-me, rumando para a biblioteca.

* * *

Demorei-me, ainda, dez dias na mansão. Realizei ali, então, como que uma iniciação para etapa nova em meu destino. Na biblioteca, existiam livros preciosos, de educação moral e filosofia transcendental. Revolvendo-os, a fim de buscar algo que me iluminasse, descobri também arquivos sobre a atuação de Viazemsky na sociedade e no âmbito da obra que chefiara durante sua fértil existência, a qual continuava dirigindo como individualidade extraterrena, servindo-se da proteção dispensada aos seus continuadores. Estudei atentamente esses arquivos e encontrei em suas páginas lições e exemplos dignos de serem acatados, e resolvi conservá-los no coração, para segui-los futuramente. Fiz, porém, do Evangelho de Jesus o código máximo em que buscava forças e instruções para a indispensável renovação do meu caráter e para os labores a iniciar. Ao expirarem os dez dias, já refeito do abalo produzido pela inesperada revelação, e traçado o programa para o futuro, decidi regressar à ermida e entender-me com o Superior.

Não foi sem pesar que me despedi daquelas salas sugestivas, do meu dormitório, cujas janelas deitavam para o parque, com vistas para o nascente, onde tantas noites passei em meditações e preces; da biblioteca, santuário em cujo ambiente, com a alma entreaberta para as misericórdias do Alto, fiz a iniciação de que necessitava, estudando as lições dos grandes mestres espiritualistas e filósofos de todas as épocas, procurando compreender os problemas da alma humana, e seus destinos. A mim mesmo jurei que seguiria os exemplos de Serguei Sokolof, cujas bondade e atividades em prol das criaturas sofredoras foram padrões dignos das páginas do Evangelho.

II

Voltei à ermida, e tudo ali me pareceu saudoso e familiar. Invadia-me o bem-estar de uma serenidade desconhecida, e da angústia, que me apoucava antes, nenhum traço mais me afligia. O Superior recebeu-me jubiloso. Relatei-lhe quanto se passara, mas ele, ouvindo-me, nada respondia, embora sorrisse sempre, com aquele sorriso estranho que infundia respeito e inquietação. Amável e atencioso, no entanto, facilitou-me tudo para o definitivo ingresso na comunidade. Eu não era mais um hóspede, um doente à procura do restabelecimento, mas candidato à internação na ermida, como colaborador. Como tantos homens que ali ingressavam, nunca mais voltei à vida social que outrora tivera. Deixei-me ficar ao lado dos sofredores, entre estudos e meditações, servindo a Deus na pessoa do meu próximo.

Alguns dias depois da resolução definitivamente tomada, escrevi a minha mulher, que me atraiçoara dois anos antes. Nenhuma sombra de revolta, desejo de vingança ou parcela de mágoa restavam em meu coração, ao dirigir-lhe a missiva. Com a lição ofertada ao meu entendimento espiritual durante o transe que sofrera na mansão, certifiquei-me de que o drama conjugal que infelicitara minha vida, levando-me a ingressar numa casa pia, de proteção aos infelizes, nada mais fora que a merecida expiação, o justo resgate da minha deplorável atuação a respeito de Serguei e de Olga, durante a etapa vivida ao tempo de Catarina, a Grande. Considerei digno e equitativo tal reajuste do meu espírito no cumprimento do dever e lembrei-me de uma sentença do Evangelho, sentença infalível nos casos em que existam infrações às normas do dever: "A cada um será dado segundo as próprias obras."[103] Aceitei a sentença, resignando-me a

---
[103] *Mateus*, 16:27.

ela, certo de que dependeria dos meus próprios atos a reabilitação que se impunha. Na aludida carta à minha mulher, porém, eu certificava-a de que a perdoara de todo o meu coração e lhe desejava as mais gratas felicidades, continuando a dispensar-lhe consideração e estremecendo-a como a uma irmã, filha do mesmo Deus e Criador. E que, se algum dia ela necessitasse dos meus préstimos de irmão, escrevesse ou me procurasse no mosteiro do Ural, porque eu a serviria de bom grado, esforçando-me para resolver os problemas que porventura tivesse. Escrevendo tal carta, entretanto, eu nada mais fazia do que imitar Viazemsky, quando, em passada vida terrestre, Olga Nadja o abandonara instigada pelos meus maus conselhos, visto que agora eu decidira tomá-la por modelo das minhas ações. Não sei se essa missiva chegou ao destino, pois, embora a enviasse para a residência de seus pais, não recebi resposta. E nunca mais soube dela, a quem eu sinceramente amara.

***

Entrementes, eu, que fora riquíssimo, resolvi desfazer-me dos bens que possuía, para, sem peias, livre e independente, entregar-me à obra que abraçara. Examinando, certa noite, o capítulo 19 de *Mateus*, em seus versículos 16 a 24, nos quais aparece o Senhor aconselhando a um mancebo muito rico a vender tudo o que possuía e dá-lo aos pobres, habilitando-se, pela renúncia ao mundo, à conquista do Reino de Deus; lendo essa joia literária, de onde o ensinamento aflora de qualquer lado que a interpretação queira apreciá-lo, resolvi, e em seguida realizei, o seguinte: reparti entre os *mujiks* do mosteiro as terras que por ali ainda possuía desde os tempos dos meus avós. As que possuía na região de Tula foram igualmente divididas entre os *mujiks*, que sempre foram os únicos a zelar por elas e a amá-las, cultivando-as, porquanto eu, que era o proprietário, o *barine*, jamais me preocupara com isso. Vendi as casas de minha propriedade e ofereci o produto aos cofres do mosteiro, sempre necessitado para as suas obras de beneficência. E os bens móveis, isto é, joias, baixelas, porcelanas, pratarias, cristais, linhos, quadros, mobiliário, candelabros, coleções de arte etc., vendidos em hasta pública, renderam

Ressurreição e vida

boas quantias, as quais igualmente destinei ao patrimônio da antiga ermida — agora mosteiro — cioso de auxiliar, quanto possível, a obra caritativa que ali se fazia. Já nada mais possuindo senão os meus braços dispostos ao trabalho, pobre entre os pobres do mosteiro, senti-me mais próximo de Jesus e me julguei feliz. Enverguei, então, um burel grosseiro, tecido em fios grossos de lã negra, com o qual substituí os fraques, as casacas, as labitas e o fardamento de oficial da Guarda, que usara até ali, burel idêntico ao dos primeiros cristãos; deixei que crescessem a barba e os cabelos, como os essênios e os tibetanos, de quem os livros das duas bibliotecas de Viazemsky me davam notícias, e me dispus ao trabalho do Senhor. Que alguém me considerasse louco, fanático, excêntrico ou piegas, pouco importaria. Era assim que eu me desejava trajar, e foi assim que me trajei. Mas ninguém me criticou por isso, ou me apupou. Ninguém me considerou louco, nem fanático, nem excêntrico ou piegas. O contrário foi o que sucedeu: respeitaram-me, e mais tarde cheguei a ser amado por alguns. Chamavam-me — isso sim! — de *pope*, embora eu não fosse *pope*, porque, com efeito, o meu aspecto lembrava um humilde *pope* votado ao trabalho em favor do próximo.

Decidi-me a trabalhar e trabalhei.

Cavei o solo com a minha enxada, empunhei o arado, preparei a terra, semeei o trigo, a alfafa, o milho, o centeio, as couves, os nabos e as cebolas. Cultivei colmeias, pastoreei rebanhos, tratei de porcos e de cavalos, ordenhei vacas, lavei currais, pus a secar as palhas em que dormiam as crias recém-nascidas, ceifei os cereais maduros e enchi celeiros. Carreguei a água e piquei a lenha para o lume. Varri o pátio e esfreguei os soalhos das enfermarias. Cozinhei para a comunidade e lavei a roupa de muitos companheiros. Velei à cabeceira dos doentes, noites após noites, dentro e fora da nossa casa santa, e a muitos ajudei a morrer em paz com a consciência. Consolei os desgraçados que buscavam o socorro do nosso abrigo em horas de aflições superlativas, aconselhei os desesperados e ensinei a oração aos ímpios, que para lá entravam sem saber falar com Deus. Durante o inverno, expunha-me às tempestades com os cães do mosteiro, à procura dos mendigos desabrigados e dos viajantes batidos pela inclemência do tempo. E muitas vezes, assim, consegui salvar da morte prematura os filhos de Deus, meus irmãos de Humanidade, aos quais seria necessário ajudar a se reconciliarem com a própria consciência. Ensinei a leitura, o desenho e as matemáticas a jovens que até então não haviam conseguido oportunidades para se instruírem... e falei do Evangelho de Jesus, da sua Doutrina de amor, renúncia e trabalho. Falei aos maus, aos ignorantes e aos vencidos, e a todos vi transformarem-se em homens de boa vontade. Falei da fecundidade dos exemplos do Senhor, da bondade das suas atitudes para com o próximo, da sua heroica morte por um ideal de amor, da sua gloriosa ressurreição, comprovando a imortalidade da individualidade espiritual do homem, descendente do Criador Supremo. E pude converter, para a luz dos seus ensinamentos, muitos corações descrentes, que não o aceitavam porque tudo ignoravam a respeito dos assuntos verdadeiramente santos!

Conheci, só então, a tranquilidade do coração. Serena paz iluminou meu ser, glorificando minha consciência. Doce resignação consolou minhas desilusões, lançando sobre elas o bálsamo que só a confiança em Deus e a esperança no futuro por Ele concedido à sua criação sabem infundir.

Algumas vezes, quando mais intensos se apresentavam esses trabalhos e mais penosos eram os sofrimentos deles consequentes — porque todo aquele que serve a Deus e ao próximo deve contar com grandes padecimentos em seus caminhos, a par das alegrias interiores fornecidas pela consciência do cumprimento do dever —, algumas vezes, durante a noite, eu ouvia os acordes maviosos da flauta de Serguei e logo após ele aparecia, revelando-se com aparência humana. E dizia-me, então, sorridente:

— Prossegue, amado Wladimir. Esse é o caminho que te fará desvendar o segredo da felicidade...

Certa vez, não me contive e supliquei, banhado em lágrimas:

Ressurreição e vida

— Fala-me de Olga Nadja, amado Serguei. Amo-a em espírito... e desejo ser amado por ela como sou amado por ti. Que é feito dela?

— Reeduca-se, em Espírito, sob direção dos mestres invisíveis do Tibete a quem supliquei que a preparassem para o sacerdócio do Cristo. Há um século que assim permanece, sob a direção deles. Não tardará o momento em que a verás redimida das ruins paixões que a infelicitaram pela época de Catarina, a Grande. E, então, estender-te-á mão de irmã, disposta a amar-te como o indicam as elevadas normas cristãs. Como tu, ela tem meditado, orado, trabalhado, amado, sofrido e progredido, obedecendo aos ditames da Lei da Evolução Moral. E tal como a ti aconteceu, Wladimir, Olga também compreendeu que o segredo da felicidade imortal reside, exatamente, na capacidade de cada coração para os sublimes testemunhos do amor, da renúncia e do trabalho...

* * *

Para castigo do meu crime contra Olga Nadja Andreevna, no século XVIII, meu Espírito passou dois séculos separado dela, sem jamais poder encontrar felicidade no amor. Faltava sempre algo em mim mesmo, algo que novas uniões afetivas em reencarnações posteriores não foram capazes de preencher. Sua lembrança, como recordação saudosa de um amor infeliz, que minha paixão desequilibrada profanou, sepultara-se em minha subconsciência, concedendo-me, no entanto, impulsos de intuições que me falavam de uma grande dor que nada poderia consolar senão os serviços do Evangelho do Senhor, por meio da prática eficiente do amor aos semelhantes.

Nos dias atuais, todavia, quando o século XX avança na sua segunda etapa, Olga Nadja está comigo, além de estar com Serguei Sokolof. Amamo-nos ternamente, unidos pela angelitude daquele sentimento espiritual, intenso e sempiterno, e somos felizes no Senhor, porque juntos trabalhamos, desejosos de servir o próximo e de progredir para outras gloriosas conquistas do Espírito, renunciando para sempre ao mal que nos degradou em outros tempos...

EDIÇÕES DE *RESSURREIÇÃO E VIDA*

EDIÇÃO	IMPRESSÃO	ANO	TIRAGEM	FORMATO
1	1	1964	5.000	13x18
2	1	1965	5.000	13x18
3	1	1972	5.000	13x18
4	1	1977	5.000	13x18
5	1	1981	10.000	13x18
6	1	1985	10.000	13x18
7	1	1988	10.000	13x18
8	1	1991	10.000	13x18
9	1	1994	10.000	13x18
10	1	1996	10.000	13x18
11	1	2003	2.000	14x21
11	2	2005	2.000	14x21
11	3	2008	2.000	14x21
11	4	2009	1.000	14x21
11	5	2011	1.000	14x21
11	6	2012	1.000	14x21
12	1	2013	2.000	16x23
12	2	2014	3.000	15,5x23
12	3	2018	1.500	16x23
12	4	2020	350	16x23
12	5	2022	50	15,5x23
12	IPT*	2022	450	15,5x23
12	IPT	2023	300	15,5x23
12	IPT	2023	200	15,5x23
12	IPT	2024	300	15,5x23
12	IPT	2025	410	15,5x23

*Impressão pequenas tiragens

O LIVRO ESPÍRITA

Cada livro edificante é porta libertadora.

O livro espírita, entretanto, emancipa a alma nos fundamentos da vida.

O livro científico livra da incultura; o livro espírita livra da crueldade, para que os louros intelectuais não se desregrem na delinquência.

O livro filosófico livra do preconceito; o livro espírita livra da divagação delirante, a fim de que a elucidação não se converta em palavras inúteis.

O livro piedoso livra do desespero; o livro espírita livra da superstição, para que a fé não se abastarde em fanatismo.

O livro jurídico livra da injustiça; o livro espírita livra da parcialidade, a fim de que o direito não se faça instrumento da opressão.

O livro técnico livra da insipiência; o livro espírita livra da vaidade, para que a especialização não seja manejada em prejuízo dos outros.

O livro de agricultura livra do primitivismo; o livro espírita livra da ambição desvairada, a fim de que o trabalho da gleba não se envileça.

O livro de regras sociais livra da rudeza de trato; o livro espírita livra da irresponsabilidade que, muitas vezes, transfigura o lar em atormentado reduto de sofrimento.

O livro de consolo livra da aflição; o livro espírita livra do êxtase inerte, para que o reconforto não se acomode em preguiça.

O livro de informações livra do atraso; o livro espírita livra do tempo perdido, a fim de que a hora vazia não nos arraste à queda em dívidas escabrosas.

Amparemos o livro respeitável, que é luz de hoje; no entanto, auxiliemos e divulguemos, quanto nos seja possível, o livro espírita, que é luz de hoje, amanhã e sempre.

O livro nobre livra da ignorância, mas o livro espírita livra da ignorância e livra do mal.

EMMANUEL[1]

---

[1] Página recebida pelo médium Francisco Cândido Xavier, em reunião pública da Comunhão Espírita Cristã, na noite de 25 de fevereiro de 1963, em Uberaba (MG), e transcrita em *Reformador*, abr. 1963, p. 9.

FEB editora
Livro espírita para um novo mundo
www.febeditora.com.br
@febeditoraoficial
@febeditora

Conselho Editorial:
Carlos Roberto Campetti
Cirne Ferreira de Araújo
Evandro Noleto Bezerra
Geraldo Campetti Sobrinho – Coord. Editorial
Jorge Godinho Barreto Nery – Presidente
Maria de Lourdes Pereira de Oliveira
Miriam Lúcia Herrera Masotti Dusi

Produção Editorial:
Elizabete de Jesus Moreira

Revisão:
Elizabete de Jesus Moreira
Neryanne Paiva

Capa e Projeto Gráfico:
Ingrid Saori Furuta

Diagramação:
Rones José Silvano de Lima – instagram.com/bookebooks_designer

Foto de Capa:
www.shutterstock.com/pic-92032592

Normalização Técnica:
Biblioteca de Obras Raras e Documentos Patrimoniais do Livro

Esta edição foi impressa no sistema de Impressão pequenas tiragens, em formato fechado de 155x230 mm e com mancha de 116,4x180 mm. Os papéis utilizados foram o Off white 80 g/m² para o miolo e o Cartão 250 g/m² para a capa. O texto principal foi composto em fonte Minion Pro 11,5/15,2 e os títulos em Filosofia Grand Caps 24/25. Impresso no Brasil. *Presita en Brazilo.*